幼儿园足球游戏课程设计与实践研究

刘金富　著

群言出版社
QUNYAN PRESS
·北京·

图书在版编目（CIP）数据

幼儿园足球游戏课程设计与实践研究 / 刘金富著 .
北京：群言出版社，2024.8. -- ISBN 978-7-5193
-0961-9

Ⅰ. G613.7

中国国家版本馆 CIP 数据核字第 20244HR148 号

责任编辑：李群
封面设计：李士勇

出版发行：群言出版社
地　　址：北京市东城区东厂胡同北巷 1 号（100006）
网　　址：www.qypublish.com（官网书城）
电子信箱：qunyancbs@126.com
联系电话：010-65267783　65263836
法律顾问：北京法政安邦律师事务所
经　　销：全国新华书店

印　　刷：北京九天万卷文化科技有限公司
版　　次：2024 年 8 月第 1 版
印　　次：2024 年 8 月第 1 次印刷
开　　本：710mm × 1000mm　　1/16
印　　张：18.75
字　　数：260 千字
书　　号：ISBN 978-7-5193-0961-9
定　　价：98.00 元

目录

第一章

绪论

作为研究的第一部分，本章基于国家层面对幼儿健康发展的重视、幼儿体质健康问题、足球运动在幼儿群体中的推广与发展、幼儿园足球教学的“专项化”问题以及本土化的幼儿园足球游戏课程构建的现实需求等几个方面对研究背景进行了较为系统的论述；提出了以构建基于我国本土的幼儿园足球游戏课程、提供可操作性的幼儿园足球游戏课程方案以及健全运动干预体系作为主要研究目标，并从理论和现实两个视角给出了本研究的重要意义。此外，该部分还对研究方法、研究思路、研究内容等进行了详细论述。

第一节 选题依据

一、国家对幼儿健康发展的重视程度越来越高

近年来国家层面相继出台系列相关政策文件，凸显了对幼儿教育事业和幼儿健康发展的重视程度。例如，教育部印发的《3—6 岁儿童学习与发展指南》将幼儿的健康发展放在首位，指出幼儿身心健康是其他领域学习与发展的基础①；教育部新修订的《幼儿园工作规程》开始实施，其中将促进幼儿身体正常发育和机能的协调发展、增强体质等列为幼儿园保育和教育的首位目标②；国务院印发的《全民健身计划（2016—2020 年）》中首次提出“幼儿体育”的概念并将其纳入国家战略发展计划③；《“健康中国 2030”规划纲要》提出全人群和全生命周期两个着力点，指出要加强儿童早期发展，体现了国家对幼儿发展的重视④；国务院印发的《体育强国建设纲要》，强调要推进幼儿体育发展、完善政策和保障体系，建立幼儿体育课程和师资培养体系等⑤。综上，相关文件的颁布实施为我国幼教事业以及幼儿健康的发展指明了方向，彰显出国家对幼儿教育事业发展的重视，推动了我国幼儿体育的发展，也为本研

① 教育部关于印发《3—6 岁儿童学习与发展指南》的通知 [EB/OL].（2012-10-09）[2021-12-12].http://www.moe.gov.cn/srcsite/A06/s3327/201210/t20121009_143254.html.

② 幼儿园工作规程 [EB/OL].（2016-03-01）[2021-12-12].http://www.moe.gov.cn/srcsite/A02/s5911/moe_621/201602/t20160229_231184.html.

③ 中共中央国务院印发《全民健身计划（2016—2020 年）》的通知 [EB/OL].（2016-6-15）[2021-12-12].http://www.moe.gov.cn/jyb_xxgk/moe_1777/moe_1778/201606/t20160624_269552.html.

④ 中共中央国务院印发《“健康中国 2030”规划纲要》[EB/OL].（2016-10-25）[2021-12-12].http://www.gov.cn/zhengce/2016-10/25/content_5124174.htm.

⑤ 国务院办公厅关于印发体育强国建设纲要的通知 [EB/OL].（2019-09-02）[2021-12-12].http://www.gov.cn/zhengce/content/2019-09/02/content_5426485.htm.

究提供了政策依据。

二、幼儿体质健康问题亟须解决

幼儿是国家的希望、民族的未来，他们的体质与健康水平关系着健康中国战略乃至中华民族伟大复兴中国梦实现的进程。《第五次国民体质监测公报》显示，幼儿身体素质呈现发展不均衡的特点。与第四次国民体质测试结果相比，男女幼儿立定跳远、坐位体前屈、双脚连续跳均呈下降趋势，其他身体素质指标仅仅有所增加，说明幼儿身体素质并未随身体形态的提高而提升。相反，儿童肥胖问题越来越引起社会关注。《中国儿童肥胖报告》显示，2017年0—7岁肥胖儿童约476万人，肥胖率约为4.3%①。当然，个体健康受遗传、环境、营养、睡眠、生活习惯以及身体活动等诸多因素的影响，但国内外研究表明儿童青少年体质下降、肥胖、近视与缺乏身体活动存在相关性②③④。因此，如何有效开展幼儿体育教育工作，建立科学完善的发展体系对于逐步解决上述问题至关重要。

三、“足球从娃娃抓起”由实然走向应然

幼儿足球试点工作的开展成为幼儿园体育教育改革发展的切入点，也是落实幼儿体育工程的一次实践性探索。2015年2月27日，中央全面深化改革领导小组第十次会议审议通过了《中国足球改革总体方案》（以下简称《方案》）。会议强调，实现中华民族伟大复兴的中国梦与中国体育强国梦息息相关。发展振兴足球是建设体育强国的必然要求，也是全国人民的热切期盼。

---

① 李木元.我国学龄儿童超重率、肥胖率30年分别增长近5倍和14倍[EB/OL].（2019-02-28）[202-02-28].http://www.rmzxb.com.cn/c/2017-05-11/1530107.shtml

② 李春艳，刘丹松，封飞虎等.儿童青少年的体育活动和体质水平与其肥胖风险的流行病学研究[J].武汉体育学院学报，2015，49（1）:90-95.

③ 殷荣宾，孙雷，王国祥等.应用ICF理论研究体育活动对青少年近视的影响[J].中国康复理论与实践，2018，24（10）:1223-1227.

④ Pate R.R，Maria J.A，Kerry L.M，et al. Validation and calibration of an accelerometer in preschool children[J].Obesity，2006，14（11）:2000-2006.

关键是把路子走对，长期努力、久久为功，注重打好群众基础、夯实人才根基，从娃娃抓起，从基层抓起，从基础抓起，从群众性参与抓起。《方案》明确提出发展校园足球、改进人才培养发展方式等改革措施，解决掣肘中国足球发展的关键难题。为进一步落实《方案》的要求，2016年教育部等六部门印发了《关于加快发展青少年校园足球的实施意见》，分别从校园足球发展的总体要求、重点任务、保障措施、组织领导等方面提出了具体要求。2019年教育部办公厅印发《关于开展足球特色幼儿园试点工作的通知》，标志着以幼儿足球为抓手的幼儿体育工作进入了新的发展阶段，校园足球工作重心下移，构建以“幼小中大”为一体的“培养足球兴趣—参与足球运动—培养足球后备人才”的发展模式。从相关政策的颁布与实施可以看出，“足球从娃娃抓起”由口号、理论层面走向了实干、实践层面。

四、幼儿园足球教学“专项化”现象亟须解决

幼儿园足球教学“专项化”不利于幼儿的身心健康发展，违背了幼儿足球发展的规律。教育部办公厅发布的《关于开展足球特色幼儿园试点工作的通知》中明确提出，在遵循幼儿身心发展特点和教育规律，把握幼儿足球发展规律和特点的基础上坚持以游戏为基本活动，让幼儿享受足球乐趣、培养足球兴趣。然而，当前幼儿园足球教学的实然状态是专项技能教学日益严重，导致幼儿对足球活动不感兴趣[①]。对于学前教育而言，这种以牺牲童年快乐、抑制学习兴趣的“专项化”教学必然影响幼儿身心健康发展，不利于个体的长远发展。为此，全国校园足球办公室（以下简称“校足办”）公布了全国幼儿园足球活动负面清单，即“七禁止”“一控制”，其中特别提出禁止进行成人化、专业化、小学化的足球训练。然而由于幼儿园足球游戏课程的缺失、幼儿体育教师学前教育知识的缺乏等导致幼儿园足球教学“专项化”问题并未解决。为破解以上难题，《体育强国建设纲要》在青少年体育发展促进工程

① 海建利.优化幼儿园足球活动游戏化课程的实践研究——以郑州市郑东新区普惠路第一幼儿园为例[J].中国教育学刊，2023(S1):148-151.

中明确要求推进幼儿体育项目和幼儿体育器材标准体系建设，引导建立幼儿体育课程体系和师资培养体系。在遵循幼儿身心发展和认知特点的基础上，从游戏的视角构建科学的幼儿园足球课程以破解当前幼儿足球“专项化”教学困境，引导幼儿足球教育回归学前教育的本质成为当前学界普遍关注的问题。

五、构建本土化幼儿园足球游戏课程的现实需求

国家层面愈加重视幼儿的健康发展推动了幼儿体育的重要性被社会逐渐认可。毛泽东在《体育之研究》中提出“体育一道，配德育与智育，而德智皆寄于体。无体是无德智也”[①]。教育部印发的《3—6 岁儿童学习与发展指南》将幼儿的健康发展放在首位，指出幼儿身心健康是其他领域学习与发展的基础。幼儿体育课程是幼儿体育发展的重要载体，在幼儿园课程体系的全人教育中扮演着重要角色。教育部推行的幼儿足球试点工作则是幼儿体育课程体系建设的大胆前探，但面临幼儿足球理论研究基础薄弱和实践操作“专项化”等叠加问题。首先，《全国足球特色幼儿园游戏活动指南》（以下简称“游戏活动指南”）的理论性和实操性存有争议。该“游戏活动指南”由全国校足办委托小牛启航体育借鉴英国幼儿体育教育体系，经过翻译、改编形成了当前“体操、舞蹈、跑跳能力、身体管理、合作与解决问题、球类运动”+“足球游戏的‘6+1’主题模式”的活动体系。现实来看，首先，“游戏活动指南”整体符合学前教育的综合教育理念，但在部分环节和措施手段方面缺乏针对性，且实际落地情况不容乐观，购买全国足球特色幼儿园系统平台课程的幼儿园较少[②]，一定程度上反映出“游戏活动指南”未能满足当前幼儿园开展足球课程的需求。笔者在2023年首届全国幼儿体育科学论文报告会期间，通过访谈

① 李力研.泡尔生对毛泽东体育思想的影响——《体育之研究》再研究[J].中国体育科技，2002（3）：25-28.

② 幼儿园工作规程[EB/OL].（2016-03-01）[2021-12-12].http://www.moe.gov.cn/srcsite/A02/s5911/moe_621/201602/t20160229_231184.html.

幼儿体育专家庄弼教授获知，广东省并未实施“游戏活动指南”，且当前的“游戏活动指南”面临停摆的尴尬境地。其次，当前培训机构开发的幼儿足球课程理论缺失以及实操存在专项化的特点。例如，幼儿园足球教学以足球技术为主，并未考量幼儿的身心发展特点，导致在课程目标、内容选择和设计以及实施与评价等方面存在片面性。因此，如何结合我国幼儿园实际和当前幼儿园足球发展的初级阶段，构建本土化幼儿园足球游戏课程成为当前政教部门和学界研究的重要课题。

第二节　研究目的与意义

一、研究目的

本研究的目的是针对幼儿园足球游戏课程是否能促进幼儿粗大动作、身体素质和执行功能发展，基于动作教育模式的感知－运动课程活动内容分类设计幼儿园足球游戏课程，解决当前幼儿园足球教学内容“专业化”、教法“专项化”等问题，并提供可操作性的幼儿园足球游戏课程方案以及健全运动干预体系。

二、研究意义

（一）理论意义

（1）以构建幼儿园足球游戏课程理论和实践为目标，对课程的理念更新、游戏创设、课程模式的理论架构和模块化的幼儿园足球游戏课程内容的创设进行思考和实践反思，为幼儿园足球的开展提供全新视角和模式借鉴；

（2）通过构建幼儿园足球游戏课程理论为我国幼儿园开展其他幼儿体育运动项目奠定理论基础。

（二）实践意义

（1）通过对幼儿园足球课程的现状调研，剖析存在的问题，为相关部门出台措施保障幼儿足球科学发展提供一定的实践依据；

（2）基于“幼儿+游戏+足球+”的设计思路，借鉴动作教育模式的感知–运动课程活动内容分类设计幼儿园足球游戏课程内容并组织实施教学，有助于解决当前幼儿园足球教学内容“专业化”、教法“专项化”等问题，同时对提高幼儿园体育教学科学化水平具有重要价值。

第三节　研究对象与方法

一、研究对象

本研究以幼儿园足球游戏课程的设计与实践研究为研究对象。通过对浙江省475所全国足球特色幼儿园幼儿足球课程开展现状进行调查以及实地调研嘉兴市46所全国足球特色幼儿园，了解当前幼儿园足球课程现状与实践问题；在此基础上，以相关学科理论为基础系统构建幼儿园足球游戏课程，并通过行动研究进一步修正完善幼儿园足球游戏课程以及验证课程的有效性。

二、研究方法

（一）文献资料法

本研究通过中国知网、维普期刊资源整合服务平台、万方数据知识服务平台、超星数字图书馆、EBSCO学术期刊集成数据库、Springer Link数据库、Wiley Online library数据库、Socolar学术搜索等国内外学术资源数据库，采用主题词或关键词检索（中文关键词包括幼儿、学龄前儿童、幼儿园足球、游戏、身体活动、体质、动作发展、执行功能、认知等，英文关键词包括preschool，kindergarten，early child，kindergarten football，play，physical exercise，physical fitness，motor development，fundamental movement skill，gross motor，executive function等），检索时间不限，筛选与本研究相关的期刊、学位论文以及会议论文400余篇。另外，从国家图书馆、网上书店等借阅或购买相关书籍，梳理有关游戏、幼儿足球、幼儿身体活动等研究成果，为本研究提供理论支撑。

（二）调查法

1.问卷调查法

（1）问卷设计

本研究问卷设计主要包括两部分：问卷一是在前期调研的基础上，经过两轮修改最终确定《幼儿园足球课程现状调查问卷》，该问卷主要针对幼儿园足球课程现状进行调查；问卷二是《幼儿园足球游戏课程教学实践的家长满意度调查问卷》，从家长层面了解幼儿园足球游戏课程教学实践的效果。

（2）问卷的检验

信度检验：为保证问卷获得数据的可靠性、稳定性，本研究使用重测法进行信度检验。选择浙江省30所全国足球特色幼儿园进行测试，两周后进行重测，对两次测试的结果采用组内相关系数进行分析，结果显示两次测试之间各问题的组内相关系数范围在0.68—0.86之间（$p < 0.01$），结果表明问卷具有可接受的重测信度，符合研究需要。随机选取了20名家长对《幼儿园足球游戏课程教学实践的家长满意度调查问卷》进行了重测，结果显示两次测试之间各问题的组内相关系数范围在0.7—0.87之间（$p < 0.01$），结果表明问卷具有可接受的重测信度，符合研究需要。

效度检验：为保证问卷的有效性，在正式问卷调查前通过两轮专家问卷的形式对其结构、内容进行有效性检验。第一轮邀请10名专家对问卷设计内容、结构提出开放性修改意见；第二轮通过封闭评分的方法，聘请20名具有高级职称的专家对修改后的调查问卷进行效度检验，经检验两份问卷具有较高的效度。

表1-1　两份调查问卷效度检验

调查问卷	检验结果	内容效度（%）	结构效度（%）
幼儿园足球课程现状调查问卷	可行	90	90
	基本可行	10	10
	不可行	0	0
幼儿园足球游戏课程教学实践的家长满意度调查问卷	可行	85	85
	基本可行	15	15
	不可行	0	0

（3）问卷的发放与回收

《幼儿园足球课程现状调查问卷》采用问卷星的方式经全国幼儿足球专家调查组、浙江省幼儿体育协会以及嘉兴市幼儿体育协会推荐，由各足球特色幼儿园园长填写。本研究采用整群抽样对浙江省475所足球特色幼儿园进行问卷调查，共发放调查问卷475份，回收460份，有效问卷426份，回收率为96.8%，有效回收率为92.6%。《幼儿园足球游戏课程教学实践的家长满意度调查问卷》由实验班家长填写，共发放调查问卷97份，回收97份，有效问卷89份，回收率为100%，有效回收率为91.8%。

2.访谈法

本研究的访谈法运用主要包括三个方面。

一是实地调研嘉兴市46所全国足球特色幼儿园，获取足球特色幼儿园足球课程开展的一手资料。实地调研共分三次进行，第一次调研时间为2020年9月4—15日、第二次调研时间为2021年4月10—25日、第三次调研时间为2022年4月15—29日，访谈对象为幼儿园园长或负责幼儿园教学的副园长、专职体育教师，访谈过程在访谈对象允许的情况下均进行了录音和笔录。

表1-2　调研幼儿园基本信息

分类	类型		性质		幼儿园等级	
	县市区	乡镇	公立	私立	一级	二级
数量	31	15	30	16	28	18

二是通过访谈幼儿体育、学前教育、足球以及儿童保健领域的专家，为幼儿园足球游戏课程设计提供建设性意见，特别是如何将足球基本技术分解成具体的单个动作内容的访谈。

三是行动研究需要对实验班教师和幼儿家长进行相关访谈，包括以下内容：①行动研究前实验班教师和家长对本次行动研究的态度和支持度；②行动研究中实验班教师和家长对活动的建议与感受；③行动研究后实验班教师和家长对本次行动研究促进幼儿身体、心理、社会情感等方面影响的反馈。

表1–3　专家调查人员信息

姓名	研究方向	职称或职务	单位
WKZ	幼儿体育	教授、博导、全国体育运动学校联合会幼儿体育分会会长、全国幼儿足球专家委员会委员、全国幼儿亲子体育高级别专家	首都体育学院
ZZX	幼儿体育	副教授、博导、全国幼儿体育专家	首都体育学院
HXC	幼儿体育	副教授、博士、全国幼儿体育专家	首都体育学院
ZY	幼儿体育	副教授	首都体育学院
NK	幼儿体育	副教授、博士、全国幼儿体育专家	陕西师范大学
YSS	幼儿体育	副研究员、常务副理事长、全国幼儿亲子体育高级别专家	浙江省幼儿体育协会
ZJZ	幼儿体育	副教授、全国幼儿足球专家委员会委员、全国幼儿体育专家	杭州幼儿师范学院
LW	幼儿体育	副教授、全国幼儿足球专家委员会委员	徐州幼儿师范高等专科学校
YLY	学前教育	副研究员	中国教育科学研究院
FHJ	学前教育	副研究员	北京教育学院
MLH	学前教育	高级教师、园长	北京棉花胡同回龙观分园
LYZ	学前教育	高级教师、园长	北京第六幼儿园回龙观园

续表

姓名	研究方向	职称或职务	单位
WH	学前教育	一级、副园长	北京第六幼儿园回龙观园
ZCY	学前教育	高级教师、秘书长	嘉兴市幼儿体育协会
ZJS	学前教育	高级教师、园长	嘉兴市机关幼儿园
LXY	学前教育	一级、园长	嘉兴市清华府邸庆安幼儿园
LXY	学前教育	高级教师、园长	上海外国语大学附属幼儿园
YXL	学前教育	一级、园长	嘉兴市第一幼儿园
CQF	学前教育	一级、园长	嘉兴实验幼儿园
WY	学前教育	一级、园长	嘉兴市庆安幼儿园
GB	足球	教授、博导	上海体育学院
WXY	足球	教授、嘉兴市幼儿体育协会顾问	嘉兴学院
TLS	足球	副教授、全国幼儿足球专家委员会委员	浙江农林大学
NZX	足球	教授、博士、全国幼儿足球专家委员会委员	云南师范大学
MYH	体育教学	副教授、全国幼儿足球专家委员会委员、全国幼儿体育专家	山东体育学院
YDF	足球	高级教练、全国青少年校园足球专家委员会委员	中国足球协会
BYF	足球	教授、博士、全国青少年校园足球专家委员会委员	江苏师范大学
YB	足球	高级教师、全国幼儿足球专家委员会委员	山东省郯城第一中学
WJH	足球	前山东队主力门将	青岛市足球协会
SYB	儿童保健	副主任医师	嘉兴市第一医院
XF	儿童保健	主任医师	嘉兴市妇幼保健院

（三）观察法

观察法是研究者有计划、有目的地在自然条件下，通过感官或借助辅助工具直接观察研究对象进而获得资料的一种方法。由于行动研究中包含大中小班幼儿，考虑到不同年龄段幼儿的认知特点，因此在本研究中须通过主动观察幼儿在足球游戏课程中的行为表现，才能收集到客观真实的一手资料。

（四）实验法

实验法是指在高度控制的条件下操纵某些变量以检验对其他变量影响的研究方法。为检验幼儿园足球游戏课程在促进幼儿粗大动作、身体素质、执行功能等方面的效果，需要对实验班进行干预，同时设立对照班以对比两者间存在的差异。本实验在嘉兴市某私立幼儿园进行，选择原因包括：①该园园长和教师认同幼儿园足球游戏课程理念，希望通过幼儿园足球游戏课程促进幼儿全面发展；②经过与幼儿家长沟通，家长均赞成研究方案并表示积极配合研究工作。实验对象的纳入标准：①家长同意幼儿参加；②幼儿能够正常参加体育活动，无心脏病、哮喘等影响其剧烈活动的疾病（主要通过幼儿入园体检报告和咨询带班老师判别）。排除标准：①因生病、请假等未完成全部测试或者参加干预课次数少于15次的幼儿；②在实验前和实验中参与其他有组织的体育培训的幼儿。经过筛选，符合条件的实验班幼儿共110名（家长均填写科研项目知情同意书，见附录5），对照班幼儿112名；实验过程中剔除中途退出、测试未完成的幼儿，有效数据为实验班幼儿97名（大班33名、中班34名、小班30名）、对照班100名（大班34名、中班36名、小班30名），干预实验已获嘉兴市第一医院医学伦理委员会审批（详见附录6）；实验时间为2020年11月3日—2021年1月19日，共12周，对照班教学时间为周一、周三、周五的上午，实验班教学时间为周一、周三、周五的下午，对照班和实验班大中小班课堂教学时长均相同；对照班教学内容为常规幼儿足球课程，上课教师为幼儿园专职体育教师；实验班教学内容为研究者设计的幼儿园足球游戏课程，上课教师为研究者本人；对照班和实验班测试指标均相同。实验控制因素包括：①参试人员的不知情性：除研究者外，幼儿园管理者、教师、幼儿及家长、测试人员等不知情实验分组情况；②研究者本人不参加粗大动作、身体素质、执行功能的测评统计工作；③数据录入由除研究者以外的其他测评员完成。具体的实验方案设计详见第五章第二节内容。

（五）测量法

测量法主要是测量幼儿身体活动水平、粗大动作、身体素质、执行功能的发展水平。具体的测量工具如下：身体活动水平的测量工具采用三轴加速度计ActiGraph GT3X+，粗大动作的测量采用粗大动作发展测试第二版（Test of Gross Motor Development-Π，TGMD-2），身体素质测量采用国民体质测定标准手册（幼儿部分），执行功能测量主要采用昼/夜Stroop任务、固定盒子任务、维度变化卡片分类任务。

具体的测量对象和测量流程详见第五章第一节和第二节中的内容。

（六）数理统计法

本研究数据处理主要应用Excel和SPSS23统计软件。对组内与组间各组数据进行正态性检验，结果均符合正态分布，然后采用2（组别）×2（时间）双因素重复测量方差分析法对实验干预前后实验组与对照组的幼儿粗大动作、身体素质和执行功能等各指标组间与组内差异进行差异性检验，$P<0.05$为具有显著性差异，$P<0.01$为具有非常显著性差异。

第四节　研究思路、内容与创新点

一、研究思路

本研究的具体思路如下所示：

（1）梳理国内外幼儿园足球课程研究进展，了解当前研究热点及存在的不足并做出展望；

（2）分析当前幼儿园足球课程现状，梳理存在的问题为后期幼儿园足球游戏课程构建及实施提供现实依据；

（3）梳理幼儿园足球游戏课程的理论基础，构建幼儿园足球游戏课程；

（4）设计幼儿园足球游戏课程并进行干预，验证其对幼儿全面发展的效果。

基于上述研究思路，本研究的技术路线图如图1–1所示：

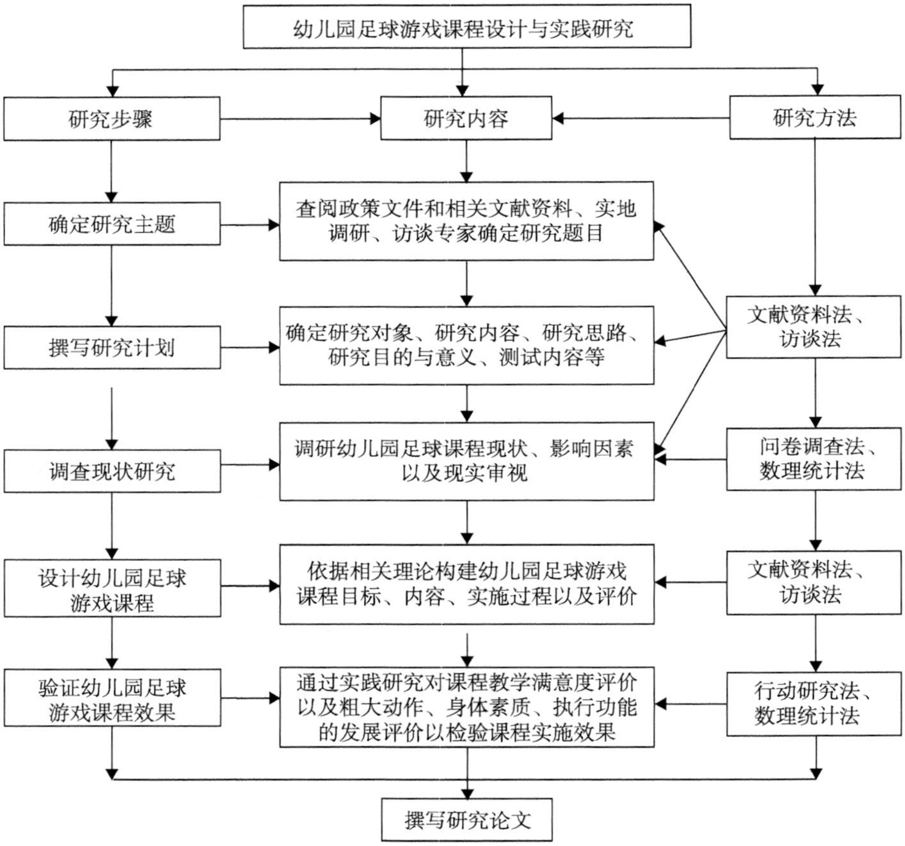

图1–1　研究技术路线图

二、研究内容

3—6岁是幼儿动作发展敏感期，基本动作技能的发展对身体活动及健康促进产生重要影响。其中，操作技能的发展是幼儿身体活动的重要预测指标。

2019年3月教育部办公厅印发《关于开展足球特色幼儿园试点工作的通知》，校园足球普及工作重心下移，经过遴选3570所幼儿园成为首批足球特色幼儿园；然而，“小学化”“专项化”等现象在幼儿足球开展过程中日益凸显，背离教育部办公厅印发的《关于开展幼儿园“小学化”专项治理工作的通知》精神，在一定程度上阻碍了幼儿的身心健康发展。

基于以上背景分析，本文的研究重点聚焦在以下三个方面：①国内外幼儿园足球课程研究进展如何？幼儿园足球课程的内容设计及发展目标是什么？②国内幼儿园足球课程的开展现状如何？是否遵循幼儿身心发展的特点以“游戏”的形式开展？③如果幼儿园足球课程的开展存在“小学化”或“专项化”现象，如何依据幼儿身心发展特点设计幼儿园足球课程并实施教学活动？如何验证这种干预效果？

基于上述问题，本研究将主要内容分为六个章节。

第一章为绪论。主要介绍选题依据、研究目的与意义、研究对象与方法、研究思路与内容等。

第二章为文献综述。从幼儿群体特征、幼儿游戏、幼儿足球运动和幼儿身体活动等四部分对前人研究进行了系统归纳和论述，为本研究后续工作的开展奠定了理论基础。

第三章为幼儿园足球课程开展的现实考察。设计《幼儿园足球课程现状调查》问卷，通过实地考察及问卷调查幼儿园足球课程开展现状及存在的问题，为幼儿园足球游戏课程构建提供参考。

第四章为幼儿园足球游戏课程的理论构建。在哲学、心理学、教育学、生物学等学科作为课程设计的理论基础上构建幼儿园足球游戏课程，即基于《3—6岁儿童学习与发展指南》中提出的要求，系统构建幼儿园足球游戏课程目标、课程内容、课程实施及评价。其中，基于动作教育模式的感知－运动课程活动内容分类，将适合幼儿学习的有球技术动作按照身体横向交叉活动、身体左右对称活动、单侧身体活动和组合活动四大模块进行足球游戏课程内容设计。

第五章为幼儿园足球游戏课程的实践效果研究。行动研究主要是幼儿园足球游戏课程的实施效果研究，具体分析家长对幼儿园足球游戏课程的满意度，探讨其对幼儿粗大动作、身体素质、执行功能的影响，以期验证幼儿园足球游戏课程的实践效果。

第六章为研究结论与展望。

三、研究创新点

（一）研究视角的创新

以往关于幼儿园足球的研究聚焦于身体素质的发展和动作发展的角度或是从单一角度进行研究，本研究在以往研究基础上增加对幼儿执行功能的研究，从幼儿粗大动作、身体素质和执行功能三个角度进行研究，在幼儿体育研究领域具有一定的视角创新。

（二）研究内容的创新

国内相关研究在幼儿园足球课程教学内容上大多集中在足球基本技术或足球基本技术游戏化教学方面。本研究基于“幼儿+游戏+足球+”的设计思路，根据幼儿身心发展和足球项目技术特点，将适合幼儿学习的足球基本技术拆分成具体的动作，结合3—6岁幼儿基本动作技能和身体素质发展的需要，添加游戏要素设计基于动作教育模式的幼儿园足球游戏课程内容，解决了教学内容“专业化”的问题，具有一定的创新性。

第二章

文献综述

本章节是对国内外相关研究文献的系统归纳与总结分析，以幼儿身体发展的基本逻辑为主线，系统讨论了前人关于幼儿体质及体育教育相关的重要研究内容，其中包括幼儿群体特征相关研究、幼儿游戏的相关研究、幼儿足球运动相关研究和幼儿身体活动相关研究等四部分内容。本章内容为本研究后续工作开拓了视角，为幼儿园足球游戏课程理论的构建奠定了扎实的基础。

第一节　幼儿群体特征相关研究

一、“幼儿”的界定

目前，各学科领域对“幼儿”的表述以及划分标准存在不统一性。《现代汉语词典》中“幼儿”是指幼小的儿童，一般指学龄前的儿童；学前教育界认为当前学前教育学研究的年龄应为出生到入学前的儿童，细分为0—3岁的学前早期教育和3—6岁的幼儿教育；心理学界依据个体发展的生理、心理特征，划分为乳儿期（0—1岁）、婴儿期（1—3岁）、幼儿期（3—6，7岁）、童年期（6、7—11、12岁）、少年期（11、12—14、15岁）、青年初期（14、15—17、18）①；2012年教育部颁布的《3—6岁儿童学习与发展指南》中将在幼儿园学习生活的儿童统称为幼儿，具体分为3—4岁（小班）、4—5岁（中班）、5—6岁（大班）三个年龄段②。本研究所指的“幼儿”是3—6岁的儿童，对应幼儿园中的3—4岁（小班）、4—5岁（中班）、5—6岁（大班）三个年龄段。

二、幼儿生长发育发展特征研究

与3岁前相比，幼儿期个体生理发展特征总体上呈现身体发育速度变缓，但仍高于个体后期发展的速度。幼儿期身高、体重等指标发育速度较快，新陈代谢旺盛，但由于个体机能发育还不成熟导致其对外界环境的适应能力以及抵抗力较弱；骨骼中有机物含量高于无机物且骨化未完全，呈现出硬度小、弹性大、可塑性强以及易变形的特征；肌肉的发育处于不平衡阶段，大肌肉群发育较早、小肌肉群发育不完善，肌肉的力量较差、易受损伤；心肺功能

---

① 梁志燊.学前教育学[M].北京：北京师范大学出版社，2014:12.

② 张腾.游泳学习对幼儿粗大动作发展及感知身体能力的影响[D].北京体育大学，2019:9.

弱于成年人，心肺体积比例大、心脏收缩能力差、肺的弹性较差[①]。因此，了解并掌握幼儿生理发展特征，在课程设计和实施过程中才能合理安排各项身体活动以保证幼儿的正常发育。

三、幼儿身体素质发展特征研究

运动员长期发展模型（Long-Term Athlete Development，LTAD）和青少年身体发展模型（The Youth Physical Development Model，YPD）是国外比较成熟的身体发展模型，其中关于幼儿期身体素质发展的确定为本研究提供了重要科学依据。

（一）LTAD模型

LTAD模型由加拿大著名运动训练学专家Balyi和Way在1995年首次提出，2005年进一步修改完善。该模型从长期发展的视角阐述了运动参与的发展过程，包括积极动起来阶段（Active Start）、基础与趣味性阶段（FUN damental stage）、为学习而训练阶段（Learning to train stage）、为训练而训练阶段（Training to trains tage）、为比赛而训练阶段（Training to compete）、为获胜而训练阶段（Training to win）、退役和留守阶段（Retirement and Retainment）[②]七个发展阶段。其中，积极动起来阶段（0—6岁）目标是让幼儿积极地玩起来，通过适宜他们年龄的活动帮助幼儿感到自己有能力，感到很舒服地参加大量有趣、有挑战、非竞争性的活动和游戏。Balyi等在LTAD模型中指出，幼儿在积极动起来阶段需要掌握基本的位移技能、稳定技能和操作技能。另外，他认为该阶段幼儿还应注重发展以下身体素质：①力量，所谓的力量是指克服自身体重的练习。例如，通过跳跃增强下肢力量，通过悬挂和摆动活动加强手臂力量。②协调性和灵敏性，例如在不同大小和形状

① 中华人民共和国教育部.教育部关于印发《3—6岁儿童学习与发展指南》的通知[EB/OL].（2012-10-09）[2022-06-26].http://www.moe.gov.cn/srcsite/A06/s3327/201210/t20121009_143254.html.

② 李国强.学前教育心理原理与实践[M].北京:北京理工大学出版社，2017:14-15.

的物体（包括自然物体和合成物体）上玩耍和攀爬、玩追逐游戏、玩各种大小和重量的球和其他小器械。③平衡性，让身体进行各种各样的旋转（上下颠倒、翻滚），这样大脑就可以学会自己定位，即使身体处于不正常的位置，也可以学会控制身体各部分的运动[①]。

LTAD模型阐述了在人类发展的每个阶段需要做什么，以便提供最好的机会参与体育活动，培养终身体育意识；它强调发展的重点不是短期收益和早期成功，而是体育参与融入人的全生命周期。

表2-1　LTAD模型中运动员培养阶段

运动员培养阶段	专项化早的项目（年龄）	专项化晚的项目（年龄）
积极动起来阶段	0—6岁	0—6岁
基础与趣味性阶段	/	6—9岁
为学习而训练阶段	6—8岁	9—12岁
为训练而训练阶段	8—10岁	12—16岁
为比赛而训练阶段	10—14岁	16—18岁
为获胜而训练阶段	14岁+	18岁+

（二）YPD模型

YPD模型是Lloyd等人在质疑与发展LTAD模型的基础上提出的，进一步明晰了儿童青少年各年龄段身体素质发展的内容。YPD模型指出，基本动作技能、运动专项技能发展贯穿整个儿童时期和青春期，但各项发展的重要程度因发育阶段而异。例如，2—8岁是基本动作技能发展的重要阶段；5岁前让幼儿接触不同体育运动项目，积极动起来；5岁开始发展专项运动技能。另外，身体素质的发展同样是儿童青少年身体发展的重要组成部分，幼儿期身体素质发展内容包括力量、爆发力、速度、灵敏、灵活性、耐力等。

① Balyi Istvan . Long-term athlete development[M]. Windsor:Sheridan Books，2013:8-12.

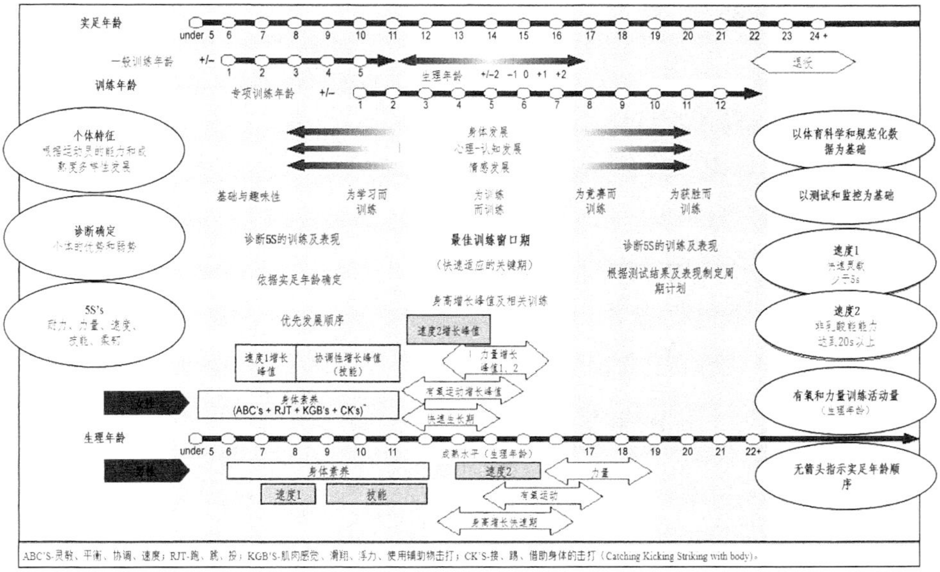

图2-1　适应训练和最佳训练能力（Balyi,Way,2002;Balyi,Hamilton,2004）

（1）力量。YPD模型显示在个体发育的各个阶段，男性和女性的肌肉力量发展都应优先考虑。这个概念是基于先前的研究提出的，研究表明肌肉力量与跑步速度①、肌肉爆发力②③、变向能力④之间存在正相关关系。此外，有研究者推测肌肉力量是发展FMS的关键⑤。基于以上研究，力量是幼儿阶段需优

① Weyand P.G，Sternlight D.B，Bellizzi M.J，et al. Faster top running speeds are achieved with greater ground forces not more rapid leg movements[J]. J Appl Physiol，2000，89: 1991–1999.

② Stone M.H，Sanborn K，O' Bryant H.S，et al. Maximum strength–power–performance relationships in collegiate throwers[J]. J Strength Cond Res，2003，17:739–745.

③ Wisloff U，Castagna C，Helgerud J，et al. Strong correlations of maximal squat strength with sprint performance and vertical jump height in elite soccer players[J]. Br J Sports Med，2004，38:285–288.

④ Negrete R ，Brophy J. The relationship between isokinetic open and closed kinetic chain lower extremity strength and functional performance[J]. J Sports Rehab，2000，9:46–61.

⑤ Behringer M，Vom H.A，Matthews M，et al. Effects of strength training on motor performance skills in children and adolescents: A meta–analysis[J]. Pediatr Exerc Sci，2011，23:186–206.

先发展的一项重要身体素质。

（2）爆发力。YPD模型还强调爆发力的练习应从幼儿阶段开始，这是LTAD模型中所忽视的内容，有研究指出高水平的爆发力是运动成功的必备条件①。尽管肌肉爆发力的发展速度在青春期前后可能有所不同，但爆发力在整个儿童时期都是可以训练的。相关研究表明，儿童和青少年都可以通过有目的的练习来提高肌肉爆发力②③④⑤。

（3）速度。YPD模型指出速度训练贯穿于整个儿童和青少年期。相关研究同样验证了这一观点。Rumpf等⑥研究表明，青春期前的儿童在高水平的神经激活训练（增强式训练和短跑训练）中获益最多，而青少年对同时针对神经和结构发展的训练模式（力量和增强式训练）反应更积极。当不同的训练适应主要反映自然发展时，这可能支持“窗口”的概念；然而，速度可训练性本身贯穿整个童年。

（4）灵敏。YPD模型建议灵敏是青春期前后的身体素质发展目标。灵敏的组成包括变向速度（技术、直线短跑速度、下肢力量和人体测量）和认知功能（感知和决策过程）。由于下肢力量和直线加速跑是敏捷性的组成部分，因此在早期寻求发展灵敏性、加强协调和运动模式的准确性是合乎逻辑的。

---

① Preschool W.B. Transfer of strength and power training to sports performance[J].Int J Sports Physiol Perform，2006，1:74−78.

② Chiodera P，Volta E，Gobbi G，et al. Specifically designed physical exercise programs improve preschool children's motor abilities[J].Scand J Med Sci Sports，2008，18:179−187.

③ Faigenbaum A，Mediate P. Medicine ball for all: A novel program that enhances physical fitness in school−age youths[J].Phys Educ Recreation Dance，2006，77:25−30.

④ McGuigan M.R，Tatasciore M，Newton R.U，et al. Eight weeks of resistance training can significantly alter body composition in children who are overweight or obese[J].J Strength Cond Res，2009，23:80−85.

⑤ Wong P，Chamari K，Wisloff U. Effects of 12−week on−filed combined strength and power training on physical performance among U−14 Preschool soccer players[J]. J Strength Cond Res，2010，24:644−652.

⑥ Rumpf，M.C，Cronin，J.B，Pinder，S.D，et al. Effect of Different Training Methods on Running Sprint Times in Male Youth[J]. Pediatric Exercise Science，2012，24(2):170−186.

认知功能层面，视觉、情境知识、模式识别等影响个体灵敏的表现[①]。因此，建议随着个体从童年到成年的发展，灵敏训练使用开放、非计划性的方法不断增加训练刺激。

（5）灵活性。YPD模型还强调儿童早期开始发展灵活性，儿童中期（5—11岁）是个体柔韧性和灵活性结合发展的重要节点，这与相关研究一致[②③]。柔韧性，指人体关节活动的幅度或范围的大小[④]；而灵活性指关节的运动能力，强调关节活动的质量，两者既有区别又有联系。本研究采用“柔韧”这一概念与其他身体素质相对应以便于理解，但在活动设计时强调结合柔韧性与灵活性的共同发展。

（6）耐力。YPD模型认为，当孩子接近成年时，更多的注意力放在耐力和代谢调节上，在任何阶段它都被视为个体训练的主要焦点。虽然这可能会引起争议，但其基本原理是基于这样的假设，即个体在参加有组织的比赛或竞赛时，可能会接触到特定运动的耐力发展，而且可能是在他们所从事的运动的技术技能课程中。因此，幼儿耐力的发展不需安排特定的计划，而只是在游戏过程中体现。

① Sheppard J.M，Preschool W.B. Agility literature review: Classifications，training and testing[J]. J Sports Sci，2006，24:919–932.

② Malina R.M. Growth，maturation and development: Applications to Preschool athletes and in particular to divers. In: USA Diving Coach Development Reference Manual[M]. Indianapolis，IN: USA Diving，2007.

③ Sands W.A，Caine D.J，Borms J. Physiology. In: Scientific Aspects of Women’s Gymnastics[M]. Basel，Switzerland: Karger，2002.

④ 陆耀飞．运动生理学[M]．北京：北京体育大学出版社，2007:173.

<table>
<tr><th colspan="21">青少年身体发展模型（YTD）——男</th></tr>
<tr><td>实足年龄（年）</td><td>2</td><td>3</td><td>4</td><td>5</td><td>6</td><td>7</td><td>8</td><td>9</td><td>10</td><td>11</td><td>12</td><td>13</td><td>14</td><td>15</td><td>16</td><td>17</td><td>18</td><td>19</td><td>20</td><td>21+</td></tr>
<tr><td>年龄段</td><td colspan="3">儿童早期</td><td colspan="7">儿童中期</td><td colspan="9">青春期</td><td>成年期</td></tr>
<tr><td>增长率</td><td colspan="20">快速增长←→稳定增长←→青春期突增期←→增长率下降</td></tr>
<tr><td>成熟状态</td><td colspan="20">身高增长峰值前期←—身高增长峰值—→身高增长峰值后期</td></tr>
<tr><td>训练适应</td><td colspan="20">神经（与年龄相关）←→神经与激素（与成熟度相关）</td></tr>
<tr><td rowspan="9">身体质量</td><td colspan="3">FMS</td><td colspan="4">FMS</td><td colspan="3">FMS</td><td colspan="10">FMS</td></tr>
<tr><td colspan="3">sss</td><td colspan="4">SSS</td><td colspan="3">SSS</td><td colspan="10">SSS</td></tr>
<tr><td colspan="3">灵活性</td><td colspan="7">灵活性</td><td colspan="10">灵活性</td></tr>
<tr><td colspan="3">灵敏</td><td colspan="7">灵敏</td><td colspan="5">灵敏</td><td colspan="5">灵敏</td></tr>
<tr><td colspan="3">速度</td><td colspan="7">速度</td><td colspan="5">速度</td><td colspan="5">速度</td></tr>
<tr><td colspan="3">爆发力</td><td colspan="7">爆发力</td><td colspan="5">爆发力</td><td colspan="5">爆发力</td></tr>
<tr><td colspan="3">力量</td><td colspan="7">力量</td><td colspan="5">力量</td><td colspan="5">力量</td></tr>
<tr><td colspan="10">肥大</td><td colspan="2">肥大</td><td colspan="7">肥大</td><td>肥大</td></tr>
<tr><td colspan="3">耐力、MC</td><td colspan="7">耐力、MC</td><td colspan="5">耐力、MC</td><td colspan="5">耐力、MC</td></tr>
<tr><td>训练结构</td><td colspan="4">非结构</td><td colspan="5">低结构</td><td colspan="4">中结构</td><td colspan="4">高结构</td><td colspan="3">非常高结构</td></tr>
</table>

备注：字体大小代表重要程度—浅灰色区域代表青春期前的适应；深灰色区域代表青春期的适应；FMS—基本动作技能；MC—代谢调节；SSS—专项运动技能。

图2-2　青少年身体发展模型——男（Lloyd,et al,2012）

依据《3—6岁儿童学习与发展指南》中健康领域对幼儿动作发展的要求，幼儿应具有一定的平衡能力，动作协调、灵敏，具有一定的力量和耐力；以及LTAD模型和YPD模型中关于幼儿期身体素质发展的内容及特征，本研究提出幼儿期身体素质发展包括力量、灵敏、平衡、协调、速度、柔韧、耐力，但各项身体素质在幼儿各年龄段发展的重要程度存在差异。需要说明的几点：①在YPD模型中各年龄段都比较重视力量素质的发展，包括爆发力、肌肉肥大等，结合LTAD模型中利用克服自身体重发展幼儿力量的要义，本研究在设计幼儿园足球游戏课程过程中将爆发力等内容统一纳入力量的练习范畴。②根据幼儿年龄段特点，幼儿各区间段的身体素质发展重要程度各异。例如，除力量、耐力外，5—6岁男女幼儿其他身体素质的发展重视程度均大于3—4岁幼儿；力量的发展贯穿于人的全生命周期，特别在幼儿阶段应引起足够重视；耐力需要在游戏中学习与发展，无须专门训练。③终身体育是幼儿期身体素养发展的最终目的。正如LTAD模型指出的，通过身体发展达到提高身体素养、运动表现能力和培养终身体育意识的三个关键目的。其中，身体素养是提高运动表现和终身参与体育的基础，幼儿期身体素养的发展尤为关键。

<table>
<tr><th colspan="21">青少年身体发展模型（YPD）——女</th></tr>
<tr><td>实足年龄（年）</td><td>2</td><td>3</td><td>4</td><td>5</td><td>6</td><td>7</td><td>8</td><td>9</td><td>10</td><td>11</td><td>12</td><td>13</td><td>14</td><td>15</td><td>16</td><td>17</td><td>18</td><td>19</td><td>20</td><td>21+</td></tr>
<tr><td>年龄段</td><td colspan="3">儿童早期</td><td colspan="7">儿童中期</td><td colspan="9">青春期</td><td>成年期</td></tr>
<tr><td>增长率</td><td colspan="20">快速增长←→稳定增长←→青春期突增期←→增长率下降</td></tr>
<tr><td>成熟状态</td><td colspan="20">身高增长峰值前期←—身高增长峰值—→身高增长峰值后期</td></tr>
<tr><td>训练适应</td><td colspan="20">神经（与年龄相关）←→神经与激素（与成熟度相关）</td></tr>
<tr><td rowspan="9">身体质量</td><td colspan="3">FMS</td><td colspan="4">FMS</td><td colspan="3">FMS</td><td colspan="10">FMS</td></tr>
<tr><td colspan="3">sss</td><td colspan="4">SSS</td><td colspan="3">SSS</td><td colspan="10">SSS</td></tr>
<tr><td colspan="3">灵活性</td><td colspan="7">灵活性</td><td colspan="10">灵活性</td></tr>
<tr><td colspan="3">灵敏</td><td colspan="7">灵敏</td><td colspan="5">灵敏</td><td colspan="5">灵敏</td></tr>
<tr><td colspan="3">速度</td><td colspan="7">速度</td><td colspan="5">速度</td><td colspan="5">速度</td></tr>
<tr><td colspan="3">爆发力</td><td colspan="7">爆发力</td><td colspan="5">爆发力</td><td colspan="5">爆发力</td></tr>
<tr><td colspan="3">力量</td><td colspan="7">力量</td><td colspan="5">力量</td><td colspan="5">力量</td></tr>
<tr><td colspan="10">肥大</td><td>肥大</td><td colspan="8">肥大</td><td>肥大</td></tr>
<tr><td colspan="3">耐力、MC</td><td colspan="7">耐力、MC</td><td colspan="5">耐力、MC</td><td colspan="5">耐力、MC</td></tr>
<tr><td>训练结构</td><td colspan="4">非结构</td><td colspan="5">低结构</td><td colspan="4">中结构</td><td colspan="4">高结构</td><td colspan="3">非常高结构</td></tr>
</table>

备注：字体大小代表重要程度—浅灰色区域代表青春期前的适应；深灰色区域代表青春期的适应；FMS—基本动作技能；MC—代谢调节；SSS—专项运动技能。

图2-3 青少年身体发展模型——女（Lloyd,et al,2012）

四、幼儿动作发展特征研究

幼儿动作发展的研究主要集中在粗大动作发展研究和精细动作发展研究

两个方面，其中粗大动作的研究是本文阐述的重点内容。Clark 等研究者将粗大动作发展（gross motor development）定义为在生命期限内的运动行为变化和潜存于这些变化下的发展过程[①]。根据空间位置变化、对外界工具的操控情况，粗大动作可分为移动性（locomotor）动作、非移动性（non-locomotor）动作和操作性（manipulative）动作[②]。移动性动作涉及能够产生空间位移变化的动作，如跑、跳、滑步，而操作性动作是所有操作和控制物体与工具的动作，如投、接；非移动性动作是不产生空间位置变化并与身体稳定性有关的动作，如平衡，它是移动性动作和操作性动作执行过程中身体稳定控制的基础[③]。

关于幼儿粗大动作发展特征的研究包括幼儿粗大动作行为本身的变化特征和变化过程，具体表现主要有以下几个方面：①运用动作发展序列理论阐述基本动作发展的特征。例如耿培新等主编的《人类动作发展概论》中分析了幼儿跑步、投掷、平衡等动作的发展规律及特征[④]。②采用横断面研究不同年龄段、不同性别幼儿粗大动作发展特征。例如Goodway对男女幼儿投掷动作的比较研究[⑤]，张莹对3—6岁儿童投掷动作的年龄相关性分析[⑥]，文蕊香等比较了不同年龄、性别幼儿粗大动作发展特征[⑦]。③幼儿动作发展特征与本体感觉、平衡能力、执行功能的相关性研究。例如Robinson分析了动作发展与本

① Clark J.E，Metcalfe J.S. The mountain of motor development: A metaphor[J]. Motor development: Research and reviews，2002，2:163−190.

② Southard D. Change in throwing pattern:critical values for control parameter of velocity[J]. Research Quarterly for Exercise & Sport，2002，73（4）:396−407.

③ Newell K.M. Constraints on the development of coordination[J]. Motor development in children: Aspects of coordination and control，1986，34: 341−360.

④ GregPayne，耿培新，梁国立.人类动作发展概论[M].北京:人民教育出版社，2008:40−50.

⑤ Goodway J.D，Robinson L.E.Skipping toward an active start:promoting physical activity in preschoolers[J]. Beyond the Journal:Preschool Children，2006，61（3）:1−6.

⑥ 张莹.我国3−6岁幼儿基本动作发展特征研究——以北京市某一级幼儿园幼儿的投掷动作发展为例[J].中国体育科技，2013（4）:92−102.

⑦ 文蕊香，姜桂萍，赵盼超等.3−6岁幼儿粗大动作发展特征研究[J].中国儿童保健志，2021，29（10）:1072−1076.

体感觉的关系以及性别间的影响①，吴升扣分析研究表明幼儿期是基本动作技能发展的关键期，基本动作技能的掌握程度对个体后期的运动能力以及动作学习具有重要影响。同时，研究者关于动作发展的年龄差异性以及与本体感觉、平衡能力、执行功能的相关性研究进一步验证了动作发展对幼儿后期发展的重要价值。

五、幼儿认知发展特征研究

皮亚杰的认知发展理论认为，认知发展是认知结构的发展过程，按照认知结构将心理发展分为感知运动阶段（出生到2岁）、前运算思维阶段（约2岁到7岁）、具体运算阶段（约7岁到11岁）和形式运算阶段（约11岁到15岁）四个认知发展阶段。处于幼儿期的前运算思维阶段具有以下基本特征：①行为和思维的特点存在自我中心主义，即他人想的方式或东西都与自己相同；②感知觉具有中心化作用，即呈现一个视觉刺激时注意力集中或固定在刺激的有限知觉方面；③没有注意转换的能力，即当他们观察一系列变化或连续的状态时注意力集中在个别组成部分上而不是状态的转换上；④思维具有不可逆性②。

执行功能是认知功能中的重要组成部分，它是指个体负责组织和控制目标导向行为的高级认知加工过程③，包括抑制控制、工作记忆和认知灵活性，旨在计划、管理和控制个体自身的行为④。幼儿期是执行功能发展的快速期⑤，因此幼儿执行功能的发展特点受到越来越多研究者的关注。例如，涂梦璐等

① Robinson L.E.The relationship between perceived physical competence and fundamental motor skills in preschool children[J].Child Care Health Dev，2011，37(4):589-596.

② 沃兹沃思著.皮亚杰的认知发展理论[M].周镐，译，武汉：华中师范大学出版社，1986:68-72.

③ Banich M T. Executive function : The search for an integrated account[J]. Curr Dir Psychol Sci，2009，18(2):89-94.

④ Diamond A. Executive functions[J]. Annu Rev Psychol，2012，64(1):135-168.

⑤ Mileva s V.R，Ghassabian A，et al.Are boys more sensitive to sensitivity? Parenting and executive function in preschoolers[J]. Journal of Experimental Child Psychology，2015，13:193-208.

在《国外近十年学前儿童执行功能研究进展》中综述了研究者关于幼儿执行功能发展的特征，研究认为幼儿期的执行功能是一个不断发展的过程，表现为幼儿执行功能发展迅速但仍处于发展初期，距离完全成熟还有相当长的时间①。另外，执行功能与学业成就的研究也是热点问题，大量研究表明执行功能与幼儿当前以及后期的学业成就显著相关②③。随着幼儿期执行功能发展重要性的体现，运动提高执行功能的研究也受到了较大关注。例如，MacDonald等认为动作训练能显著提高幼儿的执行功能和社会性行为④；Xiong等通过实验发现结构化体育活动可以显著提高幼儿执行功能发展⑤；江大雷等通过实验干预发现，8周足球运动游戏促进了学龄前儿童执行功能的发展，提高了其抑制控制水平⑥；杨硕等研究了幼儿执行功能的年龄、性别特征并认为幼儿粗大动作的发展与执行功能存在正相关性⑦。

六、小结

幼儿期个体在生长发育、身体素质、动作发展以及认知发展等方面存在

① 涂梦璐，杨福义.国外近十年学前儿童执行功能研究进展[J].学前教育研究，2018，285(9):27−38+60.

② Teepe R，Molenaar I，Oostdam R，et al. Children' s executive and social functioningand family context as predictors of preschool vocabulary[J]. Learning & Individual Differences，2017(57):1−8.

③ Duncan R，Mcclelland M，Acock A. Relations between executive function，behavioralregulation，and achievement：moderation by family income[J]. Journal of Applied Developmental Psychology，2017(49):21−30.

④ MacDonald M，Lipscomb S，Mcclelland M.M，et al. Relations of preschoolers' visual−motorand object manipulation skills with executive function and social behavior[J].Research Quarterly for Exercise & Sport，2016，87(4)，396−407.

⑤ Xiong S，Li X，Tao K. Effects of structured physical activity program on chinese Preschool children' s executive functions and perceived physical competence in a day care center[J]. Biomed Research Internation，2017(7):1−6.

⑥ 江大雷，曾从周.8周中等强度足球运动游戏对学龄前儿童执行功能发展的影响[J].中国体育科技，2015，51(2):43−50.

⑦ 杨硕，李亚梦，付若凡等.3 ~ 6岁幼儿粗大动作与执行功能发展特点及关系研究[J].中国体育科技，2022，58(3):51−58.

特殊性，在参加身体活动时需遵循个体身心发展规律以及强调身体活动在促进幼儿身心发展的重要意义。特别是幼儿期是动作发展的敏感期，如何在课程内容设计以及教学活动中抓牢动作发展的敏感期进行教育活动是教育工作者应重点考虑的问题。

第二节　幼儿游戏的相关研究

一、“游戏”概念的相关论述

游戏的概念一直是中外心理学家和教育学家研究和探讨的问题。由于研究者对游戏的理解不同、方法论不同、研究角度和所依据材料不同，迄今为止游戏尚未有公认的确切定义。例如《牛津英语词典》中共列出了116条关于游戏的不同定义。英语中表达游戏的词主要有两个：play和game。play泛指游戏，而game则仅指社会性的游戏，是有组织、有规则并通常具有竞争性的游戏①。对于游戏的概念，各学者进行了不同的阐述。福禄培尔将游戏视为幼儿内部存在的自我活动表现；布鲁纳指出游戏是一种在活动形成和完善的基础上对行为的心理调节；艾里康宁则认为游戏是在真实条件之外借助想象、利用象征性材料以再现人与人的关系②。

有的研究者则通过描述游戏的主要特征来理解游戏。例如，游戏是一种活动，是一种不同于其他活动的活动方式③。第一，侧重活动的外部特征，是一种可观察的行为。该观点支持者主张游戏是在一定主题支配下的一组外显性行为，包括认知、情感、动作、语言及非语言交流等。第二，侧重心理学上的倾向和定势，认为游戏主要是一种意向。持此观点者，认定活动的形式

① 董虫草.胡伊青加的游戏理论[J].浙江大学学报（人文社会科学版），2005(3):48-56.

② 李淑贤，姚伟.幼儿游戏理论与指导[M].长春:东北师范大学出版社，1995:8-10.

③ 吴航.游戏与教育——兼论教育的游戏性[D].华中师范大学，2001:56.

和内容本身并不能保证它就是游戏。一切非游戏的活动都可能因当事者的态度而披上游戏的色彩。第三，侧重于活动的情景设置，认为游戏主要是一种情景。持此观点者，视游戏为有意义的情景，它表达了一定文化背景中的成人对游戏所持的看法，并坚持“一组可以描绘和再现的环境安排会唤起儿童进行游戏的定势和倾向”。游戏即艺术作品的存在方式①。以当代著名德国解释学大师伽达默尔为代表。他认为，如果就“与艺术经验的关系而谈论游戏，那么游戏并不指行为，甚而不指创造活动或鉴赏活动的情绪状态，更不是指在游戏活动中所实现的某种主体性自由，而是指艺术作品本身的存在方式②”。游戏之所以是艺术作品的存在方式，是因为：第一，游戏活动本身具有主体性。他认为游戏的真正主体并不是游戏者，而是游戏本身。第二，游戏就是游戏活动者的自我表现。第三，游戏是依赖于观者的。

各游戏理论学派积极借鉴其他领域理论，从不同角度定义游戏的特征，进而形成了游戏定义的多样性。例如，斯宾塞、霍尔、格鲁斯强调游戏与人类生存的关系；皮亚杰、维果斯基、布鲁纳强调游戏与认知发展的关系；比勒强调游戏的感觉运动过程；埃尔柯宁强调游戏的社会适应性；弗洛伊德强调游戏的情感因素③。对于游戏的不同解读具有自身的合理性及限域，我们在此梳理不同学者对游戏的定义或解释，不是强调孰优孰劣而是找寻各自适用的合理范围。

本研究中的游戏特指幼儿园中的教学游戏。幼儿园作为教育的特殊场所，存在着由教师预先设计、组织的以传授知识技能为目的的“非游戏”的教学活动，即将游戏的元素加入非游戏活动使非游戏活动游戏化。它也是幼儿园教学实践模式的必要组成部分。在我国,教学游戏是这种非游戏活动游戏化的常见方式。刘焱在《儿童游戏通论》中将教学游戏定义为教学与游戏的有机

---

① 吴航.游戏与教育——兼论教育的游戏性[D].华中师范大学，2001:58.

② 伽达默尔.真理与方法——哲学诠释学的基本特征[M].洪汉鼎，译.上海:上海译文出版社，1999:130.

③ 华爱华.幼儿游戏理论[M].上海:上海教育出版社，2015:77-78.

结合，是教师根据教学的目的、利用游戏的因素和形式所编制和组织的具有一定的游戏性的教学活动①。《教育大辞典》中则认为教学游戏是根据教学大纲将教学内容和生动有趣的游戏结合起来的教学方法②。从以上定义可以看出，教学游戏具有目的性，是游戏因素和非游戏因素相结合的教学方法。本研究中教学游戏的定义认同刘焱老师的观点，即教学与游戏的有机结合，是教师根据教学的目的、利用游戏的因素和形式所编制和组织的具有一定的游戏性的教学活动。

二、幼儿游戏的分类

研究幼儿游戏分类可以更好地理解游戏和了解游戏的特点。研究者的参照标准不同、角度不同，进而形成了游戏分类的差异。例如，埃里克森根据自我发展理论将游戏分为自我宇宙游戏、微观宇宙游戏、宏观宇宙游戏③；皮亚杰从儿童认知发展的角度，将游戏分为感觉运动游戏、象征性游戏、结构性游戏、规则游戏②；柏顿从社会性发展的角度将游戏行为分为偶然的行为、旁观、独自游戏、平行游戏、协同游戏、合作游戏②；国内研究者从教育实践的角度将游戏分为创造性游戏（包括角色扮演游戏、结构游戏、表演游戏）和规则游戏（包括智力游戏、体育游戏、音乐游戏），从游戏目的的角度将游戏分为目的性游戏和手段性游戏④。以上游戏的分类为我们开展幼儿游戏、观察幼儿游戏提供了不同的视角。

三、幼儿游戏的教育作用

游戏是幼儿最喜欢的活动，幼儿在游戏中学习成长。一是游戏能促进幼儿身体发展。游戏满足了幼儿身体活动的需要，游戏中包含的动作或运动的成分具有促进幼儿身体运动能力发展的作用，有助于动作的发展与分化整合②。

---

① 刘焱．儿童游戏通论[M]．北京：北京师范大学出版社，2008:461.

② 顾明远．教育大辞典・第1卷[M]．上海：上海教育出版社，1990:205.

③ 刘焱．儿童游戏通论[M]．北京：北京师范大学出版社，2008:179—188.

④ 郑传芹，曾跃霞．学前教育原理[M]．武汉：华中科技大学出版社，2014:139.

二是游戏能促进幼儿认知和语言发展。游戏是幼儿认识客观世界的最佳途径。在游戏中，幼儿充分发挥主动性和能动性并通过观察、感知、比较、分类等对游戏材料的使用、对生活经验的重组、对游戏动作和情节的实践，在此过程中幼儿的感知能力、注意力、记忆力、思维等能力都能得到发展；同时，在游戏的过程中与同伴的沟通、交往为幼儿提供了语言交流的空间，促进了语言能力的发展①。三是游戏能够促进幼儿情感发展。幼儿期是个体情绪情感发展的重要时期，游戏满足了幼儿表达情感的需要，同时可以发泄个体不良情绪并使幼儿的情绪变得缓和、抑制消极情绪。四是游戏能够促进幼儿社会性的发展。游戏中的协作凸显了以人际关系为基础的特点，潜含着促进幼儿社会性发展的因素，实践研究验证了游戏促进婴幼儿社会性发展的观点②。

四、小结

当前研究中对于游戏的界定未达成统一，但关于游戏特征、游戏的分类等研究对教育工作者、科研人员了解幼儿游戏、开展幼儿游戏具有重要指导意义。游戏是幼儿最喜欢的活动，它是幼儿的基本活动内容和活动形式，对幼儿期个体的身体、语言、社会性以及情感等方面产生积极影响，进一步凸显了幼儿游戏的重要教育作用。

第三节　幼儿足球运动相关研究

一、幼儿足球研究概述

幼儿足球属于幼儿体育的下位概念，明晰幼儿体育的概念对于理解幼儿足球至关重要。《全民健身计划（2016—2020年）》首次提出发展幼儿体育，

① 郑健成．学前教育学[M]．上海：复旦大学，2007. 78.

② 刘焱．儿童游戏通论[M]．北京：北京师范大学出版社，2008:216.

把幼儿体育纳入国家发展计划[①],这是“幼儿体育”首次在政府文件中被提及。当然，目前对于幼儿体育的概念界定尚未统一。王凯珍[②]等认为幼儿体育是以幼儿为主体的体育活动，包括幼儿园体育及园外的居家、庭院、社区、公园、广场、野外体育等；郝晓岑[③]等认为幼儿体育是幼儿教育的一部分，是对幼儿身体的养育和教育；谢松林[④]则认为幼儿体育是 3—6 岁儿童所从事的，以基础动作技能为主要内容，以游戏为基本方式，促进身心整体和谐发展的体育。由此，我们可以将幼儿足球视为幼儿体育的活动内容、形式、教育手段。

足球从娃娃抓起是几代领导人的热切期盼。“娃娃足球”或“幼儿足球”的概念应运而生，这在相关体育、教育官方文件中均有提及。2018年中国足协启动娃娃足球工程，提出规范执行标准、增强宣传推广、壮大幼儿足球产业等具体任务；2019年教育部办公厅印发《关于开展足球特色幼儿园试点工作的通知》，引导各级各类幼儿园广泛开展幼儿足球活动，促进幼儿身心健康全面发展。

关于幼儿足球的概念在各类文件中虽未明确界定，但有两点可以明确：一是活动对象为3—6岁儿童；二是使用的足球不同于成人足球，例如《全国幼儿足球特色幼儿园游戏活动指南》中建议使用三号低弹足球。本研究将幼儿足球定义为针对幼儿群体开展的足球活动，其大小、重量、气压、材料等不同于成人足球，目的在于让幼儿参与足球活动并培养幼儿体育兴趣。

二、幼儿足球政策研究

近年来，多部门相继出台幼儿足球发展政策，推动了幼儿足球的普及与

① 中华人民共和国中央人民政府.国务院关于印发《全民健身计划（2016—2020年）》的通知[EB/OL].（2016-06-15）[2022-06-26].http://www.gov.cn/zhengce/content/2016-06/23/content_5084564.htm.

② 王凯珍，王晓云，齐晨晖.当前我国幼儿体育的热点现象、问题与建议[J].北京体育大学学报，2020，43（5）:30-38.

③ 郝晓岑，王婷.幼儿体育概念辨析[J].首都体育学院学报，2017，29（1）:26-30.

④ 谢松林.幼儿体育:体育学与学前教育学的双重厘定[J].体育学刊，2022，29（6）:17-24.

推广。2018年中国足协启动娃娃足球工程，任务主要包括规范执行标准、增强宣传推广、突出示范带头作用、加快专业人才培养、完善交流活动体系、提升信息化服务水平、壮大幼儿足球产业等①。此外，中国足协实施了娃娃足球1—8星级测评系统，星级测评包含单个技能、亲子组合、技能组合等项目。2019年教育部启动足球特色幼儿园试点工作并发布《全国足球特色幼儿园游戏活动指南》，该指南主要包括教学系统板块、活动测评板块。其中教学系统板块采用多元化的课程主题，即“6+1”主题模式，分别代表“体操、舞蹈、跑跳能力、身体管理、合作与解决问题、球类运动+足球游戏”。2021年全国校足办发布《关于遴选全国足球特色幼儿园示范园的通知》，试点幼儿园须按照《全国足球特色幼儿园游戏活动指南》和全国足球特色幼儿园系统平台所提供的教学体系要求，全面开展幼儿足球教学试点工作，并由中国足球发展基金会提供专款定向资助金支持，截至目前共立项983所幼儿园。

三、幼儿足球开展现状研究

我们根据幼儿足球开展空间的不同将幼儿足球分为园内足球活动和园外足球活动。文献梳理发现，大部分针对幼儿足球的研究集中在园内幼儿足球开展的现状。

（一）幼儿足球开展总体现状研究

2019年教育部启动足球特色幼儿园试点工作以来，涌现出针对园内的幼儿足球开展现状的大量研究，且主要集中于硕士学位论文层面。通过文献梳理发现，研究者认为当前幼儿足球开展总体较好，但存在以下几方面的问题：①专职足球教师缺乏。大部分上课教师由幼儿园普通教师兼任，表现出教师专业缺失、教学水平有限、幼儿足球教师培训少等特点②。②教学目标不明确。

① 人民网．中国足协启动“娃娃工程”[EB/OL].（2018-10-11）[2020-11-11].http://m.people.cn/n4/2018/1011/c1209-11719397.html.

② 王猛．阜南县足球特色幼儿园足球活动开展现状与发展策略研究[D].阜阳师范大学，2023:1.

大部分幼儿园的足球教学缺乏完整的教案，导致教学目标不明确，进而出现教学的随意性和不合理性[①]。③教材内容合理性不足。幼儿园足球开展可借鉴的教材数量少，且主要由园内教师编写或复制网上的内容，呈现出教材内容的合理性、科学性不足；同时各年龄段幼儿的教学活动内容编排设计不合理，存在内容雷同、教学内容不衔接等现象[②]。④教学评价缺失。幼儿足球教学评价的缺失导致教师难以对教学效果进行评判，进而未能对教学内容或教学过程实施修正[③]。

（二）幼儿足球教学开展价值研究

幼儿园足球教学的开展促进了幼儿身心发展。孔国贤等[④]主编的《幼儿快乐足球活动指南》在具体分析幼儿身心发展特点的基础上构建了3—6岁各年龄段幼儿足球活动目标，创编了以足球基本技术为内容的游戏活动。另外，他认为足球在增强幼儿机体健康、提升认知能力、促进社会性发展等方面具有重要意义。总体而言，编者的创编思路在体现基本动作综合发展的基础上，融入语言、常识、音乐、舞蹈及足球基本技术等内容，力求促进幼儿能力和个性的全面发展。

（三）幼儿足球教学内容研究

幼儿园足球的教学内容体现了技术性的特点。邱燕[⑤]认为，幼儿可以练习的八项足球基本技术主要是脚掌踩球、拉球、脚正面踢球、脚内侧踢球、脚内侧停球、脚内侧运球、大腿颠球、射门综合练习以及一般规则学习。殷红博[⑥]主编的幼儿足球教材《幼儿关键期足球》，被称为中国第一部幼儿足球教

---

① 朱毓睿．武汉市足球特色幼儿园足球活动课程开发实验研究[D].武汉体育学院，2023:24.

② 李成龙．成都市金牛区足球特色幼儿园足球活动主要问题及对策研究[D].四川师范大学，2022:1.

③ 陈金萍．三台县足球特色幼儿园足球活动开展现存主要问题及影响因素研究[D].四川师范大学，2022:1.

④ 孔国贤，罗志远．幼儿快乐足球活动指南[M].广东：广东高等教育出版社，2016:1−5.

⑤ 邱燕．开展幼儿足球运动的实践研究[J].湖南师范大学自然科学学报，2013，36(6):66−71.

⑥ 殷红博．幼儿关键期足球[M].北京：北京师范大学出版社，2015:26.

材，分为大中小班三个年龄段，共33个教学活动，内容丰富，分阶段分步骤开展教学活动，全方位展示了足球的各项技术动作。其中小班以足球游戏为主，通过触球、拉球、夹球等动作培养幼儿球感、足球运动兴趣以及认知能力。中班除了足球游戏外，还设计了踩球、运球、摆球等基本足球技能，培养幼儿脚部灵活性、控球能力以及幼儿的认知、社会情感。大班则设计了脚背射门、扣球过人、两人传接球等足球实战技能，培养幼儿射门能力以及认知、社会情感，养成终身锻炼的习惯。

（四）幼儿足球教学内容设计及组织策略研究

幼儿群体的特殊性决定了幼儿园足球教学组织策略区别于其他年龄段学生。沈灵君①作为幼儿园一线教师，在总结多年幼儿体育活动教学经验的基础上，带领教学科研团队主编《幼儿趣味足球游戏100例》，提出幼儿园趣味足球活动实施方案、大班幼儿竞赛性游戏组织策略以及具体的游戏设计。编者根据不同年龄幼儿的活动特点，通过平行游戏化策略、情景化游戏策略、趣味竞技化游戏策略组织幼儿开展足球活动，从“玩、赛、导”实现了幼儿园足球游戏的创新实践。沈灵君等②对大班幼儿小型足球比赛的组织策略进行分析，认为教师应对比赛场景、规则以及相关环节进行改进，通过比赛激发幼儿对足球的兴趣，利用多感官学习足球比赛规则，培养幼儿的规则意识。孙君湘③对幼儿足球的开发及实施进行了分析。他认为幼儿足球游戏的开发来源主要包括民间游戏、主题游戏，足球运动技能创编，开发类型包括锻炼、竞赛、展示三类，体现对抗性、挑战性、愉悦性、协作性等特征，分别在区域自主玩足球、一小时体育锻炼中融入足球、游戏中展演足球、亲子同玩足球中使孩子在游戏中得到锻炼，享受快乐。

另外，孙君湘认为幼儿足球是基于幼儿游戏的天性，通过让幼儿在足球游戏中学习足球技术以达到促进幼儿身心健康发展的目的③；季琳提出首先营

① 沈灵君.幼儿趣味足球游戏100例[M].宁波：宁波出版社，2018:65.
② 沈灵君，傅立.大班幼儿小型足球比赛的组织策略[J].学前教育研究，2013（4）:67-69.
③ 孙君湘.基于游戏的幼儿足球课程开发与实施[J].上海教育科研，2017（5）:84-87.

造良好的游戏环境，再结合游戏化课程内容吸引幼儿参与，最后通过有效合理的游戏化内容促进幼儿足球能力提升的游戏化足球课程构建举措[①]。

（五）幼儿足球教学干预效果研究

国内关于幼儿足球的实验干预主要集中在硕士论文层面。研究表明，幼儿足球对幼儿身心发展[②③④]、注意力稳定性[⑤]、执行功能[⑥]、自我控制能力[⑦]、反应能力和判断能力[⑧]等产生积极影响。另外，邱燕[⑨]通过实验证实4—6岁幼儿可以基本掌握脚掌踩球、拉球、脚正面踢球、脚内侧踢球、脚内侧停球、脚内侧运球、大腿颠球、射门等足球基本技术；能执行简单的足球比赛规则并基本流畅地完成微型足球比赛；对幼儿的情绪、食欲、睡眠产生良好的影响。中国台湾研究者TsaiShu-Fen等[⑩]采用一项为期10周的结构性足球课程干预，通过脚步练习、运球、传球、射门及游戏比赛的学习促进了幼儿基本动作技能的发展。

国外则是探讨不同体育项目的实验干预效果，其中包括幼儿园足球的教学干预。例如，Salaj等[⑪]通过不同体育活动对幼儿基本动作技能发展的影响，

---

① 季琳.幼儿园游戏化足球课程的构建研究[J].教学研究，2013(9):119.

② 王新晓.足球运动对5-6岁幼儿身心发展的影响研究[D].河北师范大学，2019:68.

③ 呙华峰.小足球游戏对肥胖儿童身心健康的积极作用[J].西安体育学院学报，2002(2):100-102.

④ 罗强烈，李宝耕，王钢.幼儿足球舞练习对幼儿生长发育影响初探[J].上海体育学院学报，1992(4):33-36.

⑤ 刘春荣.足球活动对4-5岁幼儿注意力稳定性影响的实验研究[D].四川师范大学，2018:70.

⑥ 张嘉旭.足球活动对幼儿执行功能的影响研究[D].陕西师范大学，2018:56.

⑦ 郝君梅.足球活动对4-5岁幼儿自我控制能力影响的实验研究[D].四川师范大学，2018:89.

⑧ 邱燕.开展幼儿足球运动的实践研究[J].湖南师范大学自然科学学报，2013，36(6):66-71.

⑨ 邱燕，邓祎.开展幼儿足球运动的可行性[J].学前教育研究，2013(4):64-66.

⑩ Tsai S.F，Kao Y.H，Huang Y.C，et al. Effect of Soccer Games on Gross Motor Development in Preschoolers [J]. Journal of Sports Science，2017(5):313-321.

⑪ Šalaj，S，Krmpotić，M，Stamenković，I. Motor skills of preschool children enrolled in different exercising programs[J]. Science & Sports，2014，29: S23-S24.

研究显示参加有组织的体育活动（多项体育活动、足球、艺术体操）和不参加体育活动的幼儿在基本动作技能发展上存在显著性差异；幼儿参加多样性的体育活动相较只参加足球或艺术体操更能发展幼儿的基本动作技能，且可以避免儿童早期专项化的发展。Rocha等[①]通过幼儿校外游泳和足球练习后动作发展变化追踪研究，结果显示足球组在5个月、10个月及30个月的动作技能得分均明显高于游泳组和不参与体育活动组得分，参加体育活动组的幼儿动作发展明显好于不参加体育活动组；另外，研究发现足球组在10个月到30个月间操作技能得分降低，不参加体育活动组的幼儿三个时间段的动作发展无显著性差异。

（六）幼儿足球教学发展对策研究

当前国内幼儿足球开展起步较晚，在探索发展的过程中存在诸多问题。针对幼儿园足球教学过程中的问题，研究者提出了相应的发展对策。例如，肖立东、张晓峰等在硕士论文中提出加大政府的支持力度、加大场地设施投入、配足配齐专职幼儿足球教师、加强教师专业培训、优化课程管理以提高教学质量、开展多元化的幼儿足球竞赛体系、加大幼儿足球宣传力度[②③]等幼儿园足球发展策略。

四、幼儿园足球课程研究

（一）幼儿园足球课程概述

“课程”一词源于拉丁语的“跑道”（cursum,race curriculum），转义作为教育上的术语，表示“学习者学习的路线”。从西方教育史看，斯宾塞在《教育论》中已把“教育内容的系统组织”称为“curriculum”。在日本，课程的

---

① Rocha，H，Marinho，D.A，Costa，A.M. Short- and long-term outcomes of swimming and soccer practice on global motor development during childhood [J]. Science & Sports，2014，29:S23.

② 肖立东.福州市幼儿足球开展现状与对策研究[D].福建师范大学，2020:44-47.

③ 张晓峰.陕西省足球特色幼儿园足球活动开展现状与发展策略研究[D].西安体育学院，2021:24-25.

演变经历了战前采用的“教课课程”（小学）和“学科课程”（中学）到战后“教育课程”的转变，说明学校中的教育活动除了学科教学外，课外活动也被列为课程的重要领域，即“教育课程”是指在学校的指导下，儿童所拥有的教育经验或活动之总体①。钟启泉在《现代课程论》中将课程定义为旨在遵照教育目的指导学生的学习活动，由学校有计划、有组织地编制的教育内容①。目前，研究者根据自身学术背景、分析视角的不同，对课程的定义做出了不同解释。国内外诸多课程定义中，较为常见的定义可以划分为科目说、计划说、经验说、教育内容说、预期结果说等五种类型。总体而言，课程有广义和狭义之分，广义是指学生在教师指导下各种活动的总和；狭义则指一门学科。

2018年7月教育部办公厅印发《关于开展幼儿园“小学化”专项治理工作的通知》，提出严禁教授小学课程内容、纠正“小学化”教育方式等治理任务，“课程”一时成为噤若寒蝉之词，但我们必须清醒地认识到“小学化”治理工作的本质并非在于“课程”一词的使用，而在于纠正教授内容与教育方式，正如我国相关幼儿教育的政策文件内容体现了课程的元素一样。例如，《幼儿园教育指导纲要》《3—6岁儿童学习与发展指南》从五大领域对幼儿进行教育活动，明确指出了各领域教育目标、教育内容与要求、教育实施、教育评价四个部分，而这正是课程的四要素。近年来颁布的政策文件中多次提及“幼儿体育课程”，体现出对幼儿体育工作的重视。例如《体育强国建设纲要》中明确指出，推动幼儿体育项目建设、引导建立幼儿体育课程体系②。另外，为进一步推动幼儿体育课程体系的建设，专家学者开启了幼儿体育课程理论与实践探索并取得了一定成果，例如华东师范大学汪晓赞教授团队编写的大中小班《幼儿运动游戏课程》。因此，本研究认为幼儿足球课程以游戏为基本内容、基本形式开展教学活动契合《体育强国建设纲要》的总体要求，

① 钟启泉.现代课程论[M].上海:上海教育出版社，2015:230.

② 中华人民共和国中央人民政府.国务院印发《体育强国建设纲要》[EB/OL].（2019-09-02）[2022-06-26].http://www.gov.cn/xinwen/2019-09/02/content_5426540.htm.

符合幼儿年龄段的学习发展规律。结合幼儿、幼儿足球、游戏、课程等核心概念的界定，本研究中幼儿园足球游戏课程是指针对3—6岁儿童，根据教学目的、利用游戏的因素和形式所编制和组织的具有一定游戏性的足球内容及其进程的总和。其中，本研究提出的幼儿园足球游戏课程与当前专项化的幼儿园足球课程主要区别在于学习内容、学习形式以及教学方法运用等方面，即是否以游戏为基本内容、基本形式、基本教学方法开展教学活动。

（二）国内幼儿园足球课程相关研究

在推动校园足球开展的大背景下，教育部门、研究机构以及研究者针对幼儿园足球课程展开了探讨并取得了一定的成效。例如，2019年教育部体卫艺处委托某体育公司在考察学习英国幼儿足球教育模式的基础上，发布了《全国足球特色幼儿园游戏活动指南》①，这也为我国幼儿足球活动的开展提供了一定的借鉴意义。它的特点主要体现在以下几点：①多元化的教学。根据幼儿体育教育、足球活动的特点，教学采用线上线下教学相结合的多元化教学方式，以足球为载体，通过游戏化的教学，促进幼儿身心全面发展。②多元化的课程主题。幼儿足球活动课程体系为“6+1”主题模式，分别代表“体操、舞蹈、跑跳能力、身体管理、合作与解决问题、球类运动+足球游戏”。③全园参与，全段覆盖。小中大分别对应相关课程内容，实施全年龄段幼儿足球教育。其中，每个年级全年2个学期，每学期32节课，每周2节课，每节课40分钟。④课程体系架构。注重基础知识能力的衔接，每个环节为易于融入体育课程、足球活动的实用性而编写，包括生活常识、数学计算、估计距离与语言的运用。主题活动中支持技能和活动的整体教学，指出在每节幼儿足球课程中有一个技能发展部分。（5）注重基础测评。测试内容分为身体指标测试、跑跳能力测试、身体管理测试。在3—7岁幼儿足球活动以兴趣为基本准则，在本阶段只做基础性测试，不设技能型评级。

---

① 全国青少年校园足球工作领导小组办公室.全国足球特色幼儿园游戏活动指南[EB/OL].（2019-11-25）[2022-2-23].www.preschool children’s football.cn.

另外，研究机构、研究者从不同视角研制了幼儿园足球课程。例如，东北师范大学儿童运动游戏研究院研制了《3—5岁中国娃娃足球适宜性游戏课程》，分别包括3岁孩子的游戏足球、4岁孩子的快乐足球、5岁孩子的梦想足球。每个年龄段教学分为上下两个学期，每学期18周，每周5次课程，每堂课教学分为动起来、玩一玩、比一比、练一练四个部分。2020年举办足球特色幼儿园园长、教师培训班，标志着吉林省足球特色幼儿园和幼儿园足球游戏课程正式接轨。殷红博[①]主编的《幼儿关键期足球》被称为中国第一部幼儿足球教材，分为大中小班三个年龄段，共33个教学活动，分阶段分步骤开展教学活动，全方位展示了足球的各项技术动作。

（三）国外幼儿园足球课程相关研究

国外幼儿园足球课程研究起步较早，相关研究为我国幼儿园足球课程的开发提供了一定的借鉴价值。例如，德国在幼儿园足球课程方面注重培养幼儿足球兴趣和幼儿身心发展。针对幼儿阶段的足球学习制定了配套大纲，并投入大量经费发展幼儿足球。《德国足球训练大纲》根据个体身心发展特点将足球训练分为五个等级，3—6岁幼儿的足球训练为起始等级，要求起始等级的足球训练以培养幼儿足球兴趣为出发点，让幼儿以自己的方式感受足球，教师上课内容以趣味性的足球游戏为主，严禁成人化的足球教学方式[②]。日本在幼儿园足球课程发展方面同样具有可借鉴的经验。例如，设立专门机构负责开展幼儿足球活动，并制定相应的足球教学大纲，要求足球教练必须遵照教学大纲执行并完成教学内容。教学上要求幼儿每周进行一次Jumping课，目的是通过幼儿足球活动促进幼儿身心发展，培养足球兴趣；举办幼儿园幼儿足球交流赛以及全国性的幼儿足球赛事，参与人群由幼儿延伸至家长、教师[③]。同时注重域外经验的借鉴，针对幼儿足球训练计划，引进欧洲幼

① 殷红博.幼儿关键期足球[M].北京：北京师范大学出版社，2015:26.

② Jutta Braun.Football History:A German Perspective on Current Research Fields[J].Historical Social Research/Historische Sozialforschung，2015，40(4):153-175.

③ 陈琳.日本足球运动注重群众普及[J].体育科研，2006，27(2):33.

儿足球专家指导幼儿足球工作，特别是从5—6岁的幼儿中挑选具有足球天赋者进行“精英教育”[①]。

五、小结

我国幼儿足球发展相对起步较晚，但相关政策的出台推动了幼儿园足球的发展，对幼儿园开展足球活动具有重要指导意义。研究者在幼儿园足球开展价值、教学内容以及干预效果等方面的研究取得了一定成果，然而当前幼儿园足球课程开发存在课程设计理论依据缺失、目标设定不清晰、教学内容技术化等现象，特别是目标设计应指向幼儿基本动作技能的发展，幼儿动作的协调性、平衡性、灵活性、耐力以及幼儿体育运动品质和精神的发展，而不应将落脚点放在足球技术、战术的学习或是强调足球正式比赛上。同时，当前发布的《全国足球特色幼儿园游戏活动指南》改编自英国幼儿足球课程体系，体现了多元化的主题教育活动，但“6+1”的教育模式并未凸显幼儿足球的主体地位，每节幼儿足球课程中的技能学习更是值得商榷。当然，国外幼儿园足球课程研究起步较早，对我国的幼儿园足球课程建设具有一定借鉴价值。例如，德国幼儿园足球课程禁止专项化的足球教学模式，提倡通过足球游戏的学习帮助幼儿认知自我、建立自信、发现自我；日本幼儿园足球课程的经验启示则是重视幼儿的足球兴趣培养和身心发展，强调家长、教师的共同参与以及对5—6岁年龄段幼儿的足球培养。

第四节　幼儿身体活动相关研究

近年来，幼儿体质问题凸显，肥胖率和近视率呈现低龄化特点。相关研

① Mujde Y.L，Mark A.M，George R.The Paradoxical Relationship between Fantasy Football and NFL Consumption:Conflict Development and Consumer Coping Mechanisms[J].Sport Management Review，2016.S8（7）:144-145.

究表明，以上问题与缺乏身体活动存在相关性①②③。因此，国内外研究者针对身体活动与幼儿身体素质、粗大动作发展、认知功能等问题展开了一系列研究。

一、身体活动促进幼儿身体素质发展研究

《第五次国民体质监测公报》显示，幼儿体质总体水平呈增长趋势，但身体素质呈现发展不均衡的特点。当前，国内研究从身体活动的内容与身体素质的类型进行了定量分析，研究表明身体活动的干预能提高幼儿身体素质的发展水平。例如，高唯真等在通过对体育活动干预对中国3—6岁幼儿身体素质影响的综述分析中指出，体育活动对幼儿立定跳远、坐位体前屈、10米折返跑、双脚连续跳、走平衡木有中到高度的促进作用，而对网球掷远成绩影响较小④。研究中身体活动干预对6项身体素质指标的影响结果并不一致，且干预的其他影响因素对干预效果存在不同程度的影响，例如干预时长、运动频率、运动强度以及年龄等因素。身体活动内容对大部分身体素质指标的干预效果不存在特异性，个别具有针对性的内容对特定指标影响效应较大，例如幼儿体操的干预对柔韧性影响效果远高于其他活动内容；干预剂量特征以每周3次、每次30—60分钟、12周的干预居多；年龄方面缺少针对3—4岁组的相关干预研究。

另外，研究者还指出幼儿基本动作技能与身体素质间存在一定的关联性。例如，张柳等研究指出幼儿良好的协调性、稳定性可以促进动作技能的发

① 李春艳，刘丹松，封飞虎，等.儿童青少年的体育活动和体质水平与其肥胖风险的流行病学研究[J].武汉体育学院学报，2015，49(1):90-95.

② 殷荣宾，孙雷，王国祥，等.应用ICF理论研究体育活动对青少年近视的影响[J].中国康复理论与实践，2018，24(10):1223-1227.

③ Pate R.R，Maria J.A，Kerry L.M，et al. Validation and calibration of an accelerometer in preschool children[J].Obesity，2006，14(11):2000-2006.

④ 高唯真，王欢.体育活动干预对中国3～6岁幼儿身体素质影响Meta分析[J].中国学校卫生，2021，42(9):1311-1317+1322.

展①。李静等认为3—5岁幼儿基本动作技能与身体素质发展存在中低相关性，并可以通过基本动作技能水平预测其身体素质水平，但各项身体素质指标的解释率存在差异②。正如Seefeldt的观点，只有熟练掌握基本动作技能才能跨越“动作熟练障碍”临界阈值，进而积极参加身体活动以提高运动能力；同时在参加身体活动的过程中发展基本动作技能，循环往复以到达促进个体身体发展的目的③。

表2-2　身体活动对幼儿身体素质发展的影响结果

研究文献	样本量 n/男	设计类型	干预情况	
			活动内容	剂量
肖艺，2011	60/30	RCT	体育游戏	45 min/次 × 5 次/周 × 12 周
徐珊珊，2011	176/82	RCT	健美操	30 min/次 × 5 次/周 × 36周
刘兴，2011	654/346	RCT	体操、游戏	未明确 × 5次/周 × 36周
邓土军，2012	60/30	RCT	武术	30 min/次 × 2次/周 × 16周
潘娣，2013	60/未区分	RCT	健美操	35 min/次 × 3次/周 × 12周
张春，2013	98/55	RCT	武术	30 min/次 × 2次/周 × 16周
刘聪珊，2014	87/53	RCT	体能训练	40 min/次 × 3次/周 × 12周
江大雷，2015	61/未区分	RCT	足球运动	35 min/次 × 2次/周 × 8周
厉余浩，2016	30/16	RCT	敏捷梯训练	20 min/次 × 2次/周 × 8周

① 张柳，李红娟，王欢，等.幼儿基本动作技能与身体素质的关联性[J].中国学校卫生，2020，41(4):554-557.

② 李静，刁玉翠，孙梦梦，等.3～5岁幼儿基本动作技能与体能的关系研究[J].中国体育科技，2019，55(6):52-58.

③ Seefeldt V，1980. Developmental Motor Patterns：Implications for Elementary School Physical Education[M].//Nadeau C.H，Holliwell W.R，Newell K.M，etal. Psychology of motor behavior and sport. Champaign，IL：Human Kinetics：314-323.

续表

研究文献	样本量 n/男	设计类型	干预情况	
			活动内容	剂量
杨慧君，2016	60/30	RCT	体育活动	30 min/次 × 3次/周 × 16周
石少锋，2017	68/33	RCT	户外运动	30 min/次 × 3次/周 × 8周
何东亮，2017	240/144	RCT	篮球运动	30 min/次 × 5次/周 × 12周
周喆啸，2017	239/119	RCT	功能性动作	20—50 min/次 × 5次/周 × 24周
徐婕，2018	56/31	RCT	健身操	35 min/次 × 2次/周 × 12周
王旭，2018	52/26	RCT	体育课程	2h/次 × 3次/周 × 12周
雷园园，2018	126/60	RCT	功能性动作	1h/次 × 3次/周 × 6周
吴志宝，2018	240/240	RCT	跆拳道	45 min/次 × 2 次/周 × 16 周
王诚，2018	60/30	RCT	体操	1—1.5h/次 × 5次/周 × 24周
张鑫，2018	59/未区分	RCT	体智能课程	30 min/次 × 2次/周 × 12周
王新晓，2019	60/51	RCT	足球运动	30 min/次 × 2次/周 × 12周
桂聪，2019	60/30	RCT	球类运动	1h/次 × 3次/周 × 12周
杨丽，2019	40/20	RCT	体操	2h/次 × 1次/周 × 16周

注：RCT—随机对照试验。

二、身体活动促进幼儿粗大动作发展研究

幼儿期是幼儿动作发展的关键期，如何干预并促进幼儿动作发展成为研究者关注的热点问题。文献梳理发现，研究者分别从基本动作、幼儿体操、体育游戏、球类活动等不同身体活动类型实施幼儿粗大动作发展干预研究以验证身体活动促进粗大动作发展的效果。例如，周兴生等通过核心动作教学

活动验证了其具有促进幼儿粗大动作发展的积极作用①；杨清轩通过对比研究发现，动作教学可以促进幼儿粗大动作发展水平且效果好于传统体育教学内容②；周喆啸等通过设计身体功能性动作干预发现，其对5—6岁幼儿粗大动作发展具有积极影响③；李阳通过对比研究发现，幼儿基本动作发展干预方案效果优于常规教学内容，尤其是操作技能提升明显④；宁科认为基于核心动作经验的教学指导策略适合幼儿基本动作教学，促进粗大动作发展效果较好⑤；吴升扣等认为基于动作发展视角的韵律性身体活动促进幼儿粗大动作发展效果明显⑥；查萍等对5—6岁幼儿进行幼儿体操干预，结果表明幼儿体操干预能促进粗大动作发展⑦；陈永青通过构建幼儿快乐体操教学体系并实证研究发现，幼儿快乐体操教学对跑步、跳跃、滑步等多项粗大动作发展具有促进作用⑧；许慧敏研究认为趣味体育游戏干预能促进幼儿粗大动作的发展⑨；李红露通过球类游戏活动干预，认为其能够促进4—5岁幼儿控制性动作发展⑩；陈甜等认为，气排球游戏教学干预可以促进4—6岁幼儿粗大动作发展并以操控技能提

① 周兴生，周毅，刘亚举．构建3–6岁儿童动作教育中核心动作经验内容体系的研究[J]．广州体育学院学报，2016，36（3）:113–116.

② 杨清轩．动作发展视域下学前儿童粗大动作发展的实验干预[J]．西安体育学院学报，2017，34（3）:341–347.

③ 周喆啸，孟欢欢，赵焕彬，等．功能性训练促进5–6岁幼儿粗大动作发展的实证研究[J]．成都体育学院学报，2016，42（5）:16–22.

④ 李阳．幼儿基本动作的发展干预研究[D]．北京体育大学，2020:220.

⑤ 宁科．幼儿大肌肉动作发展特征及教学指导策略研究[D]．北京体育大学，2017:148–149.

⑥ 吴升扣，姜桂萍，李曙刚，等．动作发展视角的韵律性身体活动促进幼儿粗大动作发展水平的实证研究[J]．北京体育大学学报，2015，38（11）:98–105.

⑦ 查萍，申其淇，任园春．幼儿体操运动干预对粗大动作发展的影响[J]．中国学校卫生，2018，39（2）:197–199.

⑧ 陈永青．幼儿快乐体操教学体系构建研究[D]．武汉体育学院，2019:166.

⑨ 许慧敏．动作技能发展视角下幼儿体育游戏实施效果的实证研究[D]．北京：北京体育大学，2017:13.

⑩ 李红露．球类游戏活动对4–5岁幼儿控制性动作发展影响的实验研究[D]．北京：首都体育学院，2016:16.

升为主①；王雪芹等以多元智能理论为依据设计的多元体育活动模块干预可以促进4—5岁幼儿粗大动作发展水平②。另外，辛飞等通过梳理国外幼儿基本动作技能干预研究发现，幼儿期基本动作技能干预对个体基本动作技能发展具有促进作用，其中单次干预时间30—40分钟、每周2次、8—16周的干预效果最为明显③。

当前，国内外动作发展干预研究表明不同身体活动的干预能够促进幼儿粗大动作发展水平。考虑到动作发展的规律性和延长效应，幼儿群体的动作发展干预应得到足够的重视。

三、身体活动促进幼儿认知功能研究

幼儿期是身体、社会和认知发展的重要时期。研究表明身体活动可以促进幼儿认知发展，其中幼儿认知结果的研究主要集中在执行功能、感知觉能力和注意力三个领域。限于研究篇幅，本研究主要探讨分析身体活动对幼儿执行功能的影响。通过文献梳理，研究者根据身体活动的干预类型不同将其具体划分为：①按照干预内容不同分为运动型干预和体智型干预，其中又将运动型干预分为简单有氧型运动干预和认知参与型运动干预，体智型干预包括体智融合型运动干预和体智结合型运动干预；②按照干预时间不同分为单次短时干预和多次长时干预。马莲等通过梳理近十年国内外身体活动对认知发展影响的研究认为，身体活动对幼儿自身控制力具有积极影响，对工作记忆和认知灵活度的影响不明确。身体活动区分干预类型后，研究认为单次短时干预和多次长时简单有氧运动干预对幼儿执行功能影响不显著，多次长时

---

① 陈甜，古松.气排球游戏教学对4～6岁幼儿基本动作技能及体质健康水平的影响[J].中国学校卫生，2022，43(11):1720-1724.

② 王雪芹，杨涛，陈士强，等.多元体育活动模块促进4～5岁幼儿粗大动作发展的实证研究[J].西安体育学院学报，2020，37(4):480-487.

③ 辛飞，蔡玉军，鲍冉，等.国外幼儿基本动作技能干预研究系统评述[J].体育科学，2019，39(2):83-97.

认知参与型运动干预效果显著①。其中，研究者干预的样本量统计在26—173人之间，单次干预时间为20—45分钟、每周2—5次、共计6—28周。

目前，研究者认为多次长时认知参与型运动干预效果显著的解释主要有以下几种：①通过身体活动固有的认知参与提高参与者的认知能力。例如，Tomporowski等研究认为，多次长时认知参与型运动干预可以有更多的注意力训练，进而提高幼儿执行功能的发展②；②作用机制解释。多次长时认知参与型运动干预会引起大脑生理变化，从而促进认知功能的改善③。因此，为提高幼儿执行功能的发展，身体活动的干预类型应主要采用多次长时认知参与型运动干预，如协调类练习、足球等。

表2-3　身体活动对幼儿认知发展干预的影响结果

研究文献	样本量 n/男	设计类型	干预情况		结果
			类型	剂量	
Chang et al., 2013	26/15	RCT	COG	35 min/次×2 次/周×8 周	抑制控制：+
Draper et al., 2012	83/46	RCT	COG	45 min/次×3 次/周×28 周	认知能力：+
Gao et al., 2019	32/16	RCT	COG	30 min/次×5 次/周×12 周	认知灵活性：+
Hudson et al., 2021	53/22	RCT	COG	30 min/次×2 次/周×8 周	抑制控制：+；工作记忆：0

① 马莲，唐炎，胡小清，等.身体活动对幼儿认知发展和学业表现影响的系统综述[J].中国体育科技，2022，58(12):18-27.

② Tomporowski P D，Mccullick B，Pendleton D M，et al. Exercise and children's cognition : The role of exercise characteristics and a place for metacognition[J].J Sport Health Sci，2015，4(1):47-55.

③ Erickson K I，Prakash R S，Voss M W，et al. Aerobic fitness is associated with hippocampal volume in elderly human[J].Hippocampus，2009，19(10):1030-1039.

续表

研究文献	样本量 n/男	设计类型	干预情况		结果
			类型	剂量	
江大雷等，2015	61/34	RCT	COG	35min/次×2次/周×8周	抑制控制：+；工作记忆/认知灵活性：0
Keown et al., 2020	212/102	RCT	COG	30 min/次×2次/周×8周	认知灵活性：+；抑制控制、工作记忆：0
Mulvey et al., 2018	107/49	RCT	COG	30 min/次×2次/周×6周	工作记忆、抑制控制：+
王瑞萌 等，2018	63/39	RCT	COG	45 min/次×2次/周×16周	抑制控制、认知灵活性：+；工作记忆：0
Xiong et al., 2017	39/20	RCT	COG	30 min/次×5次/周×12周	认知灵活性：+
Xiong et al., 2019	60/30	RCT	COG	20 min/次×5次/周×8周	认知灵活性：+
赵梅玲，2020	60/31	RCT	COG/SIM	40 min/次×3次/周×16周	抑制控制、工作记忆、注意力：+；COG：+
周龙峰 等，2021	173	RCT	SIM	40 min/次×3次/周×18周	抑制控制、注意力：+；工作记忆：0

注：RCT—随机对照试验；COG—认知参与型运动干预；SIM—简单有氧型运动干预；+—干预后结果相比干预前或/和控制组有显著差异；0—干预后结果相比干预前或/和控制组无显著差异；−—干预后控制组结果相比干预组有显著差异；COG：+—COG干预模式相比SIM的认知结果有显著差异。

四、小结

幼儿体质健康与身体活动存在一定的关联性。研究发现身体活动干预可以促进幼儿身体素质、动作发展以及执行功能的发展。干预剂量控制每周2—5次，单次干预时间20—60分钟，时长为6—28周。其中身体活动促进幼儿动作发展的干预研究认为单次干预时间 30—40分钟、每周 2 次、8—16 周的干预效果最为明显；身体活动促进幼儿执行功能发展的干预研究认为多次长时认知参与型运动干预效果显著。

本章小结

总体而言，国内关于幼儿园足球在开展价值、教学内容、活动内容设计及组织策略、干预效果等方面的研究取得了一定的成果，但限于开展时间起步较晚，理论、实践层面均处于初探期，相关研究有待进一步完善理论体系和实践检验。具体表现在：①“游戏活动指南”符合幼儿园开展丰富多彩的游戏和体育活动的教育理念，但存在针对性不强、课程理论基础构建缺失等现象；当前幼儿足球开展存在教学目标不明确、教材内容不合理、教学评价缺失等问题。②3—6岁是幼儿基本动作技能发展敏感期，项目游戏的创编应以项目为载体发展幼儿基本动作技能，而不应过早追求足球技术的发展。③干预效果研究中缺乏幼儿足球对幼儿粗大动作、身体素质、执行功能发展的影响研究。④已有的研究中实验对象主要是针对5岁以上幼儿的实验干预，缺少3—6岁幼儿整个群体的干预研究。⑤国内相关研究在幼儿园足球课程教学内容上大多集中在足球基本技术或足球基本技术游戏化教学方面，缺乏针对幼儿发展特点的足球游戏学习内容及游戏教学。

当前我国幼儿体质健康问题凸显，以幼儿足球为幼儿体育教育改革切入点的新型探索路径已然开启。然而，我国幼儿足球开展存在起步晚、“游戏活动指南”落地实施尚需实践检验、“专项化”教学严重、理论研究缺乏等现实问题。因此，梳理国内已有研究不足、借鉴国外幼儿园足球课程发展经验以及寻求相关学科理论支撑基础上构建幼儿园足球游戏课程，尤其构建模块化幼儿园足球游戏课程内容并以游戏的形式开展教学活动以促进幼儿健康全面发展成为当前研究的重要课题。

第三章

幼儿园足球课程开展的现实考察——基于浙江省的调查研究

考察当前幼儿园足球课程开展的实际情况是设计幼儿园足球游戏课程的重要现实依据。由于我国幼儿足球开展起步晚、理论研究较为薄弱，幼儿园足球课程的理论研究与实践仍处于初步探索阶段，在其开展的过程中难免出现“跑偏走样”的现象。因此，分析当前幼儿园足球课程开展的实然状态，使其回归应然路径是本研究的重要内容之一，同时也是幼儿园足球游戏课程理论构建与实践的重要借鉴。本章节首先从实然的层面考察当前幼儿园足球课程开展的情况，进而审视开展过程中存在的问题并总结可借鉴的经验。

第一节　幼儿园足球课程开展现状及影响因素分析

2021年，国家卫健委公布各地6岁儿童近视率超过9%，最高可达19.1%[①]；《中国居民营养与慢性病状况报告（2020年）》显示6岁以下幼儿超重肥胖率达10.4%[②]；第五次国民体质监测公报显示，幼儿双脚连续跳、坐位体前屈、立定跳远水平较2014年监测值下降1.6%—6.6%[③]。以上数据进一步反映出幼儿健康发展的深层次问题。

针对幼儿健康状况，相关部门出台政策、制定措施以开展幼儿体育活动为载体，着力解决当前幼儿健康发展面临的问题。例如，2019年教育部为深入贯彻落实习近平总书记关于振兴中国足球“从娃娃抓起、从基层抓起、从基础抓起”的重要指示精神，推动校园足球普及重心下移，启动了足球特色幼儿园遴选创建工作。截至2022年，全国共命名8310所足球特色幼儿园，浙江省共475所。

浙江省作为全国首个省级幼儿体育协会，幼儿体育工作被称为全国样板。国家体育总局青少司副司长王雷指出浙江作为全国幼儿体育试点工作重要省份要做好经验输出工作[④]。嘉兴市作为全国首个市级幼儿体育协会，幼儿体育

---

① 国家卫健委.2020年各地6岁儿童近视率均超过9%[EB/OL].（2021-07-31）[2022-03-28].http://news.k618.cn/dj/202107/t20210713_18173674.html.

② 中华人民共和国中央人民政府.国新办举行《中国居民营养与慢性病状况报告（2020年）》发布会[EB/OL].（2020-12-23）[2022-02-14].http://www.gov.cn/xinwen/2020-12/23/content_5572785.htm.

③ 国家体育总局.《第五次国民体质监测公报》发布[EB/OL].（2021-12-30）[2022-02-14].https://www.sport.gov.cn/n20001280/n20001265/n20067533/c23881607/content.html.

④ 浙江幼儿体育协会.幼儿体育浙江样板:2018年幼儿体育与健康发展论坛在湖州举办[EB/OL].（2018-12-25）[2022-02-14].https://www.sohu.com/a/284345108_613653.

工作成绩突出，有着“全国幼儿体育看浙江，浙江幼儿体育看嘉兴”的标地。本研究受新冠肺炎病毒影响，仅对浙江省475所全国足球特色幼儿园幼儿足球课程开展现状进行问卷调查，实地调研嘉兴市46所全国足球特色幼儿园并访谈相关幼儿园园长及教师获取一手资料，为后期幼儿园足球游戏课程的理论构建及行动研究提供重要参考。

一、幼儿园足球课程开展现状分析

（一）幼儿园体育师资情况

体育教师是幼儿园足球课程实施的执行者，对幼儿足球活动质量具有重要影响。调查显示，浙江省全国足球特色幼儿园中具有专职足球教师的园所占70.2%，民办幼儿园专职足球教师平均数高于公办幼儿园。专职足球教师以男性教师为主，其中专职足球教师专业背景中体育教育专业占67%、运动训练专业占15%、学前教育专业占15%、其他占3%。访谈中得知，“其他”选项表示“非体育专业教育背景但喜欢足球运动，后期转岗成为专职足球教师”的类型。外聘足球教师的园所占29.8%，以公办幼儿园为主。访谈中得知，此类幼儿园通过购买服务的形式，从校外幼儿足球培训机构有偿聘请足球教练，开设幼儿足球课程。

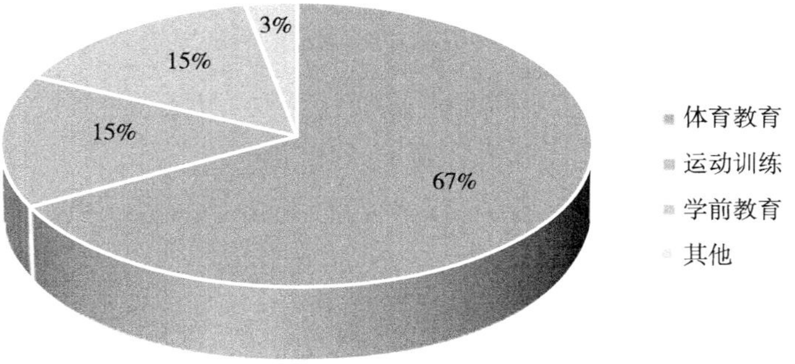

图3-1 专职足球教师专业分布

另外，在实地调研访谈中获知，足球特色幼儿园的师资类型还有“普通教师”，此类群体主要通过浙江省幼儿体育协会组织的幼儿足球教师培训活动获取相应资格，在园所承担一定量的幼儿足球课程任务。调查还显示，95.7%的幼儿园参加过浙江省幼儿体育协会组织的幼儿体育（含幼儿足球）培训，培训次数中每年1次占比最高为48.9%，2次的占31.1%，3次占6.7%，3次及以上占13.3%；培训内容具有多样性，具体包括体育理论知识、体育专项技能、体育活动的组织与实施以及幼儿体育大会表演项目培训等内容；幼儿园教师参加培训的费用主要由幼儿园承担，培训经费来源途径多样，公办幼儿园主要依靠财政拨款公用经费列支，民办幼儿园主要通过学费、获奖后的奖金、自筹等形式列支。

总体而言，浙江省全国足球特色幼儿园专职足球教师与媒体报道中的95%的幼儿园无专职体育教师相比配置水平较高，幼儿园通过多渠道补齐了幼儿足球教师缺口，进而保障了园所内幼儿足球活动的正常开展。当然，体育教师是全国足球特色幼儿园申报的重要指标之一，本文并未涉及普通幼儿园体育教师的调查，一定程度上不能反映总体概况。

（二）幼儿园足球课程的价值分析

幼儿足球开展形式的多样性丰富了幼儿体验，推进了幼儿足球的普及。访谈中得知，足球特色幼儿园以幼儿足球课为主体，并组织足球操、亲子足球活动、班级联谊赛（以大班为主）、幼儿足球兴趣班（晚托）、校队等多种形式。其中嘉善杜鹃幼儿园通过园本教研活动开展幼儿足球专题研讨与培训活动，理论与实践相结合的形式进一步提高了幼儿足球活动质量。

其中，幼儿园园长对幼儿园足球课程开展的价值符合幼儿年龄段身心发展的要求，体现了学前教育的教育目标。价值认知主要表现为幼儿足球活动能培养幼儿体育兴趣，活动中获得愉快体验；增强幼儿体质，提升幼儿运动能力；培养良好的体育行为、体育品德、健全人格。部分访谈园长从教师视角，认为幼儿足球活动的开展提升了教师的体育素养、教研活动能力以及业务能力。当然，访谈中部分幼儿园园长对于幼儿足球的开展存在一定功利性目的。例如，某园长认为幼儿园通过组建幼儿足球队参加省市比赛，获得好的名次以扩大招生宣传力度，并将好的足球苗子输送到传统体育特色学校，培养体育后备人才，实现所谓的“幼小一体化”体育有效衔接。

（三）幼儿园足球课程目标基本状况

2019年全国青少年校园足球工作领导小组办公室发布了《全国足球特色幼儿园游戏活动指南》（以下简称“游戏活动指南”），要求全国足球特色幼儿园按照“游戏活动指南”科学合理开展幼儿足球活动，但调查中发现仅34.8%的足球特色幼儿园按照“游戏活动指南”要求开展幼儿足球活动，未执行的占65.2%，这与河南省调查数据基本一致[①]，且该类幼儿园存在幼儿足球课程目标不统一或缺失的现象。另外，全国青少年校园足球工作领导小组办公室发布的《关于进一步做好全国足球特色幼儿园有关工作的通知》[②]显示，2019年首批全国足球特色幼儿园中有46所被取消全国足球特色幼儿园资格，其中浙江7所，占15.2%；929所幼儿园未完善幼儿、教师等相关信息被限期完善，其中浙江62所，占6.7%，表明部分足球特色幼儿园重视申报而轻视“游戏活动指南”落实。实地调研发现，85%以上的足球特色幼儿园缺失幼儿园足球课程目标，仅有课堂教学目标，且访谈中发现课程目标与教学目标混淆的情况。

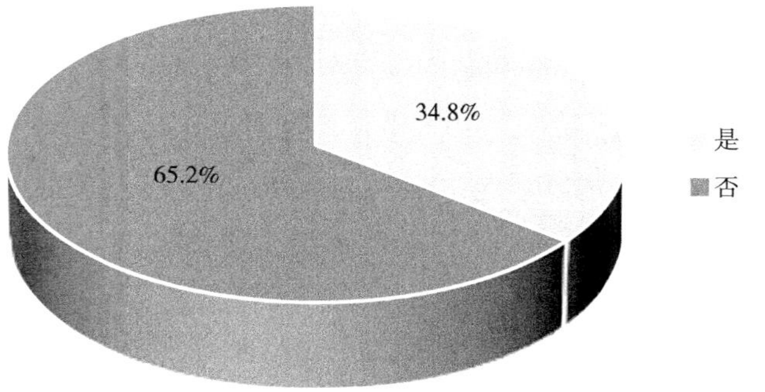

图3-2 “游戏活动指南”执行情况

① 韩林.《全国足球特色幼儿园游戏活动指南》实施情况研究[D].河南大学，2021:1-2.

② 中华人民共和国教育部.全国青少年校园足球工作领导小组办公室关于进一步做好全国足球特色幼儿园有关工作的通知[EB/OL].（2021-01-12）[2022-01-12].http://www.moe.gov.cn/s78/A17/tongzhi/202103/t20210326_522681.html.

（四）幼儿园足球课程教学对象及教学时间基本状况

调查显示，足球特色幼儿园中幼儿足球教学对象主要是大中班幼儿，仅有55.3%的足球特色幼儿园面向全园幼儿开展幼儿足球教学活动。足球特色幼儿园园长普遍认为，小班未开设幼儿足球主要考虑幼儿因年龄偏小导致认知水平较低、教师上课困难、家长担心孩子安全等因素。幼儿足球教学具体表现为两个主要特征：一是教学次数差异较大。每周1次占44.68%，每周2次占44.68%，每周3次占6.38%，每周4次占2.13%，每周5次及以上占2.13%。二是教学时间差异性较大。例如大班幼儿足球每次课教学时间最长为60分钟，最短为25分钟，平均为36分钟；中班幼儿足球每次课教学时间最长为60分钟，最短为20分钟，平均为30分钟；小班幼儿足球每次课教学时间最长为60分钟，最短为20分钟，平均为22分钟。

（五）幼儿园足球课程教学内容基本状况

调查中发现，足球特色幼儿园中幼儿足球课教学内容为足球游戏的占27.7%，任课教师以园内专职体育教师为主，教学内容选择主要遵循幼儿身心发展规律、课程目标、相关政策文件、场地器材设施、师资配置等。教学内容为足球基本技术的占72.3%，包括脚内侧踢球、射门、绕杆、脚内侧停球等，其中部分足球特色幼儿园幼儿足球课教学内容由外聘教师选定，教学内容的选择并未遵循幼儿年龄段身心发展特点。另外，访谈中得知，足球特色幼儿园未采用“游戏活动指南”内容的原因具有多样性。例如洲泉镇中心幼儿园园长认为“游戏活动指南”中的内容量大影响了幼儿园的课程结构、两位体育教师每周每班两节课的工作量较大、普通教师无法教授学习内容等，从而导致“游戏活动指南”内容无法落地实施。

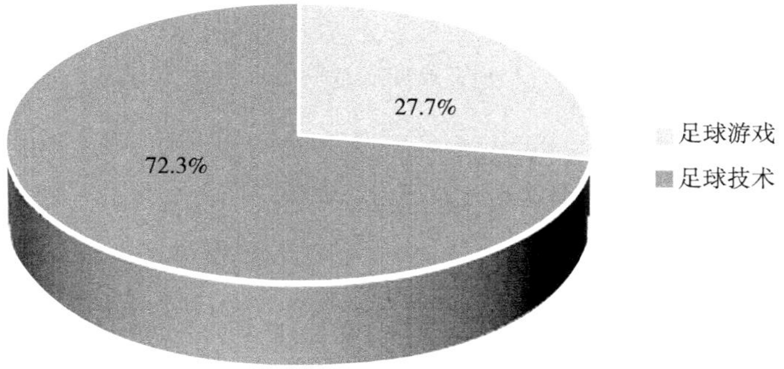

图3–3　幼儿园足球课程教学内容

（六）幼儿园足球课程教学过程基本状况

调查中发现，专职体育教师或外聘教师大部分具有体育背景，但学前教育知识缺失，造成教学过程中的教学方法选择主要以讲解法、示范法、演示法、练习法、运动竞赛法为主，运动游戏法、情景教学法较少。教学方法选择依据占前三位的分别是教师自身条件和特点、教学内容特点、幼儿足球课的目的与任务，教师在选择教学方法的过程中并未考虑幼儿实际情况。

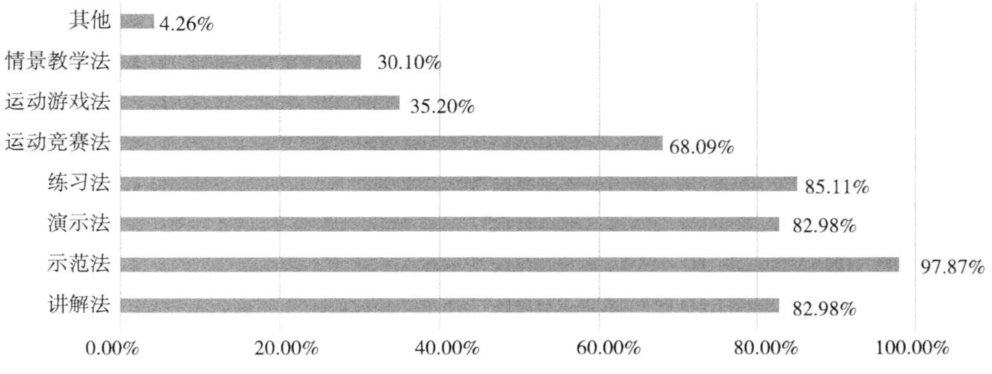

图3–4　幼儿园足球课程教学方法

另外，在教学过程中93.6%的教师会考虑幼儿的运动负荷，监测手段主要是观察幼儿的活动状态、凭教师经验、通过幼儿的自我感觉，而运动智能设备监测手段较少。这与访谈中获取的信息一致。足球特色幼儿园园长均表示幼儿足球课户外活动存在一定风险性，任课教师会考虑幼儿的运动负荷，但监测手段缺乏致使任课教师只能凭借自身经验评估幼儿运动强度。另外，访谈中得知，专职体育教师或外聘教师缺乏《幼儿体育活动强度自评量表》的相关知识。

（七）幼儿园足球课程教学评价基本状况

调查中发现，足球特色幼儿园对幼儿足球课程进行学习效果评价的占25.5%，未进行效果评价的占74.5%。其中，学习效果评价的内容主要是幼儿学习过程中的表现、幼儿掌握动作技能的程度、幼儿取得进步的幅度、幼儿体质监测的内容；评价方式包括任课教师对幼儿学习效果的评价、班级负责教师对幼儿学习效果的评价。但访谈中发现，足球特色幼儿园中的任课教师未对幼儿足球课的教学效果进行评价，仅由班级负责教师填写幼儿学期“健康通行本”中的运动能力表现，且存在主观性，并未采用客观测量手段对幼儿体质、动作发展、认知能力等方面进行效果评价。

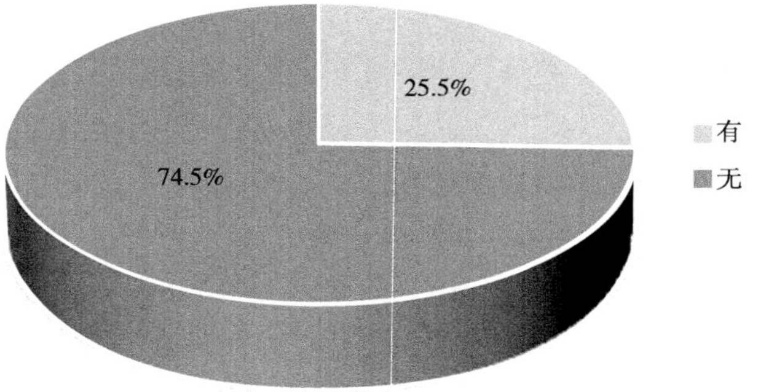

图3-5　幼儿园足球课程教学效果评价情况

二、幼儿园足球课程开展影响因素分析

调查显示，幼儿园足球课程开展的影响因素排在前四位的是普通教师缺乏幼儿足球知识与技能、缺乏专门的幼儿足球教材、经费问题、缺少专职体育教师；另外，缺乏场地器材设施、怕发生伤害事故、相关部门不重视等因素同样影响了幼儿足球课程的开展。

调查还发现，专职体育教师并非影响幼儿足球课程开展的首要因素，原因在于近年来随着浙江省幼儿体育的发展，体育师资的外培内引工作成绩突出，再加上外包型体育服务的介入在一定程度上解决了师资短缺的问题。然而，普通教师缺乏体育专业知识培训、理论上缺少专业指导等问题是当前的难题。访谈中发现，浙江省幼儿足球教师培训专业化程度高、培训内容普适性较低，造成普通教师培训效果较低，尤其是普通女教师反映最为强烈。据了解，浙江省幼儿体育协会定期举办幼儿足球教练员（指导员）培训班，培训师资主要是由缺乏学前教育专业知识的足球专职教师或教练担任，培训内容主要包括幼儿足球基本技术、幼儿足球表演大赛竞赛项目、规则介绍等。此外，“游戏活动指南”落实实施较为困难且缺乏专门的幼儿足球教材，导致大部分幼儿园在幼儿足球教学过程中无论专职体育教师还是普通教师实行拿来主义，照搬照抄校外培训机构的教学内容及方式方法，进而频频出现“专项化”教学的现象。调查中显示，足球特色幼儿园专职幼儿足球教师和外聘教师大部分具有体育教育背景，但这类教师缺乏学前教育学、学前心理学、学前儿童生理学以及社会性知识，造成幼儿足球教学过程中出现“专项化”教学现象。访谈中还发现，足球特色幼儿园园长认为缺少园所间幼儿足球理论、实践活动的交流平台，不利于幼儿园间幼儿足球开展的经验交流学习；足球特色幼儿园在购买社会服务上存在经费支出困难现象，造成外聘足球教师数量少、开课次数少等问题；城乡体育资源配置差异影响了乡镇足球特色幼儿园幼儿足球的开展，例如洲泉镇中心幼儿园园长认为，乡镇足球特色幼儿园在幼儿足球开展过程中除缺少指导教材、相关培训专业化程度高、师资短缺等影响因素之外，特别强调体育社会服务购买力较低，原因在于缺乏相应的培训机构资源。

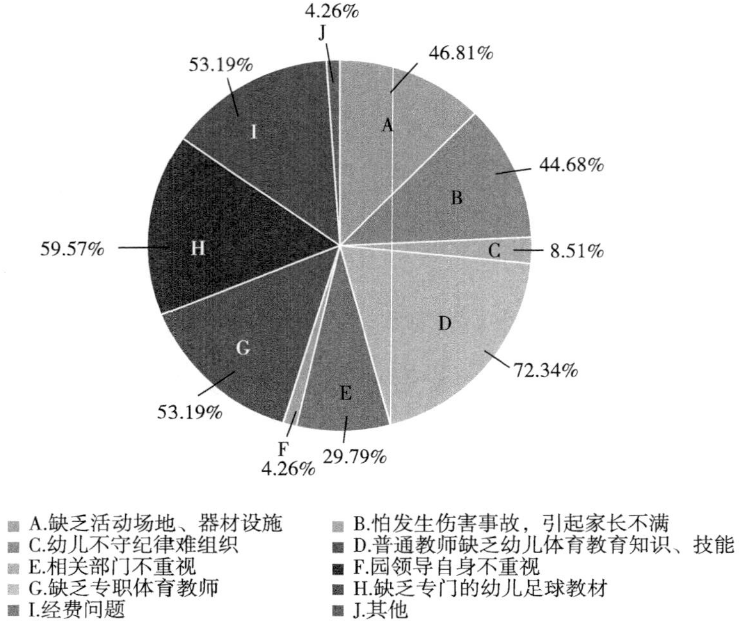

图3-6　幼儿园足球课程开展影响因素分析

表3-1　2019年浙江省幼儿足球教练员（指导员）培训内容①

培训模块	培训内容
理论课模块	A.足球特色幼儿园的背景；B.教育部提出足球特色幼儿园的要求；C.浙江省幼儿足球开展状况；D.创建足球特色幼儿园的条件
实践课模块	A.初步掌握幼儿足球基本技术；B.模拟幼儿足球的教育；C.怎样进行幼儿足球的训练；D.明确幼儿足球比赛内容
交流课模块	A.学员互动开展幼儿足球；B.分组演练训练课的体会；C.团队活动教案实施，点评优缺点和提出修改、完善课程；D.理论与实践相结合，答辩释疑，边议边练，互相帮助，互相提高

① 浙江省幼儿体育协会.关于举办2019年浙江省幼儿足球教练员（指导员）培训班的通知［EB/OL］.（2019-11-07）[2022-03-07].http://www.zjyety.com/news_detail/1/id/1490.html.

第二节　幼儿园足球课程开展现状审视及经验借鉴

前一节对幼儿园足球课程的现状进行了调查分析，呈现了当前幼儿园足球课程开展现状的概貌，同时反映出在课程目标的确定、内容的选择、教学方法的运用以及评价的内容等方面存在诸多不足之处。

一、幼儿园足球课程开展现状审视

（一）课程目标的缺位体现了教育价值取向不明确的特点

课程目标是课程实施的出发点，也是选择和组织课程内容的依据，更是课程评价标准的重要参考。幼儿园足球课程目标的确定，在整个课程运行中发挥着重要的作用。然而，《全国娃娃足球工程实施方案（2018—2020年）》和《全国足球特色幼儿园游戏活动指南》作为指导性文件并未对幼儿园足球课程的目标做出明确说明，造成了幼儿园在执行过程中的课程目标模糊。实地调研访谈中，足球特色幼儿园园长也表示两主要部门推行的幼儿足球发展方案，幼儿园面临如何选择？选择哪一种？谁来负责？等等现实问题，现状调查中的“游戏活动指南”执行率较低也证实了这一观点。另外，实地调研还发现85%以上的足球特色幼儿园缺失幼儿园足球课程目标，呈现的仅是课堂教学目标，且访谈中发现课程目标与教学目标出现混淆的现象。

由于受到传统体育思想的影响，幼儿园教育依然偏重学科教学，幼儿体育教育仍然存在简单执行政策文件，课程理念更新不及时以及缺乏幼儿体育课程的园本化设计与思考，造成了当前幼儿园足球课程目标的缺位，同时也反映出幼儿体育教育价值观在课程领域具体化不明确。

（二）教学内容的足球技术化呈现了专业化的特点

教学内容是课程构成的基本要素，也是课程内在结构的核心。它关系着课程实施中教与学的方式选择，教学内容的质量直接影响着课程目标的实现程度以及教育质量能否得到全面提升。调查中显示，当前幼儿园足球课程的教学内容为足球基本技术的占72.3%，包括脚内侧踢球、射门、绕杆、脚内侧停球等；教学内容为足球游戏的仅占27.7%。这一调研结果与其他研究具有一致性，例如郑健在相关研究中指出当前幼儿园足球课程内容游戏化比例较少而足球技术训练较为严重①。幼儿园足球课程内容选择足球技术的主要原因有两个：一是正式的幼儿足球比赛催动了足球技术内容的学习。访谈中园长认为，通过幼儿足球比赛能获得更多的奖项，一方面可以满足部分幼儿家长的利益诉求，另一方面可以培育园本体育特色以便于幼儿园推送和招生的宣传需要。二是“购买服务型”的培训机构进幼儿园存在利益化的特点，教学上以方便输出为主。其中，专职体育教师和外聘教师体育专业知识较强、学前教育知识缺乏是导致教学内容选择足球技术的原因之一。总之，体育教师学前教育知识和幼儿体育教育价值的认知缺乏以及幼儿园追求成绩导致园所间的攀比等影响因素的叠加，幼儿园足球课程的开展必然呈现出专业化教学与训练的特点。

（三）教学方法的运用呈现了专项化的特点

教学方法是指在教学过程中，师生双方为实现教学目的、完成教学任务而采用的生活方式的总称②。合理运用教学方法不仅是实现课程目标的保障，也是教师对教学内容、教学对象、教学环境与条件综合分析能力的体现，更是激发幼儿积极参与体育活动甚至体育兴趣培养的关键要素。幼儿作为教育的特殊群体，在教学过程中常用的教学方法主要有直观法（观察、演示、示范等）、口授法（讲解、谈话、讨论等）、实践法（练习、操作、游戏等）。

① 郑健.浅析幼儿园足球运动的现状及对策[J].体育大视野，2017，7（21）:3−4.

② 陈芬萍.课程与教学论新编[M].合肥:安徽大学出版社，2012:117.

幼儿园足球游戏课程除了幼儿园常用的教学方法外，作为体育教学又具有自身的教学方法，例如以比赛活动为主的体育教学方法（比赛法、游戏法、情境法）[①]。然而，调查中发现当前幼儿园足球课程教学方法以讲解法、示范法、演示法、练习法、运动竞赛法为主，而运动游戏法、情景教学法较少。同类调查研究中也指出，幼儿园足球教学过程中教学方法较为单一，多以重复性练习为主[②]。这也反映出当前幼儿园足球课程教学方法运用的专项化特点，即通过教师传统的讲解、演示，学生重复枯燥的练习动作以达到掌握足球技术动作的目的。以上教学方法的选择忽视了幼儿认知发展特点，影响了幼儿学习的积极性和能动性，从长远的角度看不利于幼儿身心的健康发展，而体育教师学前教育知识和幼儿体育教育价值的认知缺乏是导致上述问题的主要原因。

（四）评价内容的随意性呈现了主观化的特点

课程评价是课程建设的重要组成部分，它既是有效课程设计与实施的保证，又是课程不断完善与科学化发展的动力。其中课程评价的内容分为幼儿发展的评价和课程所有环节的评价两部分。就学前教育课程的目的而言是促进幼儿的发展，因此，幼儿的发展状况和水平是衡量课程质量的主要指标。调查中发现，足球特色幼儿园对幼儿足球课程进行学习效果评价的占25.5%，未进行效果评价的占74.5%。但访谈中发现，足球特色幼儿园中的任课教师未对幼儿足球课程的教学效果进行评价，仅由班级负责教师填写幼儿学期“健康通行本”中的运动能力表现，且存在主观性，并未采用客观测量手段对幼儿体质、动作发展、认知能力等方面进行效果评价。从评价主体的角度看，课程实施者并未参与课程的评价，而是由班级教师主观性地做出评价；从评价对象的角度分析，也只是由班级教师对运动能力做出主观性的评价，并未对课程实施效果中的动作发展、身体素质以及认知等方面进行综合评价。调查中发现，普通教师缺乏相关体育知识与技能，既不会上体育课又无法针对

① 周登嵩.学校体育学[M].北京:人民体育出版社，2005:127-128.

② 钱一赫.游戏教学法对6-8岁儿童足球兴趣培养的实验研究[D].北京体育大学，2015:12.

课程做出有效的评价，进而导致了评价的随意性和主观化。

二、幼儿园足球课程开展经验借鉴

通过对当前幼儿园足球课程开展现状的梳理，剖析了其开展过程中存在的典型性问题，为后期幼儿园足球游戏课程的构建及实践教学提供了一定参考。另外，浙江省作为全国首个省级幼儿体育协会，幼儿体育工作被称为全国样板，在幼儿园足球课程开展方面同样取得了一定的成效，具有一定的经验借鉴价值。

（一）搭建省级幼儿体育协会平台，推动幼儿园足球课程的开展

体育社会组织的高质量发展，推动了体育事业迈入更高的阶段。2014年浙江省成立全国首个省级幼儿体育协会，大力推进各项幼儿体育事业的发展，其中幼儿足球工作经过十余年的发展积累了丰富经验。例如，启动“浙江省幼儿足球教育试验基地”，实施足球教师免费培训、送教活动，鼓励支持幼儿园积极开展幼儿足球课程，定期组织教学、实践、科研等活动；组织开展全国、省、市、县四级足球特色幼儿园申报实施工作，体育资源软硬件投入不断增加，同时聚焦幼儿足球文化建设，培养幼儿体育兴趣、提升体质水平；举办幼儿足球表演大赛，提供良好的实践展示交流平台；举办浙江省幼儿体育与健康发展论坛，为教师提供良好的教学研究交流平台等。总体而言，浙江省幼儿体育协会在推动幼儿园足球的理论和实践研究中起到了积极的促进作用。

（二）幼儿体育教育的价值认可度提升，推动了幼儿园足球的普及与提高

随着健康理念、体育理念的更新，幼教工作者对幼儿体育的价值认可度逐渐提升。幼儿园园长作为园所教育理念的引导者、教育活动的决策者，在幼儿园足球的开展过程中起着重要作用。首先，园长对幼儿园足球课程开展的价值认知，决定了幼儿体育教育在综合性教育中的地位。前期调查研究显示，园长对幼儿足球课程的价值认可度较高，体现了幼儿体育教育在幼儿教育中的重要性。其次，足球特色幼儿园试点工作的开展，为幼儿园体育教育

改革发展指明了方向。调查显示，大部分幼儿园以幼儿体育为特色，重点打造幼儿足球名片，形成了幼儿园教育教学特色并树立了对外宣传招生的金名片。幼儿体育教育的价值在幼儿教育过程中体现得越来越明显，一定程度上推动了树立幼儿足球为园本体育特色的活动开展。

（三）开发园本幼儿足球课程，落实学前教育的综合性教育理念

园本课程的开发体现了幼儿园对课程的理解及重视程度。调研中发现，部分幼儿园不仅开设了幼儿足球课程，还将足球元素融入到日常教学。例如，海宁市宏达幼儿园开发了基于健康、语言、社会、科学、艺术五大领域的幼儿足球主题教育活动，将足球文化培育贯穿于五大领域之中，注重培养幼儿足球文化和幼儿的全面发展。幼儿园按照“制定主题方案→周计划→集体教学→个别化教学→环境创设→社会性实践活动→主题反思”的逻辑主线开展的幼儿足球主题教育活动，丰富了幼儿对足球的认知内容并取得了家长和幼儿的认可，值得其他幼儿园借鉴学习。

本章小结

本章基于浙江省的调查研究，分析了当前幼儿园足球课程现状与实践的问题与发展。现状分析主要包括幼儿园足球课程开展现状、影响因素等方面，其中着重对足球特色幼儿园的幼儿足球课程进行了具体分析；同时，幼儿园足球热的冷思考也是本章节关注的要点之一。另外，浙江省作为全国首个省级幼儿体育协会，幼儿体育工作被称为全国样板，在推动幼儿园足球课程开展以及鼓励幼儿园开发园本课程等方面取得了一定的成效，具有一定的经验借鉴价值。

然而，从内因与外因的辩证关系看，外因的作用无论多大，也必须通过内因才能起到作用。因此，倒逼学界应加强幼儿园足球游戏课程理论的研究，同时借鉴当前幼儿园足球课程实践经验和依据相关学科理论系统构建幼儿园足球游戏课程理论，不断推动行动研究以验证幼儿园足球游戏课程的有效性。

第四章

幼儿园足球游戏课程的理论构建

前一章较为系统地对当前幼儿园足球课程的现状及存在的问题进行了讨论并总结了相关经验。基于前人的研究成果以及现状审视，本研究在这一章节从理论上对幼儿园足球游戏课程进行构建，主要包括幼儿园足球游戏课程设计的理论基础、课程目标与内容的设计、课程实施与评价五个部分。涉及实用主义哲学、认知发展理论、发展适宜性实践和游戏理论以及人类动作发展理论，以此确定幼儿园足球游戏课程目标的基本内容和延伸；在动作教育模式的感知-运动课程活动内容分类基础上对课程内容的范围进行限定，由此确定了课程实施的基本表达形式以及评价方法与手段。

第一节　幼儿园足球游戏课程设计的理论基础

理论支撑是课程设计的重要环节。构建幼儿园足球游戏课程，不仅要明晰如何设计教学内容、如何组织教学过程，更应该明确由哪个主要理论作为课程理论的基础，选择的依据是什么？从教学论的视角，课程设计的理论基础一般包含哲学基础、社会学基础、心理学基础等①，然而幼儿园足球游戏课程有其特殊的教育对象和运动项目发展特征。因此，本研究基于大量文献分析和专家访谈的基础上，将哲学、心理学、教育学、生物学等学科确定为幼儿园足球游戏课程设计的理论基础。

一、哲学基础：实用主义哲学

哲学是关于世界观和方法论的理论体系。它是开展其他学科研究最重要的理论基础。其价值主要体现在阐明了人们对世界本质、发展规律及世界基本问题的认识，以及指明了人们认识世界的根本方法。教育作为一项特殊的活动，怎样看待教育以及如何认识教育决定了培养什么样的人的问题。体育学和其他任何一门学科一样，都以一定的哲学作为理论基础，幼儿园足球游戏课程内容的设计亦是如此。

（一）杜威的实用主义哲学

杜威是实用主义哲学的典型代表人物，他的认识论核心是经验主义。杜威的实用主义批判了传统西方哲学的二元论观点，强调了经验的作用并重新定义了经验的概念。经验是有机体及所处环境而建构的整体，它的主体除了人的意识还包括人和经验获得的过程、具体场景、经验对象以及产生的具体

---

① 丁念金. 课程论[M]. 福州：福建教育出版社，2007:483.

结果[①]。杜威指出，经验是有机体做的“工作”，而有机体具有能动性。主体和客体随着环境的变化而变化，这种动态性既体现了主客体适应环境，也展现了主体作用于客体时改变环境的特性。因此，经验作为一个整体，其内部各要素间存在一种关系的相互性。

杜威对经验的理论观点决定了经验的特征。①经验的主体核心、目的是人，决定了人的精神和物质服务对象都是人，从而达到了两者的统一而不是二元论中的对立关系。②经验的整体性决定了任意元素的变化影响经验的获得。③经验的整体性提高了有机体经验获得能力，即有机体通过改变经验的任意元素获得新经验。

（二）杜威实用主义的教育哲学

杜威教育哲学理论主要来源于他的经验主义，同时结合机能主义心理学理论塑造了新的教育观。他的实用主义教育哲学核心观点主要包括教育即生长、教育即生活、教育即经验的不断改造、学校即社会[②]。

1.教育即生长

杜威在“自然生长”理论的基础上，拓展了生长的外延。他指出，除了体格的生长，有机体的智力、道德也应包含其中。进而提出“生长是生活的主要特性，教育即生长”。他批判了传统的教育观点，认为真正的教育不应忽视个体价值和个性的发展，只强调外部环境或从成人的视角培养儿童，将儿童视为通过强化训练、机械式学习方式的被动加工的工具，这必然抹杀儿童在发展中的主体能动性、创造性、探索性。杜威教育观的核心思想是“教育即生长”。它的价值体现在承认儿童是能动性的人，尊重儿童的个体发展规律，教育应遵从儿童本能发展的生长起点以及自由人格发展的生长终点。

2.教育即生活

杜威认为，教育不是为将来生活做准备，而是儿童现在的生活过程。简

① 约翰·杜威.民主·经验·教育[M].彭正梅，译.上海:上海人民出版社，2009:58.
② 约翰·杜威.民主·经验·教育[M].彭正梅，译.上海:上海人民出版社，2009:88.

言之，教育本身是儿童的经验，在个体生活发展的过程中儿童期也是一个重要的过程。儿童期教育为儿童经验获得过程中的生活保障提供了充分条件，体现了教育“从生活中学习”“从经验中学习”的思想。杜威的经验理论指出，儿童生长生活的过程是生物本能的生长过程，在其过程中教育不应将外部经验强迫性地施加于儿童，而需要在尊重儿童生长发育规律的基础上为其提供保障，以满足儿童原生长的需要。

3.教育即经验的不断改造

区别于教育的外塑论和复演论，杜威对教育有着独特的理解，他认为教育是经验的改造。杜威的教育哲学体系以他的经验自然主义为基础，而经验概念是构建教育理论特别是课程理论的关键。他认为经验是主客体统一的整体，经验不仅仅是主体对客体的接受，还是环境对主体产生刺激，主体做出反应的交互过程。杜威认为，经验具有教育意义是存在客观前提的，即只有某种经验既能增加经验的意义，又能达到指导之后经验进程的能力时才能实现教育意义。因此，教育工作者需要设计、引导学习者的经验，避免其处于漫无目的的学习状态。

4.学校即社会

杜威从“教育即生活”的教育观点拓展出“学校即社会”的教育理念。他认为，教育既然是生活的过程，学校作为教育机构自然具备社会属性，它承担着对社会生活的改造并通过改造将社会雏形化，以满足儿童生长的阶段性需要。具体而言，学校具备社会生活的全部属性，在学校教育体现社会性的同时应注重与社会教育共育的模式，但应避免将社会经验简单性地搬进学校以损害儿童的健康发展。学校在社会化改造的过程中应体现以下特点：纳入已知的能促进学生生长发展的经验；学校相较社会应纯净化、理想化；学生应具有自由的思想、广阔的发展空间。

（三）实用主义哲学对幼儿园足球游戏课程的启示

杜威以儿童为中心的课程设计，以实践活动为中心的教学论，自20世纪以来对世界各国的学前儿童课程产生了深远的影响。其中对本研究中幼儿园足球游戏课程的设计及教学活动有以下启示。

（1）反对儿童天赋自然生长理论，反对强调训练及机械式的技能学习方式把幼儿当成被动加工的工具，强调教育的价值在于充分发展幼儿的智慧和性格。2018年教育部办公厅印发的《关于开展幼儿园“小学化”专项治理工作的通知》，正是体现了上述观点的要义。幼儿足球活动作为幼儿体育教育的内容是幼儿教育的重要组成部分，幼儿教育应尊重幼儿个体的价值、个性发展，遵从幼儿认知发展的规律，而不是将幼儿当作被动接受的容器，强加成人的标准进行塑造。

（2）强调教育不是为儿童日后生活做准备，而是需要在尊重儿童生长发育规律的基础上为其提供保障，以满足儿童原生长的需要，教育即生活。幼儿足球活动的开展就是发展幼儿基本动作技能，培养体育兴趣、养成健康的生活方式，帮助幼儿提高生活的技能以保障其健康成长。

（3）经验是一个有机整体，即强调有机体的主动性又注重环境对有机体的刺激而做出反应的互动过程，因此要注重幼儿足球活动内容对幼儿的刺激以及强调教学环境创设的重要性。另外，并非所有的经验都具有教育意义，教师必须筛选教学内容并按照幼儿身心发展特点合理创编，在幼儿学习过程中合理引导避免自发自为的教学现象，体现了结构性活动内容的价值。

（4）幼儿园作为教育机构，同样具备社会的属性。因此，培养幼儿的社会情感，提高幼儿的认知能力同样是幼儿园必须承担的社会责任。

二、心理学基础：认知发展理论

皮亚杰提出的认知发展理论是20世纪乃至当前发展心理学中最具权威性的理论。皮亚杰将认知发展定义为，个体出生后在适应各种环境的活动过程中对事物的认知及处理问题时的思维方式与能力表现，它是随着个体年龄变化而变化的一个过程。此外，他还认为儿童的认知发展是链接生物学与认识论的媒介，通过儿童认知发展解释人类认识发展的规律，从而构建了他的发生认识论[①]。

（一）认知发展机制

皮亚杰指出，儿童认知发展建立在原有图式基础上并通过同化、顺应和平衡，逐渐从低级到高级的建构过程。其中，图式是认知发展理论的核心概念，指的是动作的结构或组织，它通过在相同或相似环境中的不断重复迁移或类化而来[②]。个体对刺激产生反应的原因在于其本身有处理刺激的行为图式，主体对刺激的信息分析、归纳从而使信息条理化，以达到对信息的理解。个体认知水平的发展取决于其认知图式。当个体原有图式能同化外界刺激时，可以引起图式量变；当原有图式不能同化外界刺激，则会发生图式质变以适应新环境形成新的认识平衡。因此，个体在外界刺激的影响下不断产生新的同化或顺应，认知结构不断更新发展，从而促进了个体心理由低到高的发展轨迹。

（二）认知发展影响因素

那么，是什么因素决定了这种适应呢？皮亚杰提出了四种基本的因果因素，即遗传（内部成熟）、对客体世界的物理经验、社会传递（教育）和平衡。他在论述中指出了这四种因素对儿童发展的影响。遗传对于儿童发展过程来说是一个必要条件，却不是充分条件；通过对客体的动作获得的物理经验对儿童心理发展成长是必要的，但仅靠经验本身不足以引起智力的发展；教育对儿童智力发展起到重要作用，但其本身尚不足以导致心理变化，因为心理发展依赖于成熟和直接经验所准备的图式；而最后一种力量维系着其他三者间的平衡，使成熟、直接经验、社会传递的影响和谐一致。总之，儿童根据图式获得的知识的种类以及获得知识的时间，依赖成熟、物理经验、社会传递和平衡等诸要素[③]。

---

① 周宗奎.现代儿童发展心理学[M].安徽:安徽人民出版社，1999:19.

② Piaget J，Inhelder B. The psychology of the child [M]. New York: Basic Book，1969:56.

③ 托马斯.儿童发展理论:比较的视角[M].郭本禹，王云强等，译.上海:上海教育出版社，2009:96.

（三）认知发展水平和阶段

儿童认知发展具有阶段性特点。皮亚杰认为，认知发展是认知结构的发展过程，并按照认知结构将心理发展分为感知运动阶段（出生到2岁）、前运算思维阶段（约2岁到7岁）、具体运算阶段（约7岁到11岁）和形式运算阶段（约11岁到15岁）四个认知发展阶段。皮亚杰主张阶段应当有另外五种特性：普遍性、序列不变性、转换和不可逆的、逐渐发展的以及最终达到平衡的。本研究主要针对3—6岁儿童，所以重点介绍幼儿处于前运算思维阶段的发展特点。前运算思维阶段可以分为两个亚阶段。第一个亚阶段从2岁持续到4岁左右，特征是语言的自我中心主义使用以及解决问题时对感知过于依赖；第二个亚阶段是从5岁持续到7岁左右，这一时期儿童有了更社会性或更具交流性的语言，并且对直觉思维的依赖程度要大于单纯的感知觉。

（四）儿童心理发展特点

随着儿童身心发展和独立能力的增强，儿童的社交范围也相应扩大，在与人交往和与周围事物接触的过程中受到各种影响，他们的认识和行为逐渐发生变化。其特点是儿童认知发展过程是从直觉行动性发展到具体形象性，并逐渐萌发抽象概括性的过程。幼儿主要通过感知、动作和表象来认识世界①。

（1）3岁左右幼儿很大程度上还保留前期直觉行动思维的特点，逐步发展为具体形象思维，到学前末期已出现初步的分析、综合、抽象、概括能力，有了最初的逻辑思维的萌芽，但逻辑思维的水平低，不能摆脱知觉印象的束缚，所以具体形象思维仍是幼儿期的特点，但在成人的帮助下能向抽象思维发展。

（2）幼儿心理活动与行为具有不稳定性。该年龄段幼儿的心理活动与行为调控能力较差，易受外界环境的影响发生变化，表现出不稳定的特点。

（3）幼儿开始形成最初的个性倾向。他们在更广阔的领域里表现出个性化，如对待人和事物的态度、兴趣、行为习惯等方面，都开始明显表现出不

---

① 黄人颂.学前教育学[M].北京:人民教育出版社，2015:78.

同的个性倾向。

（五）认知发展理论对幼儿园足球游戏课程的启示

（1）学习目标的选择。儿童发展的过程中某一水平技能所需的成熟阶段出现的时间由遗传决定，但是成熟提供的发展潜能并不能成为现实，除非儿童获得合适的直接生活经验，正是经验使潜能变成现实。而教育要想发挥作用，需要成熟和心理发展的存在。换言之，成熟是儿童掌握动作技能的前提条件，但动作技能的学习尚需要提供给儿童生活经验和正式的指导。皮亚杰的智力发展观是选择教育目标的认知发展取向的基础。从这个角度出发，学校教育的中心目标并不是教给学生一些具体的事实和概念，也不是教给学生解决个人和社会适应问题的方法，而是促进适宜于每一发展阶段的思维技能的最佳发展。

（2）课程顺序的安排。皮亚杰的理论不但为选择目标提供了观点，而且也对这些目标及相伴的学习任务在课程中出现的顺序有所启发。例如，在投掷动作教学时，对于小班的幼儿只需要考虑将球投掷出去即可，中班幼儿需要考虑投掷远度一个维度，大班幼儿则需要考虑远度和准度两个维度。这些顺序可以向课程规划者展示一个心理逻辑的合理次序，其中儿童会面临不同的学习任务。

（3）主题的班级设置。皮亚杰的认知发展理论说明某一发展次序可能出现于哪个年龄段。儿童之间达到某一特定新阶段的年龄差异，主要在于内部成熟度、对世界的自我指向经验以及教育或训练。这些影响的差异对于课程规划者的意义在于，在按照皮亚杰认知发展理论把学习目标安排到不同年龄段幼儿时，有必要采取一定的弹性措施。例如，对于没有接触足球的幼儿来说，基本动作技能既适合小班幼儿可能也适合中大班幼儿。

三、教育学基础：发展适宜性实践理论和游戏理论

（一）发展适宜性实践理论

1986年，美国幼儿教育协会（National Association for the Education of Young

Children，NAEYC）在学前教育出现严重小学化倾向的背景下提出了发展适宜性实践教育理念，要求在尊重儿童的前提下开展教育活动以实现促进儿童健康发展的目的。在针对发展适宜性实践的争论与探索中，发展适宜性实践体系不断改进与完善，形成了目前以符合儿童发展、符合儿童个性、符合儿童家庭背景并确保教师教学具备有效性的学前教育实践指导原则。它的提出与实施对整个学前教育产生了深远的影响。

1.发展适宜性实践强调方法指导和策略保障

发展适宜性实践提出的初衷并非将其定位于课程或者支配学前教育的固化标准，而是一种建构或与幼儿共同活动的方法[①]。也就是说，发展适宜性实践并非让全部学前教育工作者执行相同的教育模式，而是试图让他们在一种方法的指导下设计、实施符合儿童发展需要的课程方案。另外，学前教育工作者依据发展适宜性实践的原则旨在评估儿童发展需求以及评估教学实践效果，达到不断提高自身教学能力、促进儿童健康发展的目的。

2.重视儿童的发展特点、个体差异以及儿童生活的社会文化背景

基于以上观点，学前教育工作者在设计适宜性教育方案时应考虑儿童不同发展阶段的学习特点、儿童的个体差异、儿童的不同文化背景[②]。发展适宜性实践秉持将儿童发展和学习的知识作为课程设计的基础，并将其应用到具体的教育实践活动中。同时，课程设计时要充分体现儿童的差异性以及尊重其生活的社会文化背景。教育工作者在遵循上述要点的基础上，根据自身知识结构与经验设计适宜的课程方案以便开展科学的教育实践活动。其中，年龄适宜性、个体适宜性、文化适宜性以及教师教学有效性是发展适宜性实践的核心理念。

---

① Bredekamp，S，Copple，C. Developmentally appropriate practice in early childhood programs[M].Washington ，DC: National Association for the Education of Preschool Children，1997:3.

② Gestwicki，C. Developmentally appropriate practice: curriculum and development in early education [M]. 3rded.United Stated: Thomson Delmar learning，2007:429.

3.游戏是发展适宜性实践的核心

首先，游戏是儿童获得全面发展的一种手段或方式。这种发展包括合作与交流、探索与解决问题、动作发展、提高专注度和完成任务的毅力、学会倾听与表达、体验成功感等。其次，游戏强调学习是一个主动和互动的过程。维果茨基强调社会性互动和文化背景在认知发展中的重要性，他认为儿童在游戏中与其他同伴的互动会遇到不同的观点，怎样使这些观点与自己原有的观点相适合，正是有意义的活动为游戏中的儿童提供了学习的环境。再次，游戏是兴趣的驱动。儿童参加游戏具有自愿性、自主性，说明儿童为参与活动做好了充分的准备，这为他们提供了良好的学习动机和学习机会。又次，游戏促进了大脑的发展。学前儿童是大脑额叶区发展最快的时期，游戏对大脑的发展具有积极影响。具体表现在促进了处理速度、记忆和问题解决能力、注意力水平和抑制冲动能力的提高。同时，与其他儿童的共同游戏中获得的多元经验促进了大脑高级中枢的发展。最后，游戏帮助儿童获得基础技能。游戏与复杂的认知活动间存在一定的联系，包括记忆、语言表达、情感发展以及社会性等。这种基础技能的学习是通过学前教育思维方法来获取学习的成功，而不是“小学化”的教育模式。

4.强调发展适宜性的物质环境、社会情感环境、认知环境建设

其中发展适宜性物质环境的建设包括：培育主动性的环境、培育创造性的环境、鼓励从游戏中学习的环境、户外游戏环境、培育自我控制的环境；同时强调过渡环节的注意事项，保障幼儿各活动间的顺利过渡。发展适宜性的社会情感环境方面，需要识别幼儿学习情绪情感的环境十大因素：安全感、温暖的人际关系、接纳、积极倾听、对表达方式的限制、提供发泄途径、示范、提供表达用的材料、认识情感、学习表达情绪情感的词汇；同时，识别培养亲社会行为的方法。在为幼儿创设发展适宜性认知、语言、读写环境时，游戏在提供适宜性活动和学习媒介中居于核心地位，而教师在提供最佳游戏体验过程中起到重要作用。

（二）游戏理论

席勒认为，只有当人在充分意义上是人的时候，他才游戏；只有当人游戏的时候，他才是完整的人[①]。它体现了人与游戏的关系，更表明游戏对于人发展的重要性。作为幼儿而言，游戏是他们的天性，是他们的“本职工作”。要想深入研究幼儿，游戏理论是我们不能回避的视角。

我国自古代在生活及教育活动中就出现了游戏的元素[②③]，但世俗的观念曲解了“游戏”的本质，自然没有成型相关的游戏理论。相反，自19世纪中叶以来，游戏理论陆续在西方孕育、生长、成熟。随着时代的发展，形成了不同的游戏理论派系，总体上从生物学及心理学视角阐述了游戏的发生、发展过程。

1.生物学视角的游戏理论

（1）“前练习”说

“前练习”说是由德国学者格鲁斯（Karl Croos）提出的，它是关于游戏的一种生物效用观[④]。格鲁斯通过研究比较人类和动物的行为，认为人类和所有动物的游戏均是出于本能，游戏是为日后进入成人做准备。因此，他将游戏分为两类：①练习性游戏，包括感知运动的练习和高级的心理能力的练习，目的在于促进自我控制的发展；②社会化游戏，包括打闹追逐、模仿性的游戏，目的在形成及促进人际关系。他还认为先出现练习性游戏，而后出现社会性游戏。“前练习”说解释了儿童游戏的动机并未解释成人游戏的动机，这也是遭受诟病之处。

（2）“复演”说

美国心理学家霍尔（Hall）提出，儿童的游戏是对人类祖先生活的回

① 胡小明.体育休闲论[M].成都：四川科学技术出版社，2008:157.
② 胡小明.怒江岩画与原始体育[J].体育文史，1988（4）:60.
③ 胡小明.从左江岩画看民族体育的起源和传播[J].成都体育学院学报，1992（2）:29−33.
④ 刘焱.儿童游戏通论[M].北京：北京师范大学出版社，2008:90−91.

忆①。他将游戏视为人的一种本能行为，这种生物本能衍生学说是儿童从动物演变成人类的重要环节。游戏反映出种族的文化发展和延续，并经由游戏使得民族的历史文化得以重现。另外，他还认为，游戏在儿童的发展过程中具有宣泄的作用。儿童摆脱按照原始本能出现的人类历史发展顺序，从野蛮走向文明，其中游戏对于健康成人的发展也是必要的。“复演”说在一定程度上察觉了儿童游戏内容的社会历史性，但并未对此现象做出合理的解释，特别不能解释现代社会儿童的游戏内容，因此缺少可靠的科学依据。

“前练习”和“复演”说认为游戏是儿童天生具有的本能，前者强化了游戏是儿童进入成人生活必需的功能，后者强调游戏是儿童进化前的必然行为。以上两种学说从生物学的角度或阐述了游戏的功能，或表明了游戏发生的动机，但并未从儿童游戏的心理发声，这也为后来游戏学说的发展提供了讨论的空间。

2.心理学视角的游戏理论

生物学视角的游戏理论主要强调了机体维持生理平衡和本能的特性，忽视了个体的心理过程。20世纪的游戏理论开始关注游戏的分类并强调环境与心理的重要性。该时期强调心理观点的游戏学派主要有：认知学派及社会文化历史学派。

（1）认知学派游戏理论观点

皮亚杰（JemPiaget）是认知学派的主要代表人物。他认为先前的游戏理论之所以不能正确解释儿童早期的游戏现象，原因主要在于把游戏看成是孤立的机能或活动。游戏本身并不是一种特殊形式的活动，只是智力活动的一部分，应当从儿童认知发展的框架考察儿童的游戏。

第一，游戏的认知本质，皮亚杰认为同化和顺应是机体与环境相互作用的两种方式②。同化是指接纳或整合外界信息以适合个体的发展需要；顺应则是指个体在外界环境因素的影响下使身体发生变化以适应环境。也就是说，

① 刘焱.儿童游戏通论[M].北京：北京师范大学出版社，2008:92-93.

② 刘焱.儿童游戏通论[M].北京：北京师范大学出版社，2008:110.

机体与外界环境的相互作用下，既存在利用已有的动作图式同化客体，也有着根据客体的特点调整自身的动作图式以顺应外在的变化。

第二，儿童游戏的类型及发展，皮亚杰认为游戏与儿童的认知发展存在密切关系，游戏的发展水平受认知能力影响。因此，根据儿童的认知发展阶段将游戏分为练习性游戏、象征性游戏、规则游戏。在感知运动时期（0—2岁），感官与运动器官是个体认知世界与环境相互作用的主要方式，在此时期出现的游戏主要是练习性游戏，是对刚学会但不成熟动作的练习。象征游戏则是在前运算时期（2—7岁）出现的主要游戏类型，是幼儿借助于代替物再现想象中的事物或情景的活动。2岁后象征游戏出现，原因在于该时期的幼儿开始掌握一定的语言符号系统，但未能即刻适应这种新的要求，感知运动时期末建立的平衡被打破，此时需要象征游戏中对新的心理机能“表征”加以练习，重建新的平衡。前运算时期是幼儿自我中心的表征活动游戏的发展时期，分为两个亚阶段：第一个阶段是2—4岁，象征性游戏大量出现并达到发展的高峰期，具体类型分为象征性的投射、象征性的认同、象征性的联合；第二个阶段是4—7岁，象征性游戏开始进入“下降期”。这种下降并非数量的减少，而是儿童对现实中顺应性的提高改变了以自我为中心的游戏特点，此时期的象征性游戏表现出象征的联合变得连贯而有秩序、准确和逼真的模仿现实、角色间的合作与协调。规则游戏则是具体运算时期（7—12岁）儿童游戏的主要形式。

表4-1　皮亚杰的游戏发展阶段①

年龄	认知发展阶段	游戏类型
0—2岁	感知运动时期	练习性游戏
2—7岁	前运算时期	象征性游戏（结构性游戏）
7—12岁	具体运算时期	规则游戏

皮亚杰的游戏理论开拓了从认知发展的视角认识儿童游戏的新途径，但

① 刘焱.儿童游戏通论[M].北京:北京师范大学出版社,2008:112.

单向性的承认游戏是认知活动的衍生物，并未察觉游戏对儿童认知发展的促进作用。

3.社会文化历史学派游戏理论观点

社会文化历史学派的代表性人物主要是苏联心理学家维果茨基。他认为当儿童在发展过程中出现超出自身能力、不能实现的愿望时便产生了游戏，游戏的实质是愿望的满足。总体而言，社会文化历史学派关于游戏的理论强调在成人教育与引导下、掌握以语言符号系统为载体的社会文化历史经验在儿童心理发展中的重要作用①。

关于儿童游戏的观点主要有以下几点：①活动在儿童心理发展中的主导作用。该学派强调了活动的主体性、社会历史性及对象性，个体心理机能是在人际交往的活动中形成与发展的。②游戏是幼儿的主导活动。主导活动是儿童心理过程在其内部不断发展、向高阶段过渡的活动，制约着儿童的心理过程与个性心理特征变化。③强调游戏的社会性本质。儿童游戏无论从内容和结构而言与幼小动物的游戏存在根本性区别，它具有社会历史的起源而非生物学的。游戏并非人的本能而是需要教育的作用。④强调成人的教育指导。由于强调游戏的社会性本质，该学派认为游戏作为幼儿的主导活动，心理机能发展是在幼儿与成人交往以及成人的教育与引导的环境下逐渐发生、发展的，为达到幼儿掌握游戏的方法，成人的干预是必要的。

该学派的游戏理论突出特点主要是转向研究儿童游戏而非动物的游戏，着重研究3岁后儿童的主题角色游戏，强调成人在幼儿游戏中的指导与干预。

（三）发展适宜性实践理论、游戏理论对幼儿园足球游戏课程的启示

发展适宜性实践理论的提出为学前教育的发展指明了正确的方向。特别是尊重幼儿的年龄适宜性、个体适宜性、文化适宜性以及教师教学有效性成为发展适宜性实践理论的核心理念，它也成为学前教育工作者在活动设计及保教过程中必须遵循的基本原则。同时，强调游戏是发展适宜性实践的核心，

① 刘焱.儿童游戏通论[M].北京:北京师范大学出版社，2008:119-120.

这与当前我国治理幼儿园保育工作“小学化”倾向的思路不谋而合，也为我国幼儿园保育工作提供了强有力的理论支撑。另外，发展适宜性实践强调开展学前教育应注重建设发展适宜性的物质环境、社会情感环境、认知、语言、读写环境，在遵循幼儿认知发展特点的基础上，为培养幼儿主动探索、建立积极的社会适应性以及亲社会行为等创造良好的环境，促进幼儿全面发展。综上，在设计幼儿园足球游戏课程时应根据不同年龄段幼儿的认知特点科学安排活动内容、游戏类型，在教学活动过程中创建良好的各种环境，特别是户外活动环境的创设、建立良好的师幼关系、发挥教师的能动性保障幼儿各领域的整体性发展。

游戏理论的形成和发展体现了不同时代与学科的综合特征。早期的游戏理论受进化论的生物观影响，继而精神分析学界和行为学家在批判早期游戏理论的基础上进一步形成和发展了相关游戏理论，稍后形成了认知学派的游戏理论。其中按照立论的基础可以将游戏分为以动机为基础的生物论游戏理论、以行动为基础的环境论游戏理论、以发展为基础的认知学派游戏理论等。由于游戏的行为具有复杂、广泛的特点，游戏的定义与分析存在一定的难度，至今没有单一游戏理论可以全面解释游戏活动的所有内容。因此，本研究在幼儿园足球游戏课程设计及实施中，既要承认游戏是幼儿的天性，又要根据幼儿的认知发展特点合理选择游戏类型，还要关注社会和环境的互动。

四、生物学基础：人类动作发展理论

动作发展是横跨个体全生命周期的复杂过程。其中儿童在其早期至中期会形成多种基本动作技能，对后期熟练掌握各类运动技能、参与竞赛及体育活动至关重要，也是个体探索环境、获取外界知识的重要途径和手段。因此，了解、掌握人类动作发展的相关理论，对个体的健康成长及后期参与体育活动或竞赛将提供较大的帮助。目前，国外多个动作技能发展模型已被世界各国学者认可并应用到动作发展的教学与训练中。

（一）动作技能发展模型

1.动作熟练度发展序列模型

Seefeldt提出的“金字塔”模型是其中最早的模型之一，被称为动作熟练度发展序列模型①。该模型中动作发展序列可以分为反射-反应阶段、基本动作技能阶段、形成熟练动作过程中的障碍、过渡性动作技能阶段、专门的竞技运动和舞蹈技能阶段。其中，反射被视作所有动作技能发展的基础，而基本动作技能则是在反射基础上发展而来的更广泛的动作技能。Seefeldt认为，除非个体早期的多种基本动作技能得到充分发展，否则将难以达到金字塔的高级水平，这就是所谓的熟练障碍。他进一步提出儿童应该在童年早期到中期这一阶段获取广泛的技能基础，之后才有可能发展到位于“金字塔”更高层级的动作技能。

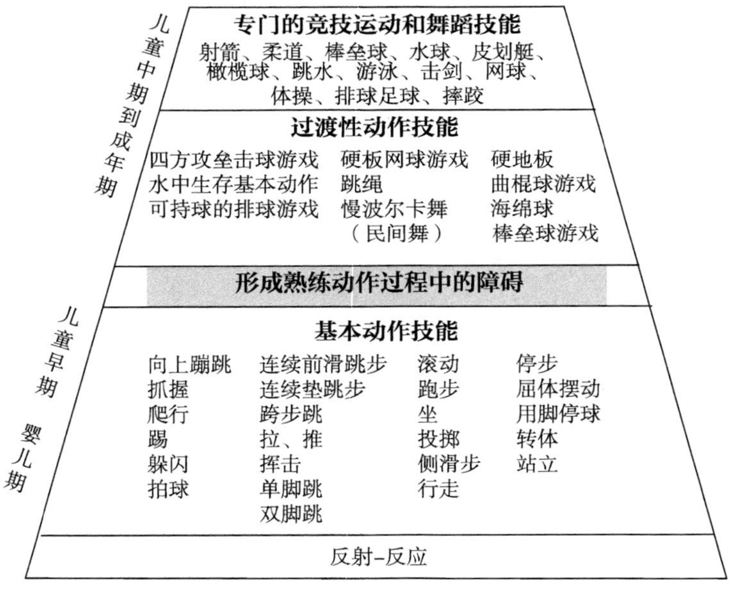

图4-1　动作熟练度发展序列的模型

---

① GregPayne，耿培新，梁国立.人类动作发展概论[M].北京:人民教育出版社，2008:195-196.

2.动作发展沙漏模型

Gallahue和Ozmun基于Newell的三角约束模型用时钟沙漏描述了动作发展的过程。散落的沙子代表受遗传、环境影响的动作技能发展，沙漏中的沙子代表个体全生命周期中动作发展的各个时期，即反射运动时期、初步运动时期、基础运动时期、运动的专门化时期①，每个动作发展时期存在不同的发展阶段，可分为以下发展阶段。

（1）反射运动时期（胚胎第4个月到出生后1周岁）：身体运动以非自主性运动（如吸吮、眨眼、抓握等）为特征。一些反射运动随神经系统机能成熟而消失，一些保留终生。

（2）初步运动时期（从出生后4个月至2岁）：学习对头与颈部的控制、随意性地抓握与放松以及爬、坐、站、行走等动作与身体的移动。

（3）基础运动时期（从2岁到7岁）：开始学习多种动作的协调，出现自主性的协调运动，如跑、跳、扔、踢、伸展等。

（4）与体育运动有关的能力专门化时期（7岁至14岁以上）：基础运动时期获得的基本运动技能结合协调成为复杂运动（如球类活动）的构成因素。基本运动技能协调成为复杂的运动，较大依赖于环境与学习机会。在这一时期获得的运动能力将使人终身受益，并被运用于日常生活、娱乐、竞赛活动之中。

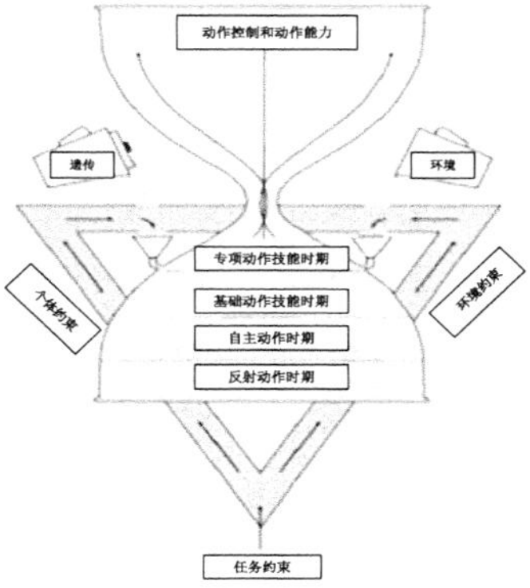

图4-2　动作发展三角沙漏模型

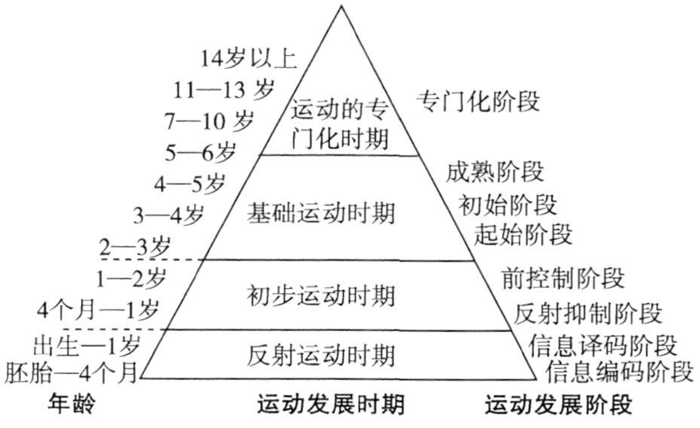

图4-3　运动发展模型图

① GregPayne，耿培新，梁国立.人类动作发展概论[M].北京:人民教育出版社，2008:196–197.

Gallahue认为，人的运动能力的发展与年龄有关，但并非完全由年龄所决定。年龄虽然可以作为运动能力发展的分期标志，但是任何一种运动能力的发展，都是任务的特殊要求、儿童个体的身心发展状况以及所处的环境条件这三个方面因素相互作用的结果。儿童对于当前活动的兴趣与努力程度，活动（任务）的要求，以及儿童所处的独特的环境条件（包括成人的指导、运动的条件、机会等），决定了儿童在这项运动上的发展速度与发展所能达到的程度。

3.动作发展山峰理论

Clark和Metcalfe提出了动作发展山峰的概念，构建了动作发展山峰理论，解释了个体在环境影响下全生命周期中动作技能的发展过程。它包括反射时期、预先适应时期、基本动作技能时期、专项动作技能时期、技能熟练时期以及代偿期，各年龄段对应不同的动作发展时期[①②]。

（1）反射时期（妊娠期的第三个月—出生后2周）：该期间是动作山峰的起始期，主要是反射动作和自发性动作，是促进婴儿生存及与环境交互的过程。

（2）预先适应时期（出生后2或3周—1岁）：该期间根据个体和环境的约束会表现出各种动作，例如翻身、坐、爬、站立及直立行走，是婴儿获得独立进食和移动的过程。

（3）基本动作技能时期（1—7岁）：该期间主要发展幼儿的位移技能、操控技能，形成熟练动作技能的不同山峰数量，为后期专项运动技能的学习奠定基础。

（4）专项动作技能时期（7—11岁）：该时期是基本动作技能在不同环境中的运用过程，出现不同高度和数量的山峰。由于受个体经验、文化、环境等的交互影响，个体专项动作技能发展的速度和达到的山峰高度不同，而且

① GregPayne，耿培新，梁国立.人类动作发展概论[M].北京:人民教育出版社，2008:197.
② 刁玉翠.3～10岁儿童基本运动技能发展与教育促进研究[D].华东师范大学，2018:76-78.

攀爬山峰的难度逐渐增大。

（5）技能熟练时期（11—13岁）：该期间是熟练动作技能的形成以及有效发展过程。个体经验和生长发育为获得熟练的动作技能创造了良好的条件，同时，练习机会的增加使个体最终获得熟练的动作技能。在此期间，个体的能力、兴趣差异导致技能熟练山峰的数量不同。

（6）代偿期：当个体出现伤病或衰老变化时，系统做出适应性和补偿性的变化，该期间个体可以维持大多数的功能。这对儿童在动作技能学习的启示在于要关注运动中的安全，避免伤害事故的发生，阻碍基本动作技能的学习。

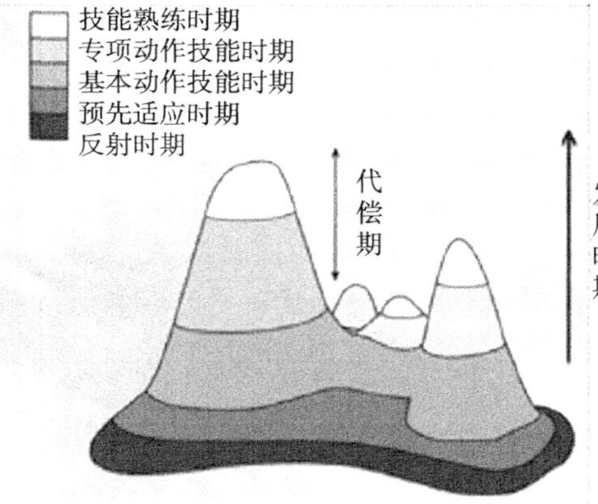

图4-4　动作发展山峰图

国外动作发展成熟模型虽然在基本动作技能发展时期划分不同，但均认同基本动作技能发展对个体后期专项动作技能的发展至关重要这一论断。我国3—6岁儿童属于幼儿园教育期，抓牢基本动作技能发展的敏感期教育符合动作发展模型的基本要求。此外，动作技能的发展受个体、环境及任务的交互影响，提示幼儿教育工作者及家长在教育中需考虑综合因素以便合理开展教学活动，促进每个个体动作技能的适宜性发展。

（二）运动发展和游戏发展的阶段一致性

在Gallahue关于运动发展模式演绎的基础上，雷利进一步提出运动发展与游戏发展之间存在阶段一致性的关系。游戏的发展可分为探索期、掌握期与完成期，三个时期与运动发展的初步运动时期、基础运动时期以及专门化运动时期存在时间一致性。

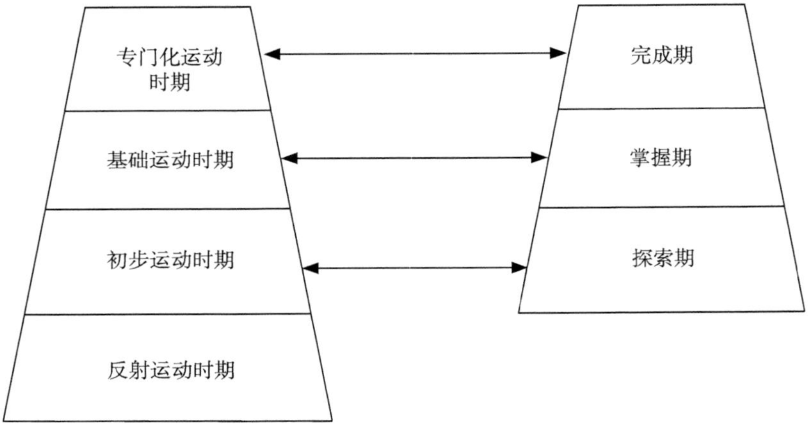

图4–5　运动发展期与游戏发展时期的对应关系

在初步运动时期，婴儿游戏的特点是探索，他们以一种“好奇的”态度与方式接触新物体。基础运动时期则是游戏发展的高峰期，表现出对外部世界的掌握；7岁以后，游戏高峰下降，数量逐渐下降，进入完成期，各种体育运动如足球等成为儿童喜好的活动。运动发展阶段与游戏发展阶段之间的一致性，表明游戏与运动能力发展之间相互作用、相互促进的关系。因此，应当重视通过幼儿的游戏来促进幼儿基础运动能力的发展。

幼儿运动性游戏包括自由自发的运动性游戏、教师专门组织的体育活动和游戏。幼儿在学前期发展动作技能，既要通过专门的体育活动训练，也需要自由游戏以及其他活动的形式。Gallahue认为在幼儿园如果只是让幼儿玩一些“丢手绢”“鸭鸭鹅”等之类的规则游戏，对于促进幼儿基础运动能力的成熟远远不够。因为，在这些游戏中大部分幼儿主要是在静坐等待，没有获得充分的身体运动机会。

在基础运动时期，成人应当更多关注幼儿运动的结果而不是过程。教师应当逐渐向幼儿介绍运动技能的质量标准。例如，跑的应当有多快，扔的应当有多远才好。利用幼儿自发的运动性游戏，创造丰富的游戏环境，使幼儿能够在自由游戏中进行积极主动的身体运动。教师还应当组织幼儿进行有节奏的体育游戏活动，有计划、有目的指导幼儿身体运动活动。只有使这两种不同类型的活动保持平衡，才能达成促进幼儿基础运动能力充分发展的目的。

（三）人类动作发展理论对幼儿园足球游戏课程的启示

3—6岁是幼儿基本动作技能发展的敏感期。从竞技体育发展的视角看，基本动作技能发展的程度将直接影响个体后期专项化发展水平；从群众体育的视角看，基本动作技能的发展程度将间接影响个体后期群众体育的参与度以及个体健康生活方式。另外，Gallahue认为幼儿期运动发展与游戏发展存在一致性。其中，基础运动期是游戏发展的掌握期与高峰期，提示教育工作者或家长应当重视通过幼儿的游戏来促进幼儿基础运动能力的发展。本研究在设计、实施幼儿园足球游戏课程内容时注重幼儿基本动作技能的学习与发展，同时强调运动发展与游戏发展的一致性，即通过足球游戏形式促进幼儿基础运动能力的发展。

本节主要从哲学、心理学、教育学、生物学等学科基础进行阐述，为幼儿园足球游戏课程设计与开展提供理论基础。其中，在如何看待教育的问题，杜威实用主义教育哲学给出了很好的答案：教育即生长、教育即生活、教育即经验的不断改造、学校即社会。杜威的认知发展理论则阐明了认知发展的机制、影响因素以及儿童认知发展的阶段，详细描述了儿童的心理发展特点。年龄适宜性、个体适宜性、文化适宜性以及教师教学有效性是发展适宜性实践理论的核心理念，成为幼教工作者在活动设计及保教过程中必须遵循的基本原则。3—6岁是幼儿基本动作技能发展的敏感期，也是游戏发展的掌握期与高峰期，设计幼儿园足球游戏课程需要符合游戏理论、人类动作发展理论的要求。

当然，生理学基础也是幼儿园足球游戏课程设计的重要理论基础。幼儿的身体发展在神经系统、肌肉骨骼系统、心血管系统以及身体素质发展等方面具有自身特点，因此了解掌握幼儿的生理发展特点必然为幼儿健康发展提供保障，其中幼儿生长发育特征和身体素质发展特征在第二章第一节中已阐述，因此在本章节中不再赘述；教育属于社会现象，学校教育必然为社会服务，因此在幼儿园足球游戏课程设计时，必然应重视社会对学校、课程的影响[①]，即课程设计的社会学基础。

第二节　幼儿园足球游戏课程目标的设计

课程目标是课程实施应达到的学生身心素质发展的预期结果，是对培养目标的具体化[②]。它是根据教育目的提出的学校课程要达到的预期结果，也是课程本身要实现的具体目标和意图[③]。课程目标是确定教学目标、教学内容、教学方法的基础，因此确定课程目标的重要性不言而喻。

一、幼儿园足球游戏课程目标设计依据

课程目标的理解对于幼儿园足球游戏课程目标的制定尤为关键。布鲁姆将教育目标分为三个领域——认知领域、情意领域和动作技能领域[④]。中国《教育大辞典》将其定义为：课程本身要实现的具体目标，是期望一定教育阶段的学生在发展品德、智力、体质等方面达到的程度[⑤]。靳玉乐认为，课程目

① 戴平，邓雪竹.幼儿园体育活动与体育特色课程研究[M].北京：北京体育大学出版社，2018:118.

② 王道俊，郭文安.教育学[M].北京：人民教育出版社，2016:132.

③ 贯玉霞，姬建锋.教育学[M].西安：陕西人民出版社，2017:202.

④ 洛林·安德森.布鲁姆教育目标分类学[M].北京：外语教学与研究出版社，2009:96.

⑤ 顾明远.教育大辞典（增订合编本）[M].上海：上海教育出版社，1998:88.

标是指一定教育阶段的学校课程力图促进该阶段学生的身心发展所要达到的预期程度①。综上认为，虽然国内外学者对课程目标的理解存在一定差异，但总体上可以将课程目标理解为通过教育活动使受教育者达到特定的教育结果。

《幼儿园教育指导纲要（试行）》②（以下简称《纲要》）和《3—6 岁儿童学习与发展指南》③（以下简称《指南》）是指导幼儿园教育工作的纲领性文件，它为幼儿园教育和家长明确幼儿学习与发展提供了方向指引，也为从事幼儿教育的工作者指明了方向。领悟两个文件精神要义是落实幼儿园教育工作的前提条件，因此本研究将《指南》和《纲要》作为制订幼儿园足球游戏课程目标的重要依据。《指南》中将幼儿的学习与发展划分为五大领域，并详细阐述了各领域的学习与发展目标。其中健康排在首位，说明幼儿的健康在学习与发展整个过程中的重要地位。文件中明确指出，幼儿的发展存在阶段性特点，在教育教学活动过程中应遵循幼儿身心发展规律和个体差异，采用丰富多彩的活动发展幼儿身体平衡和协调能力、协调性和灵活性以及力量和耐力素质，进而达到强健体质、具有良好情绪和发展基本动作技能的目的。

二、幼儿园足球游戏课程目标构成

目标是行动的目的，也是指导实践的依据。《指南》中明确提出了幼儿各年龄段的学习与发展目标，为教育教学实践活动指明了具体方向。本研究依据《指南》中的健康领域发展目标和幼儿在身体、心理和情感方面的相关需求，从动作发展目标、认知发展目标和情感发展目标阐述幼儿园足球游戏课程目标的构成。

---

① 靳玉乐.现代课程论[M].重庆:西南师范大学出版社，1995:155.

② 中华人民共和国教育部.幼儿园教育指导纲要（试行）[EB/OL].（2001-07-02）[2021-01-02]. http://www.moe.gov.cn/jyb_sjzl/moe_364/moe_302/moe_309/tnull_1506.html.

③ 中华人民共和国教育部.教育部关于印发《3—6 岁儿童学习与发展指南》的通知[EB/OL].（2012-10-09）[2022-06-26].http://www.moe.gov.cn/srcsite/A06/s3327/201210/t20121009_143254.html.

（一）动作发展目标

动作的发展是一个渐进发展的过程，各年龄段的幼儿动作发展目标不同。《指南》中的健康领域指出，幼儿动作发展目标依据 3—4 岁、4—5 岁、5—6 岁的年龄进行划分，并对各年龄段幼儿动作学习与发展目标做出了明确阐述。首先，幼儿需要具备一定的平衡能力、协调性和灵敏性。平衡能力是指身体在其支撑基础上保持重心的能力，这取决于功能良好的姿势控制系统，而这个复杂的系统反馈又依赖于前庭、视觉和本体感觉。另外，姿势控制发展的关键时期发生在 4—6 岁。若这个关键时期平衡能力未得到及时发展，幼儿的其他身体素质或运动能力也会受到影响，如协调能力。其次，幼儿需要具备一定的力量和耐力。YPD 模型指出力量的发展贯穿人的全生命周期，在个体发育的各个阶段男性和女性的肌肉力量发展都应优先考虑，因此在幼儿阶段也应引起足够重视，所谓的力量是指克服自身体重的练习。幼儿期耐力的发展不同于较大儿童或成年人，幼儿耐力的发展不需安排特定的计划，而只是在游戏过程中体现。综上，依据《指南》中健康领域对幼儿动作发展的要求，本文中的动作发展目标主要是通过课程学习促进幼儿动作发展，并具有一定的平衡能力，动作协调、灵敏，具有一定的力量和耐力。

（二）认知发展目标

认知是最基本的心理过程，是个体在实践活动中对信息的接收、编码、提取和使用的过程，主要包括感觉、知觉、记忆、思维和想象等①。《指南》中提出幼儿应遵守基本的行为规范，在日常生活或体育游戏中可以将行为规范融入其中。例如，在幼儿园足球游戏课程教学过程中教师和幼儿约定既定的游戏规则，并在游戏的过程中遵守规则，相应给出“赏”与“罚”的激励措施。再如，在游戏过程中遇到障碍物怎样越过障碍，等等。此外，幼儿期也是执行功能发展的重要时期，幼儿的记忆力、注意力、抑制控制和认知灵活度在游戏过程中均会得到发展。例如，教学过程中教师和幼儿约定相应的口

---

① 张丽萍，王运彩. 心理学教程[M]. 北京：北京师范大学出版社，2011:88.

令，当教师喊出口令时幼儿做出相应的动作并重复口令内容。另外，幼儿期个体的空间和方位知觉也在逐步发展，如让幼儿学会准确辨别前后、左右和上下的方位。综上，依据《指南》和《纲要》的要求，幼儿园足球游戏课程将日常生活常识、规则意识与体育游戏相结合，通过学习让幼儿知道必要的安全保健常识，学习保护自己，不断提高记忆力、注意力等认知能力。

（三）情感发展目标

情感发展是幼儿园教育最基础的目标，它是幼儿对客观事物与自己需要的关系的反映。幼儿期的个体具有多种基本情绪且变化较快，如何营造轻松的心理环境，让幼儿保持愉快的情绪参与活动是幼儿园足球游戏课程需要考虑的情感发展目标。

《指南》中建议营造温暖、轻松的心理环境，让幼儿形成安全感和信赖感，并帮助幼儿学会恰当表达和调控情绪。由于幼儿个体的差异性，运动能力水平低的幼儿可能会在动作的学习过程中产生消极情绪而不愿参与游戏，教师应该多给予关心帮助他们克服困难并逐渐建立自信心，让他们体验到成功的喜悦感；另外，教师在教学过程中要善于观察每位幼儿的情绪状态，对于出现消极情绪的幼儿要主动询问并及时采取措施以纾解不良情绪。当然，幼儿在游戏的过程中也会出现人际交往的矛盾，例如我喜欢和你一起玩而不喜欢和他一起玩。为了发展幼儿良好的人际交往能力，可以通过幼儿分组合作的方式帮助他们与同伴友好相处并建立友谊，达到情感发展的课程目标。综上，依据《指南》和《纲要》的要求，本文中情感发展目标主要是通过幼儿园足球游戏课程的学习建立良好的师生、同伴关系，在集体生活中情绪安定、愉快。

幼儿园足球游戏课程三大目标的确立是布鲁姆提倡的动作技能领域、认知领域和情意领域三个领域教育目标的具体体现，也是《指南》和《纲要》文件中对健康领域要求的具体目标呈现。

第三节 幼儿园足球游戏课程内容的设计

3—6岁是幼儿基本动作技能发展敏感期、游戏发展的掌握期，同时又是协调、灵敏、平衡等身体素质发展期。因此，本研究提出结合足球项目的技术特点，以幼儿身体素质发展为主线，以基本动作技能发展为核心，以游戏为基本活动形式，采用动作教育模式设计幼儿园足球游戏课程内容。本节将对幼儿园足球游戏课程内容的设计依据与原则、内容选择与分类进行阐述。

一、幼儿园足球游戏课程内容设计的依据

动作教育起源于英国，20世纪60年代初引入美国学校体育界，继而在西方各国得到广泛传播，成为70年代以来世界范围内具有较大影响的体育教育流派之一[①]。先前研究者[②③]提出的知觉-运动理论，强调以知觉发展作为运动发展的重要先决条件，为动作教育奠定了发展基础。Frostig在障碍儿童学习过程中认为动作教育是一项有效的方法，《动作教育的理论与实际》著作的出版标志着动作教育理论体系的逐渐建立[④]。Graharm教授提出的动作分析框架代表了动作教育模式的最新发展方向。他将动作分为技能主题和动作概念，并以此框架为主导思想设计了小学体育课程。同时，他认为动作概念的学习需要从幼儿阶段和小学低年级阶段开始，逐渐过渡到技能主题的学习。

---

① 邵伟德.国外“动作教育”的特点与体育教学侧重点的变迁[J].外国中小学教育，1992（1）:36-37.

② Strauss A，Lehtinen L. Psychopathology and Education of the Brain-injures child[M]. New York:Grune and Stratton，1967:78.

③ Kephart N. Perceptual-motor aspects of learning disabilities.in Frierson and borbe educating children with learning disabilities[M]. New York: Applention Century Crofts，1947:114.

④ 陈英三，林风南，吴新华.动作教育的理论与实际[M].台湾:五南图书出版公司，1995:56.

（一）动作教育的目的

动作教育经历了从特殊儿童教育到面向全体儿童教育的转变，从促进运动技能学习向综合性发展的过渡。Kephart强调个体初期动作经验的学习，而透过这一经验其高层次阶段的行动也可以获得发展。基于这个观点，为学习障碍儿童或脑部受伤儿童的治疗教育提出知觉-运动理论①。随后这种深具特色的新教育方法逐渐应用到其他教育领域，并得到了教育界的认同。随着心理学、生理学、运动学等学科的交叉融合，人们对动作教育的内涵及价值认识越发深刻。Foristig认为动作教育不仅促进了个体身体的发展，在动作学习获得身体意识基础上，同样促进了各种心理机能的发展②。换言之，动作教育的目的，不止于身体的发展，更追求儿童表达能力或认知能力等学习能力、人际交往能力、自我感情或环境关系的发展。总之，动作教育可以说是以发展儿童所有能力为目的的一种教育方法。

（二）动作教育的内容

感觉-运动技能是动作教育的主要内容。Johnstone 和 Ramon 根据多年儿童感知-运动相关研究的经验，创建了一系列适用于各年龄段儿童的游戏并指出感知是对获得的信息进行处理，而运动是指行为的结果③。运动并非孤立存在，在运动过程中常伴随着感觉或知觉性的体验。运动虽不时由知觉而引发，但时常受肌肉运动的刺激，或其他感觉的刺激所支配。对人类而言，当感觉与运动技能发生整合作用时，个体可以自由地完成任意动作，甚至可以有目的地完成动作。因此，动作教育的程序是在整合协调、灵敏、柔韧、肌力、平衡及持久力等运动属性的基础上建构，同时考虑儿童在知觉、认知能力、社会情感等方面的发展，以求促进感觉-运动技能发展。

---

① Kephart N. Perceptual-motor aspects of learning disabilities.in Frierson and borbe educating children with learning disabilities[M]. New York: Applention Century Crofts，1947:67.

② 陈英三，林风南，吴新华.动作教育的理论与实际[M].台湾：五南图书出版公司，1995:6.

③ Johnstone J A，Ramon M.儿童感知运动活动指导[M]. 王嘉，李榴柏译. 北京：北京大学医学出版社，2015.

幼儿感知-运动发展要素的干预内容可分为偏重身体一侧、平衡、运动技能、控制技能和空间关系等，其中偏重身体一侧又包括身体左右对称活动、单侧身体活动、身体横向交叉活动和组合活动[②]。感知-运动发展中偏重身体一侧的课程内容设计符合幼儿身体在矢状面、冠状面和水平面的运动特点，同时又考虑了幼儿运动发展的全面性。

表4-2　感知-运动课程活动内容及教学指导

活动内容	教学指导
身体左右对称活动	让儿童掌握左右对称运动，可用于发展儿童的运动控制和协调性。例如：立定跳远、双脚跳、双手接物、双手拍球、双手和双脚同时向前运动等
单侧身体活动	主要通过身体一侧的运动来发展大脑的另一侧。例如：单脚跳、单侧爬行、单手投掷、单侧滑步、单手滚球、单手拍球、单脚踢球等
身体横向交叉活动	主要通过手、脚在身体的垂直中线做横向交叉动作。例如：爬行、跨步跳、走平衡木、交叉步、跑、走等
组合活动	主要将左右对称活动、单侧活动和横向交叉活动进行多种组合。例如：击打固定球、走直线和单手拍球、双脚跳和单脚跳、滑步和拍球等

（三）动作教育的结构

动作教育的重点在于动作概念和动作技能的传授，因此研究适应幼儿学习要求的结构是必要的。Laban认为动作教育的结构由身体意识、空间意识、运动质量和运动关系四部分组成[①]。身体意识主要是认识身体的部位、身体部位与整个身体的运动。具体包括身体部位和形状、身体部位的运动形式和整个身体的运动等，其中整个身体的运动可分为位移运动、操控运动和稳定运动三种。空间意识主要是说明身体是在哪里运动的，主要包含运动的方位、

① Wikipedia. Laban movement analysis [EB/OL].https://en.wikipedia.org/wiki/Laban_movement_analysis.

方向、高度、路线、平面和延伸等。运动质量主要描述身体运动时的质量，主要包含运动的速度或速率、力量、流畅和中心等。运动关系描述的是身体运动时与人或与物体的关系，主要包含与人的关系、与物体的关系、运动的次序、目标和环境等①。

表4-3　Abels和Bridges的动作教育结构

概念	类别和亚类		动作要素
身体意识	身体部位		头、颈、耳、眼、鼻、肩、肘、手腕、手、手指、腹部、胸部、脊柱、背、臀部、髋部、膝盖、脚踝、脚、脚趾
	身体形状		窄、宽、弧状、扭转、对称、不对称
	身体部位的运动		支撑、受力、发力、带动动作、重量转移
	整个身体的运动	稳定	伸展、卷/蜷曲、扭转、转身、旋转、悬垂摆动、推/拉、上升/下沉、平衡的姿态、平衡/反平衡
		位移	走、爬行、熊走、蟹走、跑、跨跳、单脚跳、双脚跳、前滑步、侧滑步、躲闪跑
		操控	投、滚球、击打、踢、截击、拍、接、停球、运球、搬运个人空间、公共空间
空间意识	空间		个人空间、公共空间
	方向		前/后/侧方、向上/向下、顺时针/逆时针
	水平		低、中、高
	路径		直线、曲线、Z 字形
	平面		矢状面、水平面、冠状面
	延伸		小与大
运动质量	速度		快、慢、加速
	力量		用力猛与力量小
	流畅性		有限制的、自由的
	中心		聚焦与分散

① 刁玉翠.3 ～ 10岁儿童基本运动技能发展与教育促进研究[D].华东师范大学，2018.

续表

概念	类别和亚类	动作要素
	与人的关系	独自一人、同伴、小组（偶数组和奇数组）、个人
	与物的关系	对小组、小组对小组、队形（三角、圆形、方形、
	同时	分散的、车轮的辐条、X形）
	运动次序　交替	物体上面/下面、倒转、登上/下来、在前面/在后面、
运动	相继	在一边、沿着……穿过、相遇/相离、靠近/远离
关系		镜面、正面、相反、一起
	运动目标	轮流
	运动环境	动作序列、两轮重复、提问/回答、引领/跟随
		合作、协作与竞争
		静态的与动态的

Newell提出的限制模式，认为动作发展受到个体特征、任务、环境的交互作用，三者若有所改变，相关动作将随之不同。其中，任务存在于个体之外，包含了动作或活动的目的，在幼儿园足球游戏课程内容设计中根据幼儿各年龄段的个体特征，通过变换和组合身体形态、运动空间、运动质量和运动关系的内容要素改变动作任务，设计不同难度的动作练习任务以适合个体发展的水平，达到最近发展区理论中对幼儿的发展要求。

二、幼儿园足球游戏课程内容设计的原则

幼儿园足球游戏课程内容设计的原则是实施干预活动需要遵循的基本活动要求和准则，同时也为选择幼儿适宜的教学内容和教学方法提供了参考。

（一）游戏性与趣味性：提高幼儿参与幼儿足球活动的兴趣

兴趣是推动幼儿参与活动的直接动因。游戏是幼儿活动的基本内容和基本形式，活动内容吸引幼儿积极参与的关键在于内容设计的游戏性。幼儿园足球游戏活动设计中添加适合的游戏因素可以增加活动趣味性。常用的游戏因素主要有角色扮演（小兔子、大象）、新异动作（两人三脚）、竞赛（看谁跑得快）、幽默娱乐（说反话）、探究（看看里面有什么）、表演（说唱动

作）。例如在幼儿园足球游戏设计中，小班幼儿采用模仿动作达到完成教学任务的目的，这种模仿可以是成人生活中的各种动作、动物的生活习性和动作；中大班则可以添加“竞赛”等游戏因素。在添加游戏因素时应注意以下几点：一是选用的游戏因素应符合幼儿身心发展的年龄特点；二是避免堆砌游戏因素，造成形式主义。

（二）适宜性与科学性：满足各年龄段幼儿体育游戏特点的需求

体育活动是促进幼儿身心健康发展的重要途径。但应注意的是体育活动内容及活动形式须遵循幼儿体育游戏的年龄特点，满足不同年龄段幼儿活动的需求。例如，小班幼儿思维活动具体形象，喜欢模仿，抑制力较差。因此，小班幼儿的体育游戏是大家做同一动作，共同完成一个任务，游戏不分组且规则简单。中班幼儿前半期的体育游戏特点与小班幼儿类似，四岁半后出现明显的发展，能较好地遵守规则，注重游戏结果且出现合作意识、竞争意识。大班幼儿更喜欢与同伴一起活动，表现出分工明确、关系融洽、合作水平较高的特点。基于以上特点，在幼儿园足球游戏课程内容的设计及教学中，小班以单人游戏为主，中班以两人或多人游戏为主，大班以分队分组游戏为主；小中大班游戏根据各年龄段幼儿认知发展特点，幼儿足球游戏难度递进式增加，以满足各年龄段幼儿体育游戏特点的需求。

（三）整体性与长期效应性：促进幼儿向更高水平发展

体育活动在促进幼儿身体素质、动作发展以及执行功能发展上起到了重要的作用，呈现了体育教育的整体性。体育教学内容一般包含了技能类的“显性”内容和心理层面的“隐性”内容，现实中，幼儿园足球课程教学明显存在只注重“显性”内容，而忽视“隐性”内容的情况。例如，当前幼儿园足球课程教学内容上推崇足球技术的教学，因为这些内容能在短期内取得明显的成效，满足了幼儿园树立体育名片宣传的需要和家长对幼儿园教学工作认可的需要；而体育理念层面、认知和情感心理层面的“隐性”内容往往被忽略，从个体发展的角度考虑将不利于幼儿的长远发展。因此，在幼儿园足球游戏课程内容设计时要考虑教育内容的整体性以及长期效应性，摒弃为满足眼前利益、追求功利目标实现的足球技术教学，科学选择有助于幼儿形成终身体育意识和健康发展的长期效应的内容，促进幼儿向更高水平发展。

三、幼儿园足球游戏课程内容的选择

分析足球技术的特点是选择幼儿园足球游戏课程适宜内容的关键环节。我国足球界主要代表性学者在足球基本技术分类上存在一定分歧。1959年，鄂伯尔编著的《足球》将足球技术分为踢球、停球、带球、顶球、抢截、掷界外球、守门员技术①。1964年，何家统等编著的《足球》将足球基本技术分为踢球、头顶球、射门、停球、抢截球、运球、掷界外球、守门员技术②。1979年，出版的《足球》一书中将足球技术分为踢球、停球、顶球、运球、抢截球、假动作、掷界外球和守门员技术③。其中，在比赛中球员利用运球突破对手常采用的动作方法有：拨球、拉球、扣球、挑球、推球或捅球。1980年，刘光标编写的《足球》将足球基本技术分为无球的动作（跑、跳、转身、假动作）和有球的动作（射门、传球、接球、带球、带球过人、头顶球、抢截球、假动作、掷界外球、守门员技术）④。1983年出版的《足球》将足球技术分为无球技术（起动、跑、急停、转身、假动作）和有球技术（踢球、停球、顶球、运球、抢截球、假动作、掷界外球、守门员技术），其中运球和控球时常用的动作有拉球、拨球、扣球、挑球、捅球⑤。1998年张廷安按照队员位置将足球技术分为锋卫队员技术和守门员技术，按照有球动作和无球动作将其分为有球技术和无球技术。其中无球技术包括起动、快跑、跳跃、急停、转身、移动、假动作；锋卫队员有球技术有颠球、踢球、停球（接球）、头顶球、运球、抢截球、假动作、掷界外球，守门员有球技术主要是接球、扑球、拳击

① 鄂伯尔.足球[M].北京：人民体育出版社，1959:1-31.
② 何家统，周荣根.足球[M].上海：上海教育出版社，1964:14-52.
③ 体育院、系教材编审委员会《足球》编写组.足球[M].北京：人民体育出版社，1979:9-10.
④ 刘光标.足球[M].上海：上海教育出版社，1980:12-80.
⑤ 体育院、系教材编审委员会《足球》编写组.足球[M].北京：人民体育出版社，1984:30-158.

球、托球、掷球、抛球[①]。2000年，何志林在《现代足球》一书中将足球基本技术分为无球技术和有球技术两大类。其中无球技术包括起动、快跑、急停、转身、跳跃等动作；有球技术包括颠球、运球、踢球、接球、头顶球、抢截球、掷界外球、守门员技术[②]。2010年，何志林在《足球教学训练工作指南》中指出，足球技术的教学内容主要包括无球技术（起动、快跑、急停、转身、跳跃、移动、假动作）、熟悉球性练习（推球、拨球、拉球、扣球、挑球、颠球）、运球、踢球、接球、假动作、抢截球、头顶球、掷界外球、守门员技术[③]。

以上各年代足球界学者对足球基本技术分类体现出足球技术分类细化性，由单一的有球技术到多元的有球、无球技术兼具的分类特点。其中足球基本技术分为有球技术和无球技术在足球界已达成共识。分歧点主要在于有球技术分类的种类。其中踢球、运球、头顶球、抢截球、掷界外球、守门员技术的分类已在业界达成共识。我们这里重点阐述用“停球”还是“接球”一词，射门、传球、颠球是否应和以上技术列入足球基本技术。“停球”是指队员有目的地用身体的合理部位，把运行中的球挡住，并使其处于所需要的控制范围[④];而“接球”是指运动员有目的地用身体的合理部位把运行中的球接下来，控制在所需要的范围内，以便更好地衔接下一个技术动作[①]。从现代足球发展的趋势看，采用“接球”一词更为合适，这一点也在访谈专家中得到了验证。关于射门、传球是否应列入足球基本技术，从属种关系看，射门和传球是踢球的应用范围，属于从属关系，因此本研究中并未将两者列入足球基本技术。颠球和推球、拨球、拉球、扣球、挑球应该属于球性练习，因此本研究未将它列入足球基本技术。综上，本研究将有球技术分为运球、踢球、接球、头顶球、抢截球、假动作、掷界外球、守门员技术八项技术。

本研究在幼儿园足球游戏课程内容设计中主要体现足球的无球技术和有

① 张廷安.足球[M].北京:知识出版社，1998:22-55

② 何志林.现代足球[M].北京:人民体育出版社，2000:44-77.

③ 何志林.足球教学训练指南[M].北京:人民体育出版社，2010:85-90.

④ 体育院、系教材编审委员会《足球》编写组.足球[M].北京:人民体育出版社，1979:9-10.

球技术，其中无球技术是幼儿期基本动作技能发展的主要内容，而对于有球技术的选择和设计是本研究重点考虑的问题。

LTAD模型和YPD模型中指出，5岁前的幼儿不应过早学习运动专项技能，应聚焦于如何让幼儿积极动起来；5—6岁幼儿开始学习简单的基本技术，体现好玩中打基础的指导思想。基于以上观点，本研究创新性提出小班（3—4岁）、中班（4—5岁）幼儿学习由足球基本技术（有球技术）拆分而成的足球基本动作，大班（5—6岁）幼儿在游戏中学习简单的足球基本技术。

（一）足球有球技术的动作要素初步确定

通过访谈相关专家，适合以游戏形式开展的足球基本技术（有球技术）主要有运球、踢球、接球、抢截球、假动作、掷界外球、守门员技术。在确定适合幼儿开展的足球基本技术后，通过查阅足球相关知识将各项足球基本技术初步分解成颠、踩、推、拉、拨、跨、挑、踢、接、运、传、顶、抢、截、掷、拍、抛、扑、托、拳击20个动作要素。

（二）足球有球技术的动作要素确定

对前期20个足球有球技术的动作要素进行第一轮当面或电话形式的专家访谈，访谈结果显示，大部分专家比较认同本研究中动作要素的划分，但针对是否适合幼儿而提出一些建议。①有专家指出像“颠、踩、推、拉、拨、跨、挑”等属于球性练习的范畴，应加入“扣”的动作。②对于“掷”和“抛”两者之间的关系，有专家提出，在足球运动中用手的动作有两类：一是发界外球，二是守门员技术。其中，足球运动中队员发界外球的术语为“掷界外球”，为双手动作；守门员用手发球，称为“手抛球”或“手掷球”，为单手动作，足球教材中两者均有出现。因此，建议统一用“掷”这一词涵盖其他。③对于“顶”这一动作，大部分专家考虑幼儿的身心发展特点，不建议在幼儿阶段使用。④根据幼儿身心发展特点和动作难易程度，幼儿不适合学习守门员技术中的“扑、托以及拳击球动作”。

综合以上专家建议，对足球有球技术的动作要素做如下修改。一是加入

“扣”的动作；二是删除“抛”；三是关于“顶”，本研究在设计“顶”球动作时依据仿生学理论，要求幼儿采用爬行姿势用头部前额主动触球，让幼儿在游戏中体会头顶球动作，为后期站立式或起跳腾空的头球技术建立良好的动作适应；四是删除“扑、托、拳击”动作。修改后的足球有球技术为颠、踩、推、拉、拨、跨、挑、扣、踢、传、接、运、顶、抢、截、掷、拍17个动作要素。其中，“顶”的动作做出特别说明。修改后的适合幼儿学习的足球基本动作再次进行专家调查。

第二轮电话形式的访谈结果显示，大部分专家认同对幼儿足球学习中有球技术的动作要素划分。然而，个别专家提出，“射门”虽然属于踢球的应用范畴，但足球运动的魅力在于有射门后的进球，应凸显“射门”动作的重要性，因此建议增加“射门”这一动作。修改后的足球有球技术为颠、踩、推、拉、拨、跨、挑、扣、踢、传、射门、接、运、顶、抢、截、掷、拍18个动作要素。修改后的适合幼儿学习的足球基本动作再次进行专家调查。

第三轮电话形式的访谈结果显示，全部专家认同对幼儿足球学习中有球技术的动作要素划分。因此，本研究最后确定的适合幼儿学习的足球有球技术的动作要素为颠、踩、推、拉、拨、跨、挑、扣、踢、传、射门、接、运、顶、抢、截、掷、拍18个动作。

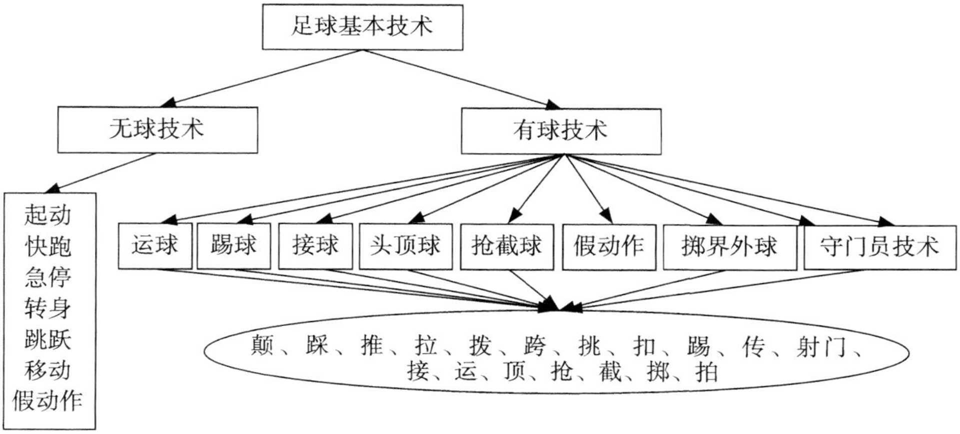

图4-6　足球基本技术及动作要素示意图

四、幼儿园足球游戏课程内容的分类

动作教育模式下的感知–运动课程活动内容分为身体横向交叉活动、身体左右对称活动、单侧身体活动和组合活动。由于足球活动是一项复杂的运动，在某一动作过程中可能有身体左右对称活动或单侧身体活动或身体横向交叉活动，而更多的是组合活动。例如，运球动作既有走或跑的身体横向交叉活动，又体现了单侧身体活动的内容。根据游戏规则的动作要求，同一动作可能内容分类不同。例如，小班幼儿要求原地踢球射门，属于单侧身体活动；中大班幼儿要求助跑后射门，则属于组合活动。本研究依据动作教育模式下的感知–运动课程活动内容分类，将适合幼儿学习的18个足球有球技术动作添加游戏要素，设计了幼儿园足球游戏课程教学内容。

（一）身体横向交叉活动

身体横向交叉活动主要是让幼儿控制手和脚跨越身体的垂直中线进行交叉练习的动作及在活动中身体两侧同时做相反的动作。主要包括爬行顶球、拨球。

1.爬行顶球

爬行是幼儿获得行走技能之前最先经历的动作技能，而爬行顶球则是爬行与触球的动作组合。根据幼儿爬行的阶段发展特征，各年龄段幼儿在爬行顶球的游戏中任务及要求不同。例如，小班幼儿每人一球，模仿大狗熊爬行顶球，将球运到球门里；中班幼儿分成相同人数的两组，每组放置6个标志碟，幼儿需要用爬行的动作顶球绕过标志碟将球放在框内；大班幼儿分成相同人数的两组，每组放置6个标志碟，幼儿需要用爬行的动作顶球绕过标志碟将球顶进球门，看哪组运得快。

2.拨球

拨球是由交叉步和触球组合形成的动作。根据幼儿交叉步的阶段发展特征，设置不同年龄段幼儿的学习任务及要求。例如，小班幼儿每人一球，学着螃蟹横着走的姿势用脚把球运到球门里；中班幼儿每人一球，起点与终点相距10米，学着螃蟹横着走的姿势用脚把球运到球门里，看谁运得快；大班幼儿分成相同人数的两组，每人一球，起点与终点相距10米，学着螃蟹横着走的姿势用脚把球运到球门里，在规定时间内看看哪组幼儿完成得快。

（二）身体左右对称活动

身体左右对称活动主要让幼儿学会控制自己身体，在活动中保持身体左右两侧的动作一致或对称。内容主要包括双手掷球、双手抛接球。

1. 双手掷球

双手掷球是足球运动中较为常见的动作，主要是通过双手将球掷出的动作。根据幼儿掷球的阶段特征，各年龄段幼儿在双手掷球的游戏中任务及要求不同。例如，小班幼儿排成一排，正面或背面双手持球将球掷出，全部掷出后快跑将球捡回；中班幼儿两人一组相距10米，采用正面/背面双手掷球，然后另一幼儿将球掷回，比一比谁掷得远；大班幼儿分成人数相同的两组，每人一球，距离纸箱5米站好，两组同时进行掷球，在规定时间内看哪队投中的足球最多。

2. 双手抛接球

双手抛接球是日常活动中很常见的动作，主要是通过单手或双手来接住球的活动。根据幼儿抛球的阶段特征，各年龄段幼儿在双手抛接球的游戏中任务要求不同。例如，小班幼儿每人一球，教师在观察幼儿玩球的过程中可以引导幼儿将球向上抛出后用双手接住；中班幼儿每人一球，教师在观察幼儿玩球的过程中可以引导幼儿将球向上抛出后拍手一次或转身用双手把球接住；大班幼儿每人一球，教师在观察幼儿玩球的过程中可以引导幼儿将球向上抛出后拍手两次或转身用双手把球接住。

（三）单侧身体活动

单侧身体活动主要让幼儿在活动中能控制身体一侧进行活动。内容包括颠球、踩球、挑球、踢球、拍球等。

1. 颠球

本研究中颠球的设计仅针对脚背部位的颠球动作。根据幼儿的认知及动作发展特点，各年龄段设置不同的任务及要求。例如，小班幼儿每人一球和一网兜，将蝴蝶贴在足球上，幼儿自己提着足球，用脚背踢球；中班幼儿两人一个球和网兜，将蝴蝶贴在足球上，一名幼儿提着足球，另一人用脚背踢球，蝴蝶被踢下后两人交换位置；大班幼儿每人一球，抛球后用正脚背踢球然后接住，比一比谁踢的最多。

2. 踩球

踩球是左右脚交替单脚跳并原地触球的动作。根据幼儿单脚跳的阶段特征，各年龄段设置不同的任务及要求。小班幼儿每人一个球，跟随音乐节奏，节奏慢时踩球动作慢，节奏快时踩球动作块，幼儿原地做动作；中班幼儿两人一组相距2米，跟随音乐节奏，每人两脚交替踩球10次后，两人交换位置，看谁踩球快；大班幼儿每人一球，在规定的30秒内看谁踩球多，要求幼儿踩球时喊出个数。

3. 挑球

挑球是使用脚尖插入球下并利用抬腿抬脚使球离开地面的动作。根据幼儿的认知及动作发展特点，各年龄段设置不同的任务及要求。小班幼儿每人一球，用脚将球挑过小篮架，看看谁能成功；中班幼儿两人一组，每组一个足球，用脚将球挑过小篮架，另一幼儿将球挑回；大班幼儿按照人数平均分成若干组，每人一球，距离呼啦圈1.5米，比一比哪组幼儿挑球进入呼啦圈的个数多。

4. 踢球

踢球的技术具有多样性，本研究中仅针对脚尖踢球和脚内侧踢球。根据幼儿踢球动作发展的阶段特征，各年龄段设置不同的任务及要求。小班幼儿每人一球，距离墙1米，用脚踢球，看看谁能踢中墙面上贴有不同大小、颜色的泡泡；中班幼儿分成人数相同的两组，一组站在圆圈中间，另一组围成圆圈分布在各点，用脚相互传球设法击中圈内的幼儿，圈内幼儿则灵活躲闪，如果被击中则到圈上成为击球人，直到圈中幼儿都被击中；大班幼儿分成人数相同的两组，每人一球，幼儿踢中墙壁上的数字即为获得分数，每队最后相加看哪队得分高，高的即为获胜队。

5.拍球

拍球分为双手拍球和单手拍球，是幼儿比较喜欢的运动之一。根据幼儿单手拍球的阶段特征，各年龄段设置不同的任务及要求。小班幼儿在拍球时教师注意观察幼儿拍球动作，及时引导幼儿跟随音乐节奏，拍1次球接住后向上抛球接住；中班幼儿两人一组相距10米，教师注意观察幼儿拍球动作，及时引导幼儿跟随音乐节奏，拍1次球接住后双手掷给对面的幼儿；大班幼儿分成两组，距离5—10米处放置若干纸筒，幼儿拍球1—2次后双手将球掷出，看哪组击中对面的纸筒多。

（四）组合活动

组合活动主要将左右对称活动、单侧活动和横向交叉活动进行多种组合。内容包括推球、拉球、射门、运球、抢截球等。

1.推球

推球是左右脚交替单脚跳触球并前进的动作。根据幼儿单脚跳的阶段特征，各年龄段设置不同的任务及要求。例如，小班幼儿每人一球，模仿小推车运球游戏；中班幼儿两人一组，比一比谁的小推车运球更快；大班幼儿分成相同人数的两组，每人一球，起点与终点相距10米，在规定时间内看看哪组幼儿完成得快。

2.拉球

拉球是左右脚交替单脚跳触球并后退的动作。根据幼儿单脚跳的阶段特征，各年龄段设置不同的任务及要求。例如，小班幼儿每人一球，进行倒车游戏；中班幼儿分成相同人数的两组，每人一球，起点与终点相距10米，在规定时间内看看哪组幼儿完成得快；大班幼儿根据教师向前或向后手势做出推球或拉球的动作。

3.射门

射门动作是踢球的一种表现形式，也是幼儿喜欢的活动之一。根据幼儿踢球动作发展的阶段特征，各年龄段设置不同的任务及要求。例如，小班幼儿每人一球，距离球门5米，要求助跑把球踢进球门；中班幼儿每人一球，要求每人完成10个单脚跳后助跑射门，比一比谁的速度快且踢进了球门；大班幼儿分成人数相同的若干组，每人一球，起点距离球门 10 米，摆放5个标志桶，间隔1米，听到哨音后开始带球绕过障碍并完成射门，看哪组进球最多。

4.运球

运球是结合走或跑利用脚触球的动作。根据幼儿走或跑动作发展的阶段特征，各年龄段设置不同的任务及要求。例如，小班幼儿每人一球，纸箱做的球门10个，每个球门进行1—10编号，幼儿在场地中间运球，听教师报数，按照数字指令将球运到指定球门；中班幼儿分成若干组，每人一球，球门分别贴有圆形、方形、椭圆形、三角形图案，各组幼儿分散在场地中间运球，听教师指令后，各组幼儿按照指令将球运到指定球门，看哪组完成得最快；大班幼儿两人一组，一人运球一人抢球，被抢到后交换位置，重新游戏。

5.抢截球

抢、截球则是包含了启动、快跑、急停、转身等组合活动。根据幼儿的认知及动作发展特点，各年龄段设置不同的任务及要求。例如，小班游戏中，教师运球让幼儿来抢截球，教师做出各种变向运球避免被幼儿抢截到；中班幼儿围成圆圈，间隔1米传球接力，中间1名或多名幼儿扮演大肥猫抢截球，被抢到的立马变成大肥猫加入抢截球行列；大班幼儿分成两组，每组“石头剪刀布”选出2名幼儿，圈外幼儿站在圆圈上相互传球，圈内2名幼儿开始抢球，被抢到球的幼儿进入圈内替换圈内1名幼儿，继续游戏。

第四节　幼儿园足球游戏课程的实施

课程实施是课程领域的重要研究内容，它是课程目标得以实现的重要途径。其中，教学是实现课程目标的手段，也是课程实施的主要途径。

一、幼儿园足球游戏课程实施的教学原则

幼儿园教学原则是指导幼儿教师开展教学活动的一般原理和对教学工作的基本要求[①]。它是根据教育目的、任务和幼儿年龄特点制定并反映幼儿园教学活动过程的客观规律，是幼儿园教师教育实践经验的总结和概括，也是幼儿园教师组织教学活动遵循的基本准则。一般而言，幼儿园教学活动的基本原则主要包括科学性原则、思想性原则、积极性原则、发展性原则、活动性原则、直观性教学原则、巩固性原则、个别对待原则等[②]。幼儿园足球游戏课程作为幼儿体育教育的内容，具有体育教学自身特点的教学原则，例如健康性原则、主体性原则、身心全面发展原则、民主合作原则、为终身体育打基础原则等[③]。在确立幼儿园足球游戏课程教学原则时，需要以辩证唯物主义为理论基础，以幼儿体育教育教学目的为指引，依据幼儿运动项目教学过程遵循的客观规律，充分反映幼儿体育教学发展的时代要求，采用概括的形式准确表达内涵。具体而言，幼儿园足球游戏课程教学原则必须是幼儿体育教学规律的反映、符合幼儿体育教学的目的性、具有抽象概括性和规范性。结合幼儿园教学活动的基本原则和体育教学自身特点的教学原则，本研究中的幼儿园足球游戏课程教学原则主要包括身心全面发展原则、兴趣先导与实践强

---

① 郑三元.学前教育学[M].长沙:湖南大学出版社，2015:121.

② 黄人颂.学前教育学[M].北京:人民教育出版社，1996:307-312.

③ 吴海宽，刘茎.体育课程与教学论[M].长春:东北师范大学大学出版社，2005:70-76.

化原则、差异性原则、为终身体育打基础的原则。

（一）身心全面发展原则

身心全面发展原则是指在幼儿园足球游戏课程中教学的重点不仅指向幼儿的身体发展与足球基本动作的学习，更指向幼儿心理的发展与完善，促进幼儿身心协调发展；不仅指向体育的发展，更要注重在幼儿园足球游戏教学过程中幼儿德育、美育、智育的协调发展。体育作为教育的重要组成部分，其教育功能是其他学科所不能比拟的，它具有增强体质，提高认知能力、社会情感发展的多重作用。因此，幼儿园足球游戏课程作为幼儿体育教学的内容，在促进幼儿身心全面发展方面将发挥重要作用。

（二）兴趣先导与实践强化原则

兴趣先导与实践强化原则是指在幼儿园足球游戏教学过程中，首先应注重引导幼儿的足球兴趣，然后在教学实践中进行强化，达到尝试→体验→玩球→学球→练球的转变。根据现代学习理论的观点，动机、需要、兴趣等非智力因素在影响学生学习的动力上超过智力因素的影响。另外，根据相关理论研究发现，幼儿期是基本动作技能发展的敏感期，而运动项目对于该年龄段的幼儿而言只是兴趣的培养，不应过早进行专项化训练。因此，在幼儿园足球游戏课程的学习中应把足球兴趣的培养放在首位。

（三）差异性原则

差异性原则是指根据幼儿年龄或个体的差异，合理确定教学目标、选择教学内容与方法、准确实施评价，促进每名幼儿的健康发展。3—6岁幼儿在各年龄段的身体发育及认知程度不同决定了教学目标、教学内容、教学评价需具有层次性、系统性。同时，由于遗传、教育、环境等不同，每个幼儿在运动能力、知识技能、生活经验、兴趣、智力等方面存在差异，教师需要从幼儿的实际需要出发，有针对性地开展教学活动，促进幼儿最大限度地发展。

（四）为终身体育打基础的原则

为终身体育打基础的原则是指在幼儿园足球游戏教学过程中，以足球为媒介培养幼儿参与体育活动的兴趣，为人的全生命周期能够积极参加体育运动提供体育知识、兴趣和能力奠定良好的基础。幼儿园教师在确定教学目标、筛选教学内容、选择教学方法及实施教学评价时应将教学活动和终身体育目标相结合，达到既能完成教学任务又能为幼儿的终身体育需要打下基础的目的。

二、幼儿园足球游戏课程实施与教学过程

幼儿园足球游戏课程实施与教学过程主要包括课前准备、教学过程以及课程评价的调整三个阶段。

（一）课前准备阶段

本研究中的课前准备阶段包括课程分析、游戏选择、课程方案确定以及课程准备四个环节。第一，课程分析是幼儿园足球游戏课程设计的前期准备工作，也是制定适宜课程内容的关键。在这一环节中教师可以从“为什么做”“用什么做”“做到何种程度”三个要素明确课程内容选择的依据、课程实施的方法与组织形式以及课程应达成的目标。第二，游戏的选择是在课程分析中明确了课程目标、方式方法及要求的基础上，筛选出适合课程目标达成需要的游戏内容。其中，在筛选游戏的过程中要明确足球动作与游戏的关系，以此确定游戏的形式。第三，课程方案确定则是在游戏选择的基础上明确各个环节的具体细节以制定课程整体方案，主要包括课程目的、实施时间、场地布置与器材选择、游戏组织、课堂引导与激励、安全防范等内容。第四，课程准备是在确定了课程方案的基础上，围绕教师、幼儿、课程以及幼儿园等特点做出的准备性工作，包括教学场地、器材的准备以及根据教师的特点对课程方案的预习、模拟教学等工作。

（二）教学过程

幼儿园足球游戏课程实施与教学过程中，教师应从教学场地布置、适时激励、课堂控制、运动强度控制四个维度组织课程教学。

教学场地布置中，一方面强调幼儿园足球游戏课程开展中场地空间与人数的合理分配，达到最优化空间效应以提高幼儿单位时间内的活动密度；另

一方面，强调游戏道具的选择与使用以激发幼儿的兴趣、想象力，提升游戏开展的趣味性与参与度，进而提高课程效益。

适时激励是有效提高幼儿园足球游戏课程质量的重要手段，常用的激励方式包括目标激励、情感激励、榜样激励、手势激励、言语激励、行为激励等。教师在教学过程中，应避免使用“命令性”的语言和减少“规定性”语言的使用，而应多采用“激励”“引导”“开放性问题”等适合幼儿特点的执教方式，以提高幼儿参与活动的情绪和独立思考能力。

课堂控制是对幼儿游戏过程的有效干预，也是幼儿园足球游戏课程的基本要求。

通过引导幼儿在学习中的角色转变、规则理解、合作与分组、赏与罚、游戏引导以及不适宜行为的及时干预等，实现对幼儿的有效控制以提高课程教学质量。此外，课堂控制还应关注幼儿游戏过程中的安全，通过教师站位、约定口号、场地器材布置等形式对幼儿游戏过程进行保护以避免安全事故的发生。教师在教学过程中还要协调处理好性别问题、游戏分组、器材使用、场地利用、教师协同等方面的问题。

幼儿园足球游戏课程过程中如何监测与评价身体活动强度，使其能够为幼儿的健康发展带来最大健康效益，避免强度过低达不到增强体质健康的目的或强度过大造成运动风险是教学过程需要考虑的问题。本研究在幼儿园足球游戏课程的教学过程中主要采用罗冬梅教授研制的《幼儿体育活动强度自评量表》[①]以及加速度计监测幼儿身体活动强度，根据幼儿身心发展特点和体育教学过程的特征，合理安排运动负荷量度，遵循由小到大再到小的原则，并且大中小负荷量度合理交替，达到促进幼儿生长发育及身心健康发展的目的。其中，在幼儿园足球游戏活动的组织过程中，为避免排队轮流等候时间过长而造成活动强度较低的现象，教学过程中合理安排平衡性练习提高体育

① 罗冬梅，姚天聪，屈莎，等.幼儿体育活动强度自评量表的研制与应用[J].北京体育大学学报，2019，42(4):139-149.

活动课的练习密度，提高幼儿园足球游戏课程课堂教学的整体效果，确保课堂教学目标的达成。

（三）课程评价的调整

课程实施是在教师主导下进行的有意识的教学行为，其目的在于促进幼儿的发展。因此，结合幼儿园课程评价的内容，本研究将课程实施的效果以及对课程教学的满意度作为幼儿园足球游戏课程的评价内容。

三、幼儿园足球游戏课程实施的教学方法

教学方法是指在教学过程中，师生双方为实现教学目的、完成教学任务而采用的生活方式的总称①。幼儿作为教育的特殊群体，在教学过程中常用的教学方法主要有直观法（观察、演示、示范等）、口授法（讲解、谈话、讨论等）、实践法（练习、操作、游戏等）。按照活动主体划分主要有以教师为主的演示、示范、范例和讲解等，以幼儿活动为主的观察、练习、游戏、表达等，以教师和学生相互作用的谈话法②。幼儿园足球游戏课程除了幼儿园常用的教学方法外，作为体育教学又具有自身的教学方法，例如以比赛活动为主的体育教学方法（比赛法、游戏法、情境法）③。根据3—6岁幼儿认知发展特点，本研究中幼儿园足球游戏课程教学过程除采用基本的教学方法外，主要以游戏教学法、启发式教学法和情景式教学法为主。

（一）游戏教学法

游戏是发展适宜性实践理论的核心，也是幼儿园足球游戏课程的主要教学方法。

与一般性的体育游戏相比，适宜性足球游戏是高水平的游戏、尊重幼儿主体地位的游戏、教学与游戏相融合的游戏、需要教师有效干预的游戏。游戏的创设与运用需要将教学与游戏融为一体，在教学过程中实现课程目标；

① 陈芬萍.课程与教学论新编[M].合肥:安徽大学出版社，2012:117.
② 柳阳辉.学前教育学教程[M].上海:复旦大学出版社，2015:97-98.
③ 周登嵩.学校体育学[M].北京:人民体育出版社，2005:127-128.

游戏的创设与运用需要为幼儿创造良好的学习环境，最大程度调动幼儿参与的积极性；游戏的创设与运用需要遵循幼儿身心发展的规律，保障幼儿的健康发展。此外，课程实施过程中教师应有效干预游戏过程以促进幼儿的游戏向更高水平发展，而不是简单地放任幼儿游戏或者惩罚幼儿不能游戏。其中，游戏教学法的应用主要包括游戏的创编、游戏的选择、游戏的控制等环节。

（二）启发式教学法

启发式教学是教师针对幼儿个体的经验以具体事例引导幼儿做出思考进而完成实践活动，避免了强制性、指令性的教学问题。启发式教学要求教师了解幼儿的认知发展特点和课程的性质，预设描述性且易懂的开放性问题，合理利用提问的技巧。

通过教师的启发式提问，幼儿可以根据自身的经验进行思考、判断进而生成信息并做出相应的实践活动。此外，幼儿园足球游戏课程中除了采用提问式启发外，还应灵活运用直观式启发、比喻式启发等形式最大程度地调动幼儿主动思考的能力，实现最优的课程教学效果。

（三）情景式教学法

情景式教学法是教师在教学过程中，有目的地创设具有一定情绪色彩的、生动具体的场景，吸引幼儿由态度体验到实践体验，进而帮助幼儿理解学习内容以达到促进幼儿心理机能发展的目的。幼儿园足球游戏课程在部分内容设计及教学过程中以某动画片的故事为蓝本，为幼儿创设学习情景，满足了幼儿多方面的需求，主要包括体验的需求、认可度的需求、玩游戏的需求、参加社交活动的需求等等。此外，还采用新颖的游戏道具、设置园外主题教育活动等形式，营造丰富多彩的教学情景，激发幼儿参与活动的积极性。

第五节 幼儿园足球游戏课程评价

课程设计的效果如何？如何评价？如何发现问题并及时解决？都将是课程设计时考虑的问题。课程评价为课程实施者完善课程、提高课程质量提供了有效信息，并为相关部门、研究者鉴定课程方案提供决策依据。

一、幼儿园足球游戏课程评价的目的

课程评价的目的是评价工作首先要明确的问题。总体而言，课程评价的总目的是为现有课程的发展和完善，或为开发新的课程提供依据[①]。幼儿园足球游戏课程评价目的具体表现为：一是了解幼儿实际发展状况，帮助教师有针对性地根据幼儿特点、个体差异以及自身需要，决定教育活动的目标、内容、活动形式等；二是了解课程目标、内容、实施过程以及幼儿整体发展状况，进而评判课程对幼儿园教育目标和幼儿发展的适合度。

二、幼儿园足球游戏课程评价的内容

幼儿园课程评价的内容分为幼儿发展的评价和课程所有环节的评价两部分。就学前教育课程的目的而言就是促进幼儿的发展，因此，幼儿的发展状况和水平是衡量课程质量的主要指标。本研究对幼儿园足球游戏课程的评价内容主要是课程教学满意度评价以及粗大动作、身体素质、执行功能的发展水平评价。

三、幼儿园足球游戏课程评价的方法与手段

本研究在行动研究过程中，采用过程性评价和终结性评价相结合的评价

① 柳杨辉.学前教育学教程[M].上海:复旦大学出版社，2015:83-85.

方式，运用观察法、谈话法、测验法、问卷调查法等对幼儿园足球游戏课程的实施效果进行评价，以检验课程的有效性。

（一）观察法

观察法是指有目的、有计划地对评价对象进行系统和连续的考察、记录、分析，并对观测结果做出评价的一种方法[①]。幼儿园教育中的观察具有自然性，获得的信息真实可靠，能客观反映评价对象在自然状态下的成长过程。观察法需要评价者在具备一定专业知识的基础上具有明确的观察目的，善于观察、善于发现问题、善于记录，从而获得幼儿发展的有效信息。

（二）谈话法

谈话法是通过与幼儿面对面的交谈收集评价信息的方法。它具有观察法所不具备的特点，即了解幼儿在学习发展过程中难以用行为表现出的认知问题，进一步丰富观察资料。谈话法常用于收集关于幼儿态度、动机、自我认知等方面的信息，主要包括直接问答谈话、选择答案的谈话、自由问答的谈话、自然谈话等。

（三）测验法

测验法是指对幼儿粗大动作、身体素质、执行功能等方面的测量，它是幼儿园足球游戏课程内容评价的重要指标。

1.幼儿粗大动作测评工具：TGMD-2

粗大动作发展测试（Test of Gross Motor evelopment，TGMD）由美国学者Ulrich教授创编，主要用于评估3—10岁儿童粗大动作发展情况，具体分为位移性动作技能和物体操控技能[②]。其中，TGMD-2中的位移性动作技能包括跑、骑马跳、单脚跳、跨步跳、立定跳、滑步六个动作；物体操控技能包括击打固定球、原地运球、接球、脚踢球、肩上掷球、下手滚球六个动作[③]。位移动

① 施玉洁.幼儿教育学[M].北京：北京理工大学出版社，2018:170-171.

② 刁玉翠.3 ~ 10岁儿童基本运动技能发展与教育促进研究[D].华东师范大学，2018:40.

③ Da U. Test of gross motor development（Second edition）examiner's manual [M]. Austin TX:Pro~ed Publisher，2000:56.

作技能和物体操作技能测试原始满分均为48分，总分满分为96分。TGMD-2主要测评儿童粗大动作表现的过程，包含的动作丰富且测评简单易行，在世界各国的教学和科研中得到广泛应用，在多种族、多语言背景的环境下被证实具有较好的信效度①。目前，我国已有学者研制适合测评我国幼儿基本动作技能发展的工具，但信效度需要除作者外的其他研究者进一步检验方可正式推广应用。基于此，本研究在测评幼儿基本动作技能发展时采用TGMD-2测评工具。另外，对于有研究者质疑TGMD-2测评工具中缺少稳定性技能的指标，美国学者Ulrich在2019年华东师范大学体育与健康学院举行的第二届国际幼儿运动与游戏协会会议上指出，由于在完成位移性动作技能和球类技能时包含了稳定性的动作，所以TGMD-2测评工具中并未单独设计稳定性动作技能指标。

2.幼儿身体素质测试

2000年国家体育总局与10个相关部门对3—69岁的国民进行了首次全国性体质监测，并依据此次翔实数据在《中国成年人体质测定标准》的基础上，制订了《国民体制测定标准》以下简称《标准》，截至目前共进行了四次国民体质监测。2020年开展第五次国民体质监测工作，其中对幼儿身体素质测试指标进行了调整，测试项目包括握力、立定跳远、15米障碍跑、双脚连续跳、坐位体前屈、走平衡木六项指标。在《标准》中明确规定了各项指标的测试要求及评分标准（见附录1）。本研究将根据《标准》的要求，测试幼儿身体素质在干预前后的变化，验证幼儿园足球游戏课程在促进幼儿身体素质发展上的影响。

3.执行功能测评

执行功能被认为是人类认知活动的最高级过程，几乎体现了人的所有认知机能，且在学前阶段执行功能发展十分迅速②。因此，本研究中主要测量

① Webster E.K，Ulrich D.A.Evaluation of the Psychometric Properties of the Test of Gross Motor Development－3rd Edition[J].Journal of Motor Learning and Development，2017:1−25.

② 栾文双，王静梅，卢英俊.学前儿童执行功能研究综述[J].幼儿教育，2013（Z6）:81−85.

幼儿的执行功能，主要包括抑制控制、工作记忆、认知灵活度三部分。测试内容主要包括昼/夜Stroop任务、固定盒子任务、维度变化卡片分类任务等三项，具体测试方法见附录3。

（四）问卷调查法

问卷调查是一种常用的课程评价方法，可以帮助教师了解学生对课程的满意度、教学内容的难易度、教学方法的适宜性等问题。基于幼儿的认知特点，为避免幼儿因语言表达能力不强、易受暗示等因素影响评价的信度，本研究主要通过调查家长对幼儿的课程反馈，从侧面验证课程组织和开展的效果，进而了解幼儿对课程的满意度。

本章小结

本章主要从幼儿园足球游戏课程设计的理论基础、课程目标与内容的设计、课程实施与评价五个部分展开阐述（框架详见附录15），为后期实践研究提供了理论指导作用。具体而言，本研究将实用主义哲学、认知发展理论、发展适宜性实践理论与游戏理论以及动作发展理论作为幼儿园足球游戏课程设计的理论基础；将动作发展目标、认知发展目标和情感发展目标作为幼儿园足球游戏课程的目标；基于动作教育模式的感知–运动课程活动内容分类，将幼儿园足球游戏课程内容从身体横向交叉活动、身体左右对称活动、单侧身体活动和组合活动四大模块进行设计；将身心全面发展原则、兴趣先导与实践强化原则、差异性原则、为终身体育打基础的原则作为幼儿园足球游戏课程实施的原则；将课程教学满意度评价以及粗大动作、身体素质、执行功能的发展水平评价作为幼儿园足球游戏课程实施效果的评价内容。

第五章

幼儿园足球游戏课程的实践效果

社会研究中，研究者的任务不仅是收集资料，经验观察所得到的资料需要理论来解释；同样各种理论解释也需要经验事实检验。一种理论解释的发展包含两个相互联系的过程或阶段，即以归纳推理为标志的理论构建过程和以演绎推理为特征的理论检验过程①。基于之前的内容，本章节采用行动研究以课程实施者、参与者、研究者的身份对幼儿园足球游戏课程进行质性和量化相结合的评价，验证幼儿园足球游戏课程的实践效果。

① 风笑天.社会研究方法[M].北京：中国人民大学出版社，2018:37.

第一节　行动研究一：幼儿园足球游戏课程预实践研究

“行动研究”于20世纪30年代末提出，广泛应用于人文社会科学研究的诸多领域，以教育科学领域尤为突出。《国际教育百科全书》将其定义为：“由社会情境的参与者，为提高对所从事的社会或教育实践的理性认识，为加深对实践活动及其依赖的背景的理解进行的反思研究[①]”；埃利奥特（1982）则认为，行动研究是通过对社会实践情境的研究去提高该情景中的行动质量……行动研究的总过程——回顾、诊断、计划、实施和效果监控——为实践者自我评估和专业发展建立一个必然的联系[②]；与这一界定相似，行动研究之父——勒温，把行动研究看作实践者智慧和能力的结合，是一个螺旋演进的过程，包括计划-行动-观察-反思-计划的循环[③]。行动研究根源于实务工作者本身，后者对自身的工作情景或工作效益有所不满，希望通过研究为改善现状或解决问题找出实际行动的方式，并期望缩短在理论知识生产过程中由于缺乏务实工作者的参与而导致理论与运用间的落差之事实，它包括规划、行动、行动结果的事实发现等环节[④]。关于行动研究的探讨远不止上述几种观点，研究者归纳角度不同、定义各异，但从其定义中可以看出行动研究主要包含以下几个要素：研究主体上强调教师的参与、研究方法上强调用科学方

① Kemmis，S.Action Research in the International Encyclopedia of Education[J].Husen，1985（1）:35.

② Elliott J.Action-Research:A frame work for Self-evaluation in School[J].Work Paper，1982（1）:1.

③ 王攀峰.行动研究的理论与方法[M].北京：首都师范大学出版社，2013:68.

④ 范林明.质性研究方法[M].上海：上海人民出版社，2018:75.

法解决问题、研究目的上强调改进教育实践。通过以上分析，本研究中的行动研究通过基于发现问题的认识和对幼儿园足球游戏课程的现实需要分析，拟定解决方案，研究者以行动者和研究者的身份参与方案的实施以谋求问题的解决，最后对实践过程中的经验进行反思以达到教育实践的合理化和行动质量提高的目的。

幼儿是一个特殊群体，其个体行为特征和认知能力与大中小学生存在较大差异，对幼儿群体进行实践研究须提前了解幼儿以及幼儿所处的环境。只有真实、全面了解研究群体的现实状况才能制定符合幼儿需要、具有可操作性的实践研究计划。因此，在正式实践研究前进行了为期8周的预实践研究。

一、预实践研究的计划

行动研究计划的设计需要明确以下几点：行动研究的问题、对象、内容、方法以及时间等要素，使研究者清楚为何行动、和谁行动、行动的内容、如何行动。本文预实践研究计划的设计包括以下步骤：

（一）明确行动研究问题

行动研究计划的设计，需要明确哪些研究问题有待解答。一般而言，明确行动研究问题需要研究者本身清楚“想知道什么”“已知道什么”，进而通过行动研究后“期望发现什么”①。

1.研究者想知道什么

（1）不同年龄段幼儿的身体、心理、社会适应以及动作发展特征有何不同？

（2）不同年龄段幼儿在幼儿园接受幼儿足球教育的程度如何？

（3）不同年龄段幼儿对幼儿园足球游戏课程的接受程度如何？

（4）幼儿家长对幼儿参与实践研究的态度如何？

（5）幼儿家长对家、园、社联动模式促进幼儿园足球游戏课程开展态度如何？

---

① 舒川.全人发展视野下学龄前残疾儿童运动康复课程理论与实践[D].福建师范大学，2017:146.

（6）本研究选择的量化测量工具是否具有可操作性？

2.研究者已知道什么

（1）通过查阅相关文献，掌握了不同年龄段幼儿的身心、认知发展特点以及国内外幼儿园足球课程研究现状；

（2）实践研究所在幼儿园基本情况：幼儿园等级、师资状况（幼儿体育教师）、班级数量、体育场地及器材设施等；

（3）幼儿园园长、教师对行动研究的态度和支持力度；

（4）采用的测量工具适合幼儿群体，且测量工具的信效度经过检验。

3.研究者期望发现什么

（1）走进幼儿游戏世界，了解不同年龄段幼儿的足球游戏呈现方式；

（2）幼儿园足球游戏课程内容和教学方法的设计是否符合不同年龄段幼儿的特点；

（3）通过研究者的参与式观察、教师和家长的反馈，了解幼儿园足球游戏课程对幼儿各方面的影响；

（4）幼儿家长对行动研究的态度和支持力度；

（5）模拟测量操作的具体过程，判断采用的测量工具是否具有可操作性（见表5-1）。

表5-1　预实践研究计划进度

周次	研究时间	行动对象	行动内容	研究方法
第1周	6月29日－7月3日	幼儿园	全面了解实验幼儿园基本情况；确定幼儿园体育场地、器材设施满足行动研究的条件	访谈法 观察法
		园长及教师	与幼儿园园长及教师沟通，为活动设计提供建议或意见，了解其对行动研究的态度及支持力度	
第2周	7月6日－7月10日	幼儿	跟班上课，了解不同年龄段幼儿的特点；	观察法 教育日志法 访谈法
		家长	与家长沟通，掌握幼儿的基本情况，听取其对行动研究的态度；签订知情同意书	

续表

周次	研究时间	行动对象	行动内容	研究方法
第3–6周	7月13日–8月7日	幼儿	开展教学活动以观察幼儿在幼儿园足球游戏课程中的表现；完善活动设计及教学方法，进一步提高行动质量	实验法 观察法 教育日志法
第7周	8月10日–8月14日	幼儿	采用选定的测量工具对幼儿进行测试，熟悉测量流程及检验测量工具的可操作性	观察法 教育日志法
第8周	8月17日–8月21日	教师 家长	与幼儿园教师、家长沟通，了解幼儿参与行动研究的前后变化；听取其对行动研究的建议	访谈法 教育日志法

（二）确定研究对象

本文中行动研究的对象是幼儿园足球游戏课程实践效果研究，随机选取大中小班各1个班级开展预实践研究。当然，构建家、园、社联动的幼儿足球游戏活动发展模式离不开周围环境的支持，幼儿园园长与教师、家长的态度和行为都将直接影响幼儿足球兴趣的培养。

（三）选择研究方法

本文在预实践研究中主要采用行动研究法，它是一种方法群的呈现，包括观察、访谈、实验等方法。

（四）确定研究时间

预实践研究的时间为8周，时间为2020年6月29日—2020年8月21日。需要说明的是实验幼儿园为私立性质，开设暑假托管班为预实践研究提供了时间支持。具体时间安排如表5–1所示。

二、预实践研究的行动与观察

执行预实践研究计划关键在于实施环节。前期通过对行动研究背景、行动对象、行动内容的阐述为行动研究提供了实施路径，而后针对不同行动对象开展预实践研究。需要强调的是，行动的过程也是观察的过程，目的性观察对行动研究反思环节提供了必要支撑。

（一）步骤一：了解嘉兴市庆安清华府邸幼儿园

嘉兴经济技术开发区庆安清华府邸幼儿园是2011年开办的一所私立幼儿园，目前是浙江省二级幼儿园（2020年9月申请省一级幼儿园）。幼儿园位于嘉兴赞成清华府邸小区内，地理位置优越，交通便利。占地面积2820平方米，其中建筑面积2602平方米，是嘉兴市首批公益性幼儿园。园内建筑安全卫生，环境优美整洁。幼儿园现有11个班级，386名幼儿，43名教职工（专职教师22名，其中专职男体育教师1名）。幼儿园拥有一支团结进取、业务水平较高的保教队伍，均持证上岗。

1.办园特色

幼儿园办园宗旨："把最宝贵的给予儿童、让每个幼儿都得到发展。"在"探索适宜幼儿成长教学，创普惠民办优质特色园所"的办园理念引领下，一是积极打造"完整儿童活动课程下幼儿园'悦绘'美术课程园本化"的办园特色；二是在健康领域融入"足球"健康体能活动，注重幼儿体质发展，树立幼儿园体育名片，2019年其被评为全国首批足球特色幼儿园。另外，该园严格贯彻执行幼儿教育方针、政策，根据《3—6岁儿童学习与发展指南》幼儿园等级评估标准的要求，坚持从幼儿发展的特点和需求出发，培养幼儿健全人格作为核心，着力于创设适宜性的游戏化、生活化、个性化的多元环境，注重人文熏陶，让幼儿在充满关爱和探究的和谐氛围中共同快乐成长。

2.体育资源优势

行动研究所在幼儿园的体育资源优势主要体现在高标准的体育师资配置、高质量的幼儿教师体育素养培训、标准化的体育场地设施等方面。

专职幼儿体育教师岗位设置体现了幼儿园对幼儿体育发展的高度重视。据报道，我国幼儿体育师资严重不足，有近100万的人数缺口，近25万所幼儿园中95%的幼儿园没有专职体育教师，95%的体育教师是非专业出身，

95%的体育教师为女性[①]。而行动研究所在的幼儿园拥有1名男专职体育教师，虽然是学前教育专业背景，但访谈中得知他平时喜欢体育运动，特别酷爱足球运动以及热爱本职工作。1名男专职体育教师、1次/班/周体育课的师资与课程设置在全国幼儿园中也可谓高配置。同时，幼儿园通过培训、送教活动等不同形式，注重提升专职幼儿体育教师的业务素养。例如，专职幼儿体育教师周龙佳老师分别参加了嘉兴市第五届幼儿体育大会幼儿小篮球比赛教练员培训班、幼儿园园长足球培训，多次参加篮球送教活动、足球送教活动，多次参加幼儿园户外体育游戏与运动教学观摩活动。

另外，幼儿园注重培养普通教师体育素养，为幼儿体育活动的顺利开展培养了良好的师资队伍。例如，李新月、于影老师参加了嘉兴市第五届幼儿体育大会幼儿健身操舞比赛教练员培训班，吴迎亚老师参加了嘉兴市啦啦操教练员、裁判员培训，吴丹等老师参加了幼儿园音乐、体育活动设计实施交流研讨会，吴迎亚等老师参加了经开区幼儿园体育教学研讨活动，蒋明娟和吴丹等老师参加了经开区幼教学科健康领域教学研讨活动，曹金凤老师参加了2018年浙江省幼儿体育与健康发展论坛等。由此看出，该幼儿园重视教师在幼儿体育方面的业务发展，体现了幼儿园较高的幼儿体育师资，更体现了幼儿园重视幼儿健康发展的教育理念。

标准化的体育场地配套为幼儿体育活动提供了良好的保障。行动研究所在的幼儿园体育运动场地1420平方米，其中塑胶场地1160平方米，水泥场120平方米，天台塑料垫140平方米，户外活动场地人均面积3.7平方米，远远高于相关政策规定的人均2平方米。此外，幼儿园在幼儿足球场地、玩教具配备上较为充足。其中，足球场地1块，足球60个、标志盘60个、标志桶12个、训练背心20件、绳梯2个、球门2个。充足的户外活动场地为幼儿户外活动以及课堂中的幼儿体育活动提供了良好的条件保障。

---

① 全国幼儿体育发展研究中心落户成都大学，幼儿园将有专业体育老师[EB/OL].成都商报.（2017-07-11）[2022-04-03].http://wemedia.ifeng.com/21877778/wemedia.shtml.

3.幼儿足球开展的优势

行动研究所在幼儿园自2015年开始在大中班开展幼儿足球活动，经过近五年的发展构建了幼儿园“足球”游戏化教学园本课程，并取得了一定成绩。下面就幼儿园足球园本课程建设、内容选择以及取得的成绩进行简单介绍。

幼儿园“足球”游戏化教学园本课程，主要包括足球文化课程、选择性课程、室外游戏课程三个方面。一是足球文化课程。幼儿园注重多种形式的幼儿足球文化培育。例如，通过足球文化廊，叙述足球的起源；通过足球游戏廊，悬挂孩子和老师共同研发的足球游戏照片；通过足球畅想廊，展示幼儿的想象画并让幼儿在绘画中感受到对足球的挚爱、对足球的憧憬。二是选择性课程，它主要来源于两个方面。一方面是在教师开发足球活动中相对成熟的教学活动，如：年级组的一课三议、园内优秀足球案例设计及向园外展示精品课等；另一方面是在实施课程过程中教师和幼儿联合创造的教育经验，这些经验带有不可预知的生成性。选择性课程体现了课程的灵活性和适宜性，更多地体现了班本的特点，同时对幼儿而言又体现了课程的个性化特点。三是室外游戏课程，包括混龄足球活动和幼儿足球嘉年华两个部分。混龄足球活动：利用混龄环境培养幼儿合作行为是幼儿园的重要教育目标之一，为此，幼儿园经常组织大小年龄幼儿在一起合作足球游戏。根据大年龄幼儿和小年龄幼儿不同的身心发展特点，创设了游戏情景，以激发他们共同参与游戏活动的兴趣。幼儿足球嘉年华：在有目的地组织幼儿参与体育活动和户外活动的基础上，提高家庭参与体育活动的兴趣，使幼儿身体得到锻炼、体质得到增强，从而推动幼儿园健康特色活动的开展。

幼儿园在立足园内幼儿足球发展的基础上，积极为幼儿营造园外足球展示的机会并取得了较好的成绩。例如浙江省幼儿体育大会幼儿足球6人绕杆接力、颠球二等奖、浙江省幼儿体育大会幼儿足球6人射门、绕桩传球、PK赛三等奖、浙江省幼儿体育大会幼儿足球表演大赛三等奖、嘉兴市首届幼儿校园足球联赛三等奖、首届“优优城南杯”幼儿足球嘉年华系列活动一等奖、嘉兴市第二届幼儿校园足球联赛二等奖、嘉兴市第一届幼儿足球超级联赛东部冠军、嘉兴市第一届幼儿足球超级联赛总决赛冠军、嘉兴市第二届幼儿足球超级联赛东部冠军、嘉兴市第二届幼儿足球超级联赛总决赛亚军、嘉兴市第三届幼儿校园足球联赛二等奖、嘉兴市第五届市民运动会幼儿体育大会幼儿亲子足球表演大赛一等奖、2017年南湖区幼儿足球苗子赛第三名。

（二）步骤二：基于教师的深度访谈

获得幼儿园园长的信任以及许可是进入幼儿园开展行动研究的前提条件。2011年研究者的孩子在该幼儿园读书，其间与园长、教师建立了良好的关系，为研究者顺利进入幼儿园创造了良好的条件。2019年11月20日，通过电话沟通获得进入该园与园长面对面交流的机会，参加交流人员包括该园园长陆学英、幼儿体育教师周龙佳、幼儿教师代表章婷和研究者。

交流的内容具体包括：①幼儿园是否同意与研究者共同开展行动研究以提升幼儿足球活动质量；②在取得园长同意的前提下，研究者介绍行动研究的计划，具体包括行动研究的时间安排、活动内容（园内、园外）、实验班级与对照班级选取、测试内容与安排、上课教师与测试人员安排等内容；③幼儿园开展行动研究需要的体育器材情况；④幼儿足球拓展活动形式以及信息反馈渠道分析。

通过交流得知，陆园长非常乐意通过幼儿足球活动的行动研究提升该园的幼儿足球活动质量，同时借助幼儿足球特色树立幼儿园体育名片，期望达到宣传与扩大招生的目的。另外，在交流的过程中，陆园长将该园近年来获得的省市幼儿足球竞赛奖牌展示给研究者，希望研究者通过行动研究进一步提升幼儿的足球水平，获得更好的比赛名次（在参观幼儿园体育场地、器材设施的时候，园长再次提及嘉兴市经济开发区没有组织幼儿足球比赛，没有给孩子展示的机会）。针对上述问题，研究者向园长再次介绍了行动研究的初衷，即通过幼儿园足球游戏课程培养幼儿的足球兴趣，增强体质，促进幼儿动作、社会情感的全面发展。而不是通过“专项化”的教学练习模式，以参加足球竞赛获得奖项为目的。经过再次交流，陆园长接受了研究者的观点，但也提出了幼儿园发展的困难。由于家长不清楚幼儿足球开展的目的，追求功利化的思想较为严重，而幼儿园为迎合家长的需求会尽可能多地参加幼儿足球比赛，以获得好的名次博得家长的支持。针对园长的顾虑，研究者希望通过动作发展关键期的理论知识讲解获得家长对幼儿足球活动开展目的的认识。

该幼儿园2019年被认定为全国首批幼儿足球特色幼儿园，在体育场地、器材设施等方面满足行动研究的条件。但缺少幼儿体质、动作发展等测试器材或工具，需要研究者自行准备。针对幼儿足球拓展活动形式，陆园长及教师提出了较好的建议：园外家庭幼儿足球活动、班级幼儿足球亲子活动以及幼儿足球嘉年华三种形式。针对园外家庭幼儿足球活动的信息反馈，建议通过各班级微信群或QQ群将活动视频上传展示，每周至少三次。针对研究者对幼儿足球拓展活动开展形式及信息反馈的顾虑，园长表示该园前期已建立了良好的活动展示形式以及信息反馈渠道，家长会积极配合确保幼儿足球拓展活动的顺利开展。

（三）步骤三：了解不同年龄段幼儿的日常生活特点

本研究中的行动研究以不干扰幼儿园正常教学及其他事宜为前提条件。由于幼儿园2020年下半年为迎评省一级幼儿园，模拟评估活动安排在上午时间段，因此，行动研究安排在下午教学时间段进行。根据幼儿园日常教学时间安排：14:30午休结束→起床整理→下午茶点→教学时间→16:00离园。考虑到不同年龄段幼儿的特点，研究者以参与者和观察者的身份对实验班幼儿进行观察，为后期行动研究的具体教学时间安排提供依据。

小班：幼儿27名，教师2名，教辅人员1名。14:30幼儿开始起床整理，整理好的幼儿坐在小椅子上。一名教师管理和维持秩序，同时为女幼儿梳头发；一名教师为幼儿准备下午茶点，教辅人员在帮助幼儿穿衣、整理完被褥后参与茶点准备工作。幼儿全部起床整理完毕后分成五组，坐在桌子前准备茶点，其间教师按照部分幼儿食品过敏情况合理分组。教师分发餐具、下午茶点（酸奶1大盒，水果叮——火龙果、芒果、哈密瓜，巧克力末），幼儿轮流盛下午茶点（部分幼儿需要教师或教辅人员帮助），每组幼儿盛完后教师拍照上传家长群，然后幼儿开始品尝下午茶点。15:20幼儿用餐完毕。

中班：幼儿30名，教师2名，教辅人员1名。14:30幼儿开始起床整理，整理好的幼儿坐在小椅子上。一名教师管理和维持秩序，一名教师为幼儿准备下午茶点，教辅人员在帮助幼儿整理完被褥后参与茶点准备工作。幼儿全部起床整理完毕后分成五组，坐在桌子前准备茶点。教师分发餐具、下午茶点（酸奶，饼干），每组幼儿准备好后教师拍照上传家长群，然后幼儿开始品尝下午茶点。15:00幼儿用餐完毕。

大班：幼儿28名，教师2名，教辅人员1名。14:30幼儿开始起床整理，整理好的幼儿坐在小椅子上。一名教师管理和维持秩序，一名教师和教辅人员为幼儿准备下午茶点。幼儿全部起床整理完毕后分成五组，坐在桌子前准备茶点。教师分发餐具、下午茶点（酸奶，红糖枣糕），每组幼儿准备好后教师拍照上传家长群，然后幼儿开始品尝下午茶点。14:50幼儿用餐完毕。

图5-1　研究者走进班级现场

根据幼儿园的实际情况、不同年龄段幼儿行为特点以及运动前注意事项，确定幼儿大中小实验班级的行动研究教学时间安排为大中班30分钟/次，小班

20分钟/次。具体安排为：周一大班15:00—15:30、小班15:35—15:55；周三中班15:10—15:40、小班15:45—16:05；周五大班15:00—15:30、中班15:35—16:05。

（四）步骤四：基于家长的深度访谈

家、园、社联动是促进幼儿全面发展的教育共通模式，其中家长的认知、支持和参与对幼儿体育活动的开展具有重要影响。本研究中与幼儿家长的沟通交流方式有两种：一是借助班级家长会宣讲幼儿足球游戏活动的目的、内容、方法。二是利用家长接送幼儿时间访谈幼儿家长，获得相关信息。在园长的介绍下，研究者很快融入与幼儿家长的交流中。其中，家长以隔代亲人为主，部分幼儿父母。访谈中获知，家长非常乐意幼儿参加幼儿足球活动，帮助幼儿增强体质，从活动中获得快乐。但也有部分家长担心幼儿在活动过程中的安全问题，天气炎热是否导致幼儿中暑，该项行动研究是否只是兴趣班的形式开展以及自己的孩子是否也能参加等问题。针对上述问题，研究者一一进行了解答。

图5-2　研究者与实验班幼儿家长交流现场

特别指出，行动研究是在幼儿园的正常教学范围内，幼儿家长可以自愿选择幼儿是否参与此次行动研究，研究者与幼儿园确保行动过程中幼儿的安全问题，同时希望在幼儿足球拓展活动中得到家长的积极配合。同意幼儿参加行动研究的家长均填写了知情同意书（见附录5），同时为保证行动研究的伦理规范性特向嘉兴市第一医院医学伦理委员会提出申请报告并获批（见附录6）。

（五）步骤五：实施并完善幼儿园足球游戏课程

教学过程亦是行动研究中收集研究资料的过程。本部分研究者通过实施幼儿园足球游戏课程干预方案，收集研究资料为后期正式行动研究提供文本。干预方案的成功与否需要教学实践的检验。另外，研究者面对特殊的幼儿群体，原有的教学理念、教学方法、教学环境、教学过程等是否适合幼儿都需要实践教学一一解答。

在预实践教学中，课堂管理是干预方案顺利实施、效果达成度的关键。有效的课堂管理关系到小到每节课课堂教学内容的完成度、运动密度的高低，大到实验周期干预的效果。针对幼儿特殊群体认知特点的年龄差异，课堂管理亦存在管理措施的不同。小班幼儿认知能力较低，教师时常一个指令要下达几次后小朋友才能做出动作，动作完成后易出现“站在原地不动”现象，造成课堂有效时间利用率较低、运动密度较低等问题；大中班幼儿则更为活泼好动，教师往往出现多次利用口哨才能控制活动场面，出现秩序混乱现象，造成课堂有效时间利用率较低、教学活动秩序混乱、活动任务完不成等问题。解决方法为：一是场地贴画帖，每名幼儿一画帖；二是针对大中班幼儿强调听哨音指令喊口号，例如教师吹口哨，幼儿喊1、2并成立正姿势，听教师下一指令；三是要求班级教师跟班上课，一方面帮助维持课堂纪律保障活动期间幼儿的安全性，另一方面带动幼儿参与活动的积极性进一步增进幼师情感交流并培养自身体育素养。

教学过程是干预方案成功与否的重点，主要包括课堂教学时间、课堂教学内容。干预方案中的小班每节课教学时间为20分钟，大中班为30分钟，教学活动均安排在下午。经过前期跟班观察发现，午睡14:30结束后大中小班幼儿起床时间、加餐时间、整理时间各异，大中班幼儿用时较短、小班幼儿时间较长，因此下午第一节活动课首先安排大中班幼儿。然而，从教学班级到教学场地集中的时间间隔较长，影响教学时长进而出现教学任务未完成的现象。活动内容的安排同样影响教学任务的完成度。预实践研究发现，课堂活动内容过多受多种因素影响而出现完不成现象，原因主要是幼儿集合时间过长占用教学时间、幼儿的接受程度不同等。解决方法为：一是与实验班教师沟通，要求大中班提前十分钟起床，准时在活动场地集合；小班要求提前十分钟在活动场地集合；二是小班幼儿课堂活动内容安排1项，大中班幼儿活动内容安排1—2项。另外，室外教学活动受到天气影响较大，教学活动无法得到保障。经过与幼儿园园长沟通协调，多功能厅教室用于实验班、对照班开展雨雪天气的幼儿足球教学场地。

图5-3　预实践教学活动现场

预实践研究还发现，小班幼儿前期未接触过足球活动，但实验过程中发现小班幼儿乐意参加幼儿足球游戏活动，活动积极性高，喜欢与同伴分享足球游戏带来的快乐。大中班幼儿前期参加过幼儿足球课程教学，对幼儿足球认知度较高，但更乐意参与幼儿足球游戏且参与面更广。师生关系上表现更为融洽，喜欢与教师交流参与幼儿足球游戏体会，提出游戏创新性玩法；幼儿关系上表现更为亲密，互相交流游戏中出现的各种问题，同时具有竞争性、合作性。

（六）步骤六：熟悉测试流程及检验测量工具的可操作性

本研究中选用测量幼儿粗大动作、身体素质、执行功能的工具或方法分别为TGMD-2、国民体质测定标准手册（幼儿部分）、执行功能测试方法。其中，幼儿粗大动作测量两项内容：身体移动能力（跑、骑马跳、单脚跳、跨步跳、立定跳远、侧滑步）和物体操控能力（击打固定球、原地运球、接球、脚踢球、肩上掷球、下手滚球）；身体素质测量主要包括第四次国民体质监测（幼儿部分）中的10米折返跑、立定跳远、网球掷远、双脚连续跳、坐位体前屈、走平衡木和第五次国民体质监测（幼儿部分）中的握力；执行功能主要测试抑制控制、工作记忆、认知灵活度三项内容。

测试小组成员包括研究者在内的体育教师6名、学生10名。为保证每名测试员熟悉各项测试工具或方法及测试流程，测试前研究者均对测试成员进行系统培训。

1.粗大动作测试培训及预测试

（1）培训流程：研究者介绍TGMD-2测评工具→测评小组成员观看测评录像、研究者讲解测评标准→研究者现场演示测评过程→测评小组成员实操测评（一人演示动作，其他测评员评分）→小组讨论、疑难解答。具体评分标准为：每个动作有3—5个动作标准，幼儿每出现一个动作记1分，未出现记0分，各项得分相加为该动作总得分，每个动作测评两次。

（2）测评小组成员分组：测试共分3组，每组测评4个动作，3组循环测试；每组测评员包括1名教师、3名学生，其中教师负责向幼儿演示动作，1名学生负责带队组织，1名学生负责测评器材准备工作，另1名学生负责正面录制幼儿动作视频。

（3）两组幼儿预测试顺序：预测试顺序为小班、中班、大班。

（4）测评员打分效度检验：为排除干扰因素，参加打分的测评员为除去现场测评的老师和学生共2名，研究者本人不参与测评打分。经过相关度检验显示，2名测评员打分具有较高的效度。

图5–4　粗大动作测试培训

2.身体素质测试培训及预测试

（1）培训流程：研究者介绍国民体质测定标准手册（幼儿部分）→研究者现场演示测评过程→测评小组成员实操测评（一人演示动作，其他测评员测试、记录）→小组讨论、疑难解答。具体测试方法见附录1。

（2）测评小组成员分组：测试共分3组，每组测评2—3个动作，3组循环测试；每组测评员包括1名教师、3名学生，其中教师负责具体测试，1名学生负责记录，1名学生负责带队组织，1名学生负责测评器材准备工作。

（3）两组幼儿预测试顺序：预测试顺序为小班、中班、大班。

图5–5　身体素质测试培训

3.执行功能测试培训及预测试

（1）培训流程：研究者介绍执行功能测试方法→研究者现场演示测评过

程→测评小组成员实操测评（一人演示，一人测评）→小组讨论、疑难解答。

（2）测评小组成员分组：测评员共10名，执行功能测试采用一对一测试，每名测评员测评1名幼儿。

（3）两组幼儿预测试顺序：预测试顺序为小班、中班、大班。

经过系统性培训，测评小组成员均能严格按照测试要求完成预测试，各测量工具均具有可操作性。

图5–6　执行功能测试培训

（七）步骤七：基于教师和家长的反馈归纳

家园联动是幼儿教育高质量发展的重要保障。预实践研究结束后及时获取教师、家长关于干预方案的建议或意见，对于研究者完善干预方案、更好地实施教学活动、提高干预效果以及促进幼儿健康发展起到重要作用。

幼儿园教师作为园内与幼儿相处时间最长的教育者，幼儿参加足球游戏后反应的倾听者、干预方案见证者，她们最有发言权。

实验园小班冉老师：我们班的小朋友都非常喜欢幼儿园足球游戏课程，参与积极性高涨，并且通过跟班上课发现班级里的小朋友喜欢与上课教师交流，平常班级教学中小朋友时常提及教师名字并把他当作自己的好朋友；在没有幼儿足球课的时候，小朋友会问“为什么今天老师不给我们上课”“什么时间能上足球课”。

实验园中班虞老师：小朋友在其他教学活动中会联想到足球并做出相应

的行为，例如区域活动中会把一个物体当作足球进行踢的动作、掷的动作；绘画课上小朋友会画出不同颜色、不同形状的足球，画出与小朋友一起玩耍足球的场景等等；幼儿园教师在班内讲故事时，小朋友会联想到玩耍足球的画面并能较为完整地分享故事过程。

实验园大班章老师：班级里的小朋友参加幼儿足球游戏活动后表现得更活泼好动、开朗，更愿意与同伴、教师交流；时常发现小朋友们会聚在一起讨论足球课上学到的内容，也会为课堂上谁的表现好争论不休。

另外，教师对研究者本人、干预方案实施过程也提出了几点意见：①研究者在活动课堂管理过程中语言表达要谨慎，避免幼儿在向家长传达过程中出现误解本意。②在活动过程中，幼儿下一动作等待时间过长的情况下可以安排静态性的练习，例如规定幼儿完成动作后排到原先位置练习单脚平衡站立，自己数数完成5—10秒的时间。③研究者可以要求实验班幼儿教师全程随班上课。目的有二：一是辅助维持课堂秩序、保障活动安全；二是共同参与足球游戏增进师生间感情，培养体育爱好、增强体质。④建议干预结束前利用高校体育资源组织一场幼儿亲子足球活动，充分体现家园社联动的教育价值。

家庭对幼儿参与体育活动起到至关重要的作用。通过访谈幼儿家长发现，园外幼儿与家长关于幼儿足球活动主要包括语言交流和行动交流。

小朋友王××的妈妈：我家的小朋友每次上完足球课回家后，就会告诉我今天上课的老师带我玩足球的场景，而且还在玩足球的过程中和班级里的谁谁变成了好朋友，更重要的是在家里喜欢看足球相关的动画片、卡片。

小朋友袁××的爸爸：幼儿园要求家长每周上传三次踢足球的视频后，我家的小朋友每天放学回家后就拉着我陪他一起踢足球。每次看到儿子踢足球开心的样子，我们都非常的高兴，希望以后每天坚持陪儿子踢球吧。

另外，预实践结束后前期未填写知情同意书允许幼儿参与教学实验的家长主动要求参与。原因有二：一是幼儿要求家长同意参加幼儿足球游戏活动，不想被其他小朋友孤立，喜欢与其他小朋友玩耍分享快乐；二是家长通过预实践研究过程的看、听进而打消了实验研究所带来的担忧，认同参加幼儿足球游戏给幼儿带来的正面影响。家长层面均表示亲子足球活动增强了亲子关系，幼儿更喜欢与共同活动的家长交流、玩耍、分享快乐，更乐意与共同活动的家长参加其他亲子活动；另外，家长认为参加幼儿足球游戏活动可以增加幼儿食欲、提高幼儿睡眠质量，大中班幼儿更懂得分享与合作。

三、预实践研究的反思

预实践研究中分析研究资料主要针对过程中出现的现象采用定性分析，正式实践研究中将采用定性与定量相结合的方式来分析研究资料。教学反思贯穿于行动研究的整个过程，是行动研究的重要环节。在预实践研究中，我们收获了一些重要的信息，主要包括了解了幼儿园的详细情况、走进了幼儿的班级生活、实施了课程的初步计划、感受到了幼儿园对课程的支持等，但从课程论的角度分析仍然发现原有计划存在不足之处。

（一）原有计划的不足之处

1.课堂管理的有效性偏低

有效的课堂管理关系着课程的教学效果。由于行动研究者为高校教师，教学对象的转变导致了教师在教学过程中对课堂管理的把控存在一定的问题。例如，小班幼儿认知能力较低，教师时常一个指令要下达几次后小朋友才能做出动作，动作完成后易出现“站在原地不动”现象，造成课堂有效时间利用率较低、运动密度较低等问题。

2.课程内容可操作性较低

教学内容的适宜性是幼儿持续参加体育活动的原动力，更是促进幼儿健康发展的内容保障。预实践研究中发现，堂课教学任务出现了未完成的现象，原因主要包括幼儿集合时间过长占用教学时间、幼儿的接受程度不同、教学活动内容偏多等。

3.家长参与积极性不够高

家庭教育是促进幼儿发展的基础，幼儿足球拓展活动中的亲子活动参与度则反映出家长的积极程度。预实践研究中，园外家庭幼儿足球活动的信息反馈途径包括通过各班级微信群或QQ群将活动视频上传展示，频率为每周至少三次。统计结果显示，上传亲子活动视频的较少，家长的参与积极性不高。

4.测试环节的规范性有待进一步加强

教学活动评价是完整教学的重要环节，起到反馈、甄别、筛选的作用。预实践研究中，干预效果评价内容包括粗大动作、身体素质、执行功能等三项，测评工具的可操作性较好，测评员工作较为认真。但在如何提高测试效率、如何激发幼儿完全展示各项能力、如何规避测试环境的影响等等都将是研究者在正式实践研究中必须解决的问题。

（二）行动研究计划的调整

在行动研究结束后，研究者需要针对教育教学活动进行追溯性反思，根据行动的过程和结果判断对有关现象和原因做出解释性分析，并及时调整行动计划、凝练教学经验，提高教师实践能力以及行动研究质量的目的。研究者通过预实践研究过程中存在的各种问题进行剖析，依据相关理论解释性分析以寻求合理的解决策略，进一步完善行动研究计划。

1.转变原有教学方式方法，提高学前教育知识素养

研究者须认真总结课堂管理经验，在不失活跃课堂气氛、遵循不同年龄段幼儿认知特点的前提下有效把控课堂纪律，保障教学任务顺利开展和教学效果的提高；教师在课堂管理过程中应改变原有的方式方法，做好幼儿教师与幼儿朋友的角色转换，注意语言表达的亲和性、谨慎性。

2.调整课堂教学内容量，增加教学的游戏性

通过预实践教学，在教学内容上进一步增加幼儿足球的游戏性，针对不同班级教学时间安排及时调整教学内容量，小班每节活动课为1个游戏内容，大中班安排1—2个游戏内容。另外，与实验班教师沟通，要求大中班提前10

分钟起床，准时在活动场地集合；小班要求提前10分钟在活动场地集合。

3.合理采用激励措施，激发家长参与的积极性

针对家园联动中存在家长参与性不高的问题，要求家长及时上传亲子足球活动，并给予上传视频幼儿“小红花”等奖励以增强幼儿的荣誉感，提高家园联动的效果；同时利用家长班会再次宣讲幼儿亲子活动对幼儿全面发展重要性的认知度。

4.规范测试流程，提高团队专业水平

针对测评工作中部分测评员评价效果的问题，再次对其进行测评辅导并强调测试操作的准确性、严谨性直接关系实验的成败，要求树立严谨的科学研究态度；同时，要求测评员提高与幼儿的沟通能力，营造良好的测试环境以激发幼儿测试的能力展现。

第二节　行动研究二：幼儿园足球游戏课程实践研究

幼儿园足球游戏课程行动研究是一个螺旋式不断发展的过程，幼儿园足球游戏课程理论需要通过实践不断完善。预实践研究结束后，针对已掌握的信息以及预实践研究过程中发现的问题，对幼儿园足球游戏课程的理论设计进行了修改及完善，并最终实施为期16周的幼儿园足球游戏课程实践研究。

一、实践研究的计划

在制定实践研究计划时，按照“明确研究问题—确定研究对象—选择研究方法—确定研究时间”这一路径来制定行动计划。预实践研究中，研究者已对幼儿园足球游戏课程有了较为全面的了解，并掌握了幼儿园、教师、幼儿等相关信息，因此在制定实践研究计划时关注点从课程的表面信息转移到

更深层次的实验设计和理论实施过程之中。

（一）明确研究问题

1.我想知道什么

（1）幼儿在幼儿园足球游戏课程中有何表现？

（2）家长如何参与幼儿园足球游戏课程？参与的积极性如何？

（3）教师能否按照课程计划实施教学？教学中的收获及困难？

（4）幼儿园足球游戏课程的教学效果如何？

2.我已知道的内容

（1）对行动研究中幼儿园的师资、场地设施等有了较为全面的了解；

（2）基本掌握了不同年龄段幼儿的日常生活、教学过程中的表现，并选定了实验班和对照班；

（3）幼儿园、家长对幼儿园足球游戏课程的支持程度较高，支持幼儿参与活动；

（4）亲历了整个教学活动的各个环节，组建了评价团队并熟悉了整个测试的流程。

3.我期望发现什么

（1）不同年龄段幼儿在各教学内容中的具体表现；

（2）幼儿足球拓展活动中家长对幼儿行为变化观察的反馈；

（3）课程实施过程中教师对幼儿的行动观察以及对课程的理解；

（4）通过质性和量化的研究证实幼儿园足球游戏课程的教学效果。

（二）确定研究对象

本文中行动研究的对象是幼儿园足球游戏课程实践效果。当然，构建家、园、社联动的幼儿足球游戏活动发展模式离不开周围环境的支持，幼儿园园长与教师、家长的态度和行为都将直接影响幼儿对足球兴趣的培养。

（三）选择研究方法

本文在实践研究中主要采用行动研究法，其中本节将重点介绍实验法的整体设计。

1. 实验假设

本研究实验假设包括：①家长对幼儿园足球游戏课程教学实践的满意度较高；②本研究设计的幼儿园足球游戏课程能够促进幼儿的粗大动作发展；③本研究设计的幼儿园足球游戏课程能够促进幼儿的身体素质发展；④本研究设计的幼儿园足球游戏课程能够促进幼儿的执行功能发展。

2. 实验对象

采用方便抽样和整群随机抽样相结合的方式，分别选取嘉兴市两所私立幼儿园（庆安清华府邸幼儿园、庆安国际幼教秀城幼儿园）大中小班各1个班，共计222名幼儿参与实验，然后将两所幼儿园随机分为对照园和实验园，其相对应的班级为对照班和实验班。

表5-2　实验干预受试者基本情况

	实验组（n=97）			对照组（n=100）		
	小班（n=30）	中班（n=34）	大班（n=33）	小班（n=30）	中班（n=36）	大班（n=34）
年龄（岁）	3.15 ± 0.34	4.25 ± 0.36	5.37 ± 0.32	3.34 ± 0.16	4.43 ± 0.29	5.40 ± 0.31
男/女①	18/12	16/18	18/15	14/16	20/16	16/18
身高（cm）	89.76 ± 4.52	106.85 ± 3.51	114.32 ± 4.5	90.24 ± 3.21	107.14 ± 3.26	114.23 ± 4.91
体重（kg）	16.63 ± 1.80	17.36 ± 1.71	19.63 ± 2.47	16.86+1.75	17.57 ± 1.62	20.01 ± 2.03

注：①性别为类别数据采用卡方检验组间差异性。

实验对象的纳入标准：①家长同意幼儿参加；②幼儿能够正常参加体育活动，无心脏病、哮喘等影响其剧烈活动的疾病（主要通过幼儿入园体检报告和咨询带班老师判别）。排除标准：①因生病、请假等未完成全部测试或者参加干预课次数少于15次的幼儿；②在实验前和实验中参与其他有组织的体育培训的幼儿。

样本量估算：采用GPower3.1.9.7软件进行样本量估算，选择重复测量方差分析，效应量（Effcet size）设为0.25，α =0.05，检验效能（Power）：1-β =0.9，组别为2组，测量次数为2次，估算结果显示两组样本量共计需要88人，每组44人。依据上述纳入与排除标准，最终符合条件的受试者共计197名幼儿纳入最后的研究分析，其中实验组97人，对照组100人，满足统计学样本量的要求。

3. 实验时间

本研究实验干预时间为2020年11月3日—2021年1月19日，共12周。

4. 实验设计

通过实验组与对照组的前后测结果分析，检验本研究设计的幼儿园足球游戏课程对幼儿粗大动作、身体素质以及执行功能发展的影响。本研究实验班幼儿的动作教育模式的幼儿园足球游戏课程由研究者实施每周2次教学，其中大中班每次课30分钟、小班每次课20分钟，教学场地为幼儿园操场或多功能厅教室。具体教学时间安排为：周一大班15:00—15:30、小班15:35—15:55；周三中班15:10—15:40、小班15:45—16:05；周五大班15:00—15:30、中班15:35-16:05。对照班教学由幼儿园专职体育教师执行，具体教学时间安排为：周一大班9:00—9:30、小班9:35—9:55；周三中班9:10—9:40、小班9:45—10:05；周五大班9:00—9:30、中班9:35—10:05，教学内容为常规幼儿足球教学，无额外的干预内容，其他教学条件均与实验班相同。

为科学控制干预活动中幼儿的运动强度和运动量，本实验主要运用罗冬梅教授研制的《幼儿体育活动强度自评量表》进行运动强度的控制，即通过现场观察幼儿在活动中的面色、呼吸、动作等表现判断幼儿的疲劳状态，尤其当幼儿出现重度疲劳表现时要及时调整练习的负荷，确保幼儿在体育活动中的安全。另外，采用加速度计客观测量工具（三轴加速度计ActiGraph

GT3X+）对幼儿在活动中的运动强度进行监测以确保幼儿的安全。

5.测试内容及工具

本研究主要对幼儿粗大动作、身体素质以及执行功能进行测量评价。其中，幼儿粗大动作采用TGMD-2，测试项目包括身体移动能力（跑、骑马跳、单脚跳、跨步跳、立定跳远、侧滑步）和物体操控能力（击打固定球、原地运球、接球、脚踢球、肩上掷球、下手滚球）；身体素质测试参照国民体质测定标准手册（幼儿部分），测量主要包括第四次国民体质监测（幼儿部分）中的10米折返跑、立定跳远、网球掷远、双脚连续跳、坐位体前屈、走平衡木和第五次国民体质监测（幼儿部分）中的握力；执行功能主要测试抑制控制、工作记忆、认知灵活度三项内容。

6.实验过程控制

为了保证实验结果的有效与可信，对实验过程进行以下控制：1）通过设置对照组来控制个体生长发育等影响，实验组与对照组在实验前具有同质水平，并且实验组与对照组幼儿的年龄与性别不存在显著性差异；2）纳入干预研究的所有幼儿来自市区私立幼儿园，均为健康正常、文化背景相似的个体；另外，所有幼儿拥有相似的运动背景，在干预过程中未参加除幼儿园外的额外体育培训；3）实验者教师有较丰富的教学经验，能够有效组织幼儿的体育活动；4）实验前后各组的测试内容、使用器材、测试地点及测试人员均保持一致。

本研究在正式行动研究前，访谈10位学前教育和幼儿体育方面的专家对实验班和对照班实验方案进行论证，内容包括实验对象、实验时间、实验设计、测试内容及工具、实验过程控制等。调查结果显示，10位专家认为实验方案比较合理。

表5-3 实验方案专家评价表（n=10）

内容	非常合理	比较合理	一般	不合理	非常不合理
实验对象	8	2	–	–	–
实验时间	6	4	–	–	–

续表

内容	非常合理	比较合理	一般	不合理	非常不合理
实验设计	5	5	–	–	–
测试内容及工具	7	3	–	–	–
实验过程控制	9	1	–	–	–

（四）确定研究时间

实践研究的时间为14周，时间为2020年10月26日—2021年1月24日。

二、实践研究的行动与观察

从表5–4的行动研究计划进度可以看出，实践研究是按照幼儿园足球游戏课程的实施路径来展开的，在为期14周的时间里开展课前评价、课中教学、课后评价等工作，其目的就是检验幼儿园足球游戏课程的有效性和可行性。

表5–4 实践研究计划进度表

序号	研究时间	行动对象	行动内容	持续时间	研究方法
1	2020年10月26日–10月30日	幼儿	实验班、对照班幼儿粗大动作、身体素质、执行功能实验前测量评价、数据分析	1周	测量法
2	2020年11月3日–1月19日	幼儿 教师 家长	按照行动计划开展教学活动； 家园联动：幼儿亲子足球活动； 家园社联动：幼儿足球嘉年华 与实验班教师、家长交流，听取其对行动研究的反馈意见	12周	实验法 观察法 教育日志法 访谈法
3	2021年1月20日–1月24日	幼儿	实验班、对照班幼儿粗大动作、身体素质、执行功能实验前测量评价、数据分析	1周	测量法

（一）实验班和对照班幼儿的实验前测

测试小组成员包括研究者在内的体育教师6名、学生10名。每项测试前均有专门教师带领测试幼儿充分热身。

1.两组幼儿粗大动作实验前测

（1）评分标准：每个动作有3—5个动作标准，幼儿每出现一个动作记1分，未出现记0分，各项得分相加为该动作总得分，每个动作测评两次。

（2）测试过程：测试共分3组，每组测评4个动作，3组循环测试；每组测评员包括1名教师、3名学生，其中教师负责向幼儿演示动作，1名学生负责带队组织，1名学生负责测评器材准备工作，另1名学生负责正面录制幼儿动作视频。

（3）测试顺序：先实验班后对照班，先大班后小班。

（4）粗大动作得分评分：预实践研究中的2名测评员根据录像逐项打分。

（5）数据录入与分析：由测评者录入数据及分析。

图5-7　粗大动作实验前测现场

2.两组幼儿身体素质实验前测

（1）测试过程：测试共分3组，每组测评2—3个动作，3组循环测试；每组测评员包括1名教师、3名学生，其中教师负责具体测试，1名学生负责记录，1名学生负责带队组织，1名学生负责测评器材准备工作。

（2）测试顺序：实验班大班—对照班大班、实验班中班—对照班中班、实验班小班—对照班小班。

图5–8 身体素质实验前测现场

3.两组幼儿执行功能实验前测

（1）评分标准：见附录3执行功能测试方法。

（2）测试过程：测评员共10名，执行功能测试采用一对一测试，每名测评员测评一名幼儿。

（3）测试顺序：实验班大班—对照班大班、实验班中班—对照班中班、实验班小班—对照班小班。

（4）数据录入与分析：由测评者录入数据及分析。

（二）实验班和对照班幼儿的教学活动过程

本部分将重点介绍实验班幼儿教学活动过程。根据前文中幼儿园足球游戏课程目标以及预实践研究教学总结，修改完善大中小班幼儿教学内容，实施12周的教学干预，具体干预时间为2020年10月12日—12月31日。大中小班教学内容见表5–5。

实践研究对预实践研究教学中问题进行总结反思，确保幼儿通过动作教育模式的幼儿园足球游戏课程达到发展的目标。每堂完整的幼儿园足球游戏课程主要包括准备活动（热身游戏）、游戏导入、游戏过程、放松活动（放松游戏）四部分组成。

表5–5 实验班幼儿教学内容一览表

课程目标	增强体质，具备一定的运动能力；培养足球兴趣，培育足球文化；培养初步感受美与表现美的能力，提高认知能力；培养良好的情绪情感、行为习惯，塑造健康行为；培养顽强拼搏、勇于挑战、善于合作的体育品德。		
周次	小班	中班	大班
1	第一课：我和足球是朋友 第二课：拍球赛	第一课：我和足球是朋友 第二课：拍球赛	第一课：我和足球是朋友 第二课：过山洞
2	第三课：看谁够得着足球 第四课：“瓜哥”掷球	第三课：看谁够得着足球 第四课：看谁掷得远	第三课：跳跳球 第四课：足球舞
3	第五课：抓蝴蝶 第六课：踩球舞	第五课：抓蝴蝶 第六课：踩球舞	第五课：熊爬顶球 第六课：袋鼠跳
4	第七课：倒车请注意 第八课：小推车运球	第七课：倒车请注意 第八课：小推车运球	第七课：推磨 第八课：抢球大战1
5	第九课：螃蟹运球 第十课：梦幻舞步	第九课：螃蟹运球 第十课：梦幻舞步	第九课：抢球大战2 第十课：抢球大战3
6	第十一课：鲤鱼跳龙门 第十二课：小小洗车工	第十一课：鲤鱼跳龙门 第十二课：熊爬顶球	第十一课：踢球得分 第十二课：切西瓜
7	第十三课：熊爬顶球 第十四课：袋鼠跳	第十三课：袋鼠跳 第十四课：小足球找家	第十三课：老鹰抓小鸡 第十四课：看谁掷得准
8	第十五课：推磨 第十六课：小足球找家	第十五课：追逐游戏 第十六课：机器人舞蹈	第十五课：看谁掷得远 第十六课：机器人舞蹈
9	第十七课：追逐游戏 第十八课：机器人舞蹈	第十七课：老鹰抓小鸡 第十八课：和足球比赛跑	第十七课：翻山越岭1 第十八课：翻山越岭2
10	第十九课：老鹰抓小鸡 第二十课：砸泡泡	第十九课：躲泡泡 第二十课：妖怪抢球	第十九课：学做守门员 第二十课：小小守门员

续表

11	第二十一课：过山洞 第二十二课：和足球比赛跑	第二十一课：城堡保卫战 第二十二课：翻山越岭1	第二十一课：小组循环赛1 第二十二课：小组循环赛2
12	第二十三课：翻山越岭 第二十四课：小小守门员	第二十三课：翻山越岭2 第二十四课：小小守门员	第二十三课：小组循环赛3 第二十四课：世界杯决赛

现以大班幼儿第五堂课教学内容“熊爬顶球”为例介绍幼儿园足球游戏课程过程。游戏内容设计过程中，部分专家、教师对于顶球教学游戏存有异议，研究者通过预实践教学发现幼儿采用熊爬姿势用前额主动顶球不会存在危险性，且游戏性较强，适合幼儿游戏活动内容。完整的一堂幼儿园足球游戏课程教学包括课前备课、课中教学、课后总结反思等环节。研究者每堂课正式开展教学前均认真备课、模拟教学环节；课前检查教学场地安全、准备教学体育器材；课开始环节通过游戏让幼儿充分热身（2.5分钟），例如教师通过“身体名称游戏”带动幼儿全身活动，并在游戏的过程中节奏由慢到快，不断提高游戏难度，使幼儿身体机能适应正式教学内容需要；正式游戏导入环节（5分钟），教师提出问题让幼儿思考、回答并做出相应动作。例如教师会问“小朋友知道狗熊是怎么爬的吗”，幼儿会争先恐后回答“我知道”，教师接着会说“小朋友们真厉害，那你们会不会做熊爬动作呢，如果会的话做一下让老师看一下，好不好”，小朋友会踊跃展示自己理解的熊爬动作，接下来教师会提出“小朋友们的熊爬做得都非常好，那现在给你一个足球用熊爬的姿势头顶球会不会呢”，小朋友会兴高采烈地向老师展示熊爬顶球的动作，接下来教师会提出难度要求“小朋友们都会用熊爬姿势顶球了，那给你们增加一个难度，让你们用熊爬的姿势顶球绕过障碍物，比一比看谁运得快好不好”，小朋友会异口同声地回答“好”；全体幼儿理解游戏方法后要求幼儿帮助教师摆设障碍物，完成后教师将幼儿分成两组开始游戏过程（20分钟），幼

儿在熊爬顶球的同时要求其他幼儿加油助威以提高游戏气氛和团结协作的能力；课的结束部分通过身体变大变小的游戏让幼儿身体放松（2.5分钟），为其他班内教学活动做好准备；课后总结反思是课堂教学的重要环节，也为中班、小班教学提供了宝贵的经验。

图5-9　游戏导入环节

图5-10　游戏过程环节

另外，针对幼儿活动中运动强度的监测，正式实践研究过程中除采用《幼儿体育活动强度自评量表》主观测评幼儿在足球游戏活动中的强度外，还采用了加速度计客观测量工具——三轴加速度计 ActiGraph GT3X+。

本研究加速度计佩戴位置为幼儿腰髋部位，采样间隔为15s，获得幼儿足球游戏活动中的计数，最终以15s的计数反映幼儿课堂教学中身体活动不同强度时间占比。其中将活动等级分为：静态行为<37.5 counts/15s，较低强度身体活动38—419 counts/15s，中等强度身体活动420—841 counts/15s，大强度身体活动≥842 counts/15s，中大强度身体活动≥420 counts/15s[①②]。基于教学场地不同，本研究采用加速度计测量室外、室内幼儿园足球游戏课程中的身体活动强度，为教学活动效果提供数据支撑。结果显示，室外教学活动中实验班小班幼儿课堂静态行为、较低强度、中等强度、大强度身体活动时间占比

① Pate R.R，Maria J.A，Kerry L.M，etal. Validation and calibration of an accelerometer in preschool children[J].Obesity，2006，14(11):2000-2006.

② Pfeiffer K.A，Dowda M，Mclver K.L，etal.Factors related to objectively measured physical activity in preschool children[J]. PediatrExerc Sci，2009，21:196-208.

分别为7.9%、8.3%、6.7%、77.1%，中大强度身体活动时间总占比为83.8%；实验班中班幼儿课堂静态行为、较低强度、中等强度、大强度身体活动时间占比分别为6.8%、10.1%、6.8%、76.3%，中大强度身体活动时间总占比为83.1%；实验班大班幼儿课堂静态行为、较低强度、中等强度、大强度身体活动时间占比分别为3.6%、3.4%、4%、89%，中大强度身体活动时间总占比为93%。研究结果表明，大中小班幼儿室外课堂教学时间大强度活动时间均超过75%，中大强度活动时间均超过83%，说明幼儿足球游戏教学内容适宜性较高，幼儿参与幼儿足球游戏积极性高，运动效应较为明显。

图5-11　实验班幼儿室外加速度计测量现场

室内教学活动中实验班小班幼儿课堂静态行为、较低强度、中等强度、大强度身体活动时间占比分别为11.2%、12.6%、8.8%、67.4%，中大强度身体活动时间总占比为76.2%；实验班中班幼儿课堂静态行为、较低强度、中等强度、大强度身体活动时间占比分别为9.9%、11.7%、7.8%、70.7%，中大强度身体活动时间总占比为78.5%；实验班大班幼儿课堂静态行为、较低强度、中等强度、大强度身体活动时间占比分别为8.7%、10.3%、6.5%、74.5%，中大强度身体活动时间总占比为81%。

图5-12 实验班幼儿室内加速度计测量现场

研究结果表明，幼儿参与足球游戏活动中大强度活动时间在不同教学场地上存在差异，室外大于室内。

（三）实验班和对照班幼儿的实验后测

实验干预后，采用同前测相同的测试工具对实验班和对照班幼儿粗大动作、身体素质、执行功能进行测试。测试小组成员与前测相同。每项测试前均有专门教师带领测试幼儿充分热身。

三、实践研究的反思

（一）基于实践研究的总结

当前，我国幼儿足球研究处于探索发展期，幼儿园足球课程存在多样性的特征。

全国校足办制定的《全国足球特色幼儿园游戏活动指南》符合幼儿园开展丰富多样身体活动的要求，但作为舶来品的“活动指南”执行率较低且可操作性如何仍需实践的检验，同时存在针对性不强的问题。本研究依据哲学、心理学、教育学、生物学等学科基础构建了幼儿园足球游戏课程，其中基于动作教育模式的感知－运动课程活动内容分类，将适合幼儿学习的18个有球技术动作按照身体横向交叉活动、身体左右对称活动、单侧身体活动和组合活动四大模块进行足球游戏课程内容设计，体现了幼儿体育教育的整体性、综合性。

行动研究是幼儿园足球游戏课程实践效果检验的有效手段。通过预实践研究对干预方案中的教学内容、教学组织、课堂控制、教学方法等进行修正，以便更好地开展正式实践研究。例如，教学内容上进一步增加幼儿足球的游戏性，针对不同班级教学时间安排及时调整教学内容量；课堂管理中教师应该在不失活跃课堂气氛、遵循不同年龄段幼儿认知特点的前提下有效把控课堂纪律，保障教学任务顺利开展；教学组织上应改变原有的方法，做好幼儿教师与幼儿朋友的角色转换，注意语言表达的亲和性、谨慎性。

正式实践研究中，研究者组织实施了12周的幼儿园足球游戏课程教学活动，以课程实施者、参与者、研究者的身份经历了备课、组织实施、观察、课后总结的完整教学研究过程。同时，研究者围绕前期理论构建实施了家庭亲子足球活动，较好地带动了幼儿、家长、教师参与幼儿足球活动。

（二）基于实践研究的反思

行动研究是一个包括计划－行动－观察－反思－计划的螺旋演进的过程，幼儿园足球游戏课程的行动研究也必然是不断修正再行动的过程。幼儿园足球游戏课程以“育人”为主线，科学设置趣味性足球游戏活动以促进幼儿在游戏参与和体验过程中培育足球文化、实现身心健康发展的目的。在幼儿园足球游戏课程创编、实施的过程中应注意以下几点：

1.激发幼儿园内生动力建设，发挥园长的引领作用

幼儿园园长作为园所教育理念的引导者、园本课程的决策者，在幼儿园幼儿足球课程的建设过程中将起到决定性作用。因此，建议通过教育宣传以提高幼儿园园长的体育价值认知水平，推动以幼儿足球为载体的幼儿体育教育教学改革活动，发挥园长先进教育理念的引领作用以激发幼儿园内生动力建设，达到保障幼儿足球科学发展和真正落地的目的。

2.创设足球文化环境，激发幼儿兴趣

在幼儿足球游戏创编、组织过程中需根据幼儿认知能力合理创设游戏环境，营造良好的游戏氛围以吸引幼儿注意力。特别是在环境创设的过程中注

重足球文化的有效渗透，通过多元创意性载体的设置来提高教育活动的环境创设质量，使其在足球文化氛围的影响下激发幼儿对足球的兴趣。例如，结合幼儿具体形象思维的特点，创设幼儿足球绘画作品展示区、幼儿足球文化走廊、班级幼儿足球文化墙以及体育场地的足球图片物品展示，潜移默化地传递足球文化。

3.创新游戏活动内容和形式，培养幼儿兴趣

在组织实施幼儿园足球游戏课程过程中，教师需针对具体的游戏内容和形式进行多元化创新。根据各年龄段幼儿认知特点，设置不同类型、难度的幼儿足球游戏活动，满足幼儿身体活动的需要、认知的需要以及交往和表达的需要，激发幼儿积极地、主动地、愉快地参与到幼儿足球游戏活动过程中。例如，在“老鹰抓小鸡”设计和教学中，小班以单人游戏为主，中班以两人或多人游戏为主，大班以分队分组游戏为主；小中大班游戏根据各年龄段幼儿认知发展特点，幼儿足球游戏难度递进式增加。

4.渗透安全意识教育，保障幼儿足球活动的安全性

安全环境建设是实施幼儿园足球游戏课程的首要任务。加强多途径安全意识宣传教育，规范幼儿参与足球游戏的行为，督促幼儿做好自身安全规范管理，提高幼儿安全防范意识；同时教师在实施幼儿园足球游戏课程过程中，加强运动场地设施风险排查，营造健康安全的运动环境以保障开展幼儿足球活动的安全性。

5.提倡家园共育模式，拓宽幼儿的足球活动空间

家园社共育是教育界普遍认同的育人模式，幼儿期的教育亦是如此。幼儿园在倡导家园社合作理念的指引下，应积极与家长开展合作以达成教育理念和目标的共识，设置趣味性亲子足球活动以引导家长积极参与到游戏活动中，增进亲子感情，实现幼儿情感层面的有效教育和提升。另外，鼓励家长积极带动幼儿参加相关幼儿足球活动，拓展幼儿足球活动空间和活动主体，实现园内园外全时间段参与幼儿足球活动的教育方式。

第三节　基于行动研究的数据分析

幼儿园足球游戏课程的深入剖析，需要研究者通过质性研究的方式参与到课程教学中，通过与幼儿、家长以及教师的接触来审视幼儿园足球游戏课程理论。当然，质性的研究结果在呈现幼儿园足球游戏课程教学效果上还远远不够，需要对行动研究中收集的数据进行分析，用可量化的数据说明幼儿园足球游戏课程实施的效果。

本研究中幼儿园足球游戏课程实施效果的评价主要包括家长的满意度调查分析和幼儿个体变化特征分析两大部分，其中幼儿个体变化特征基于幼儿粗大动作、身体素质以及执行功能等指标的教学效果进行分析，具体包括实验班与对照班的对比分析、实验班和对照班课程前后的对比分析等。

一、家长满意度调查结果与分析

表5-6　家长对幼儿园足球游戏课程教学实践满意度调查统计（n=97）

问题条目	平均值	平均值与满分比
1.孩子喜欢参加幼儿园足球游戏课程;	5	1
2.孩子在幼儿园足球游戏课程中能表现出成就感和安全感;	4.51	0.88
3.孩子喜欢他（她）上课的老师并经常在家长面前谈及老师;	4.78	0.95
4.孩子经常在足球游戏课堂上表现出不与同伴交流、灰心丧气等负面情绪;	1.56	0.31
5.经常从班级教师获得有关孩子进步情况的反馈；	4.46	0.87

续表

问题条目	平均值	平均值与满分比
6.孩子喜欢与家长分享在幼儿园足球游戏课程中学到的知识、技能;	4.38	0.85
7.幼儿园足球游戏课程可以为孩子今后学习其他运动技能做准备;	4.56	0.89
8.孩子课后经常会应用在幼儿园足球游戏课程中所学的技能;	4.62	0.91
9.孩子与家长经常参与在幼儿园足球游戏课程中所学的内容;	4.49	0.87
10.与老师交谈孩子学习情况时，家长对孩子取得的进步感到高兴;	4.73	0.93
11.孩子并不喜欢幼儿国足球游戏课程，是家长要求他（她）参加的;	1.94	0.39
12.家长能明显地感觉到幼儿园足球游戏课程对孩子的正向影响比较大;	4.82	0.96
13.孩子愿意继续参加幼儿园足球游戏课程，并在后期学习阶段能坚持较长时间	4.91	0.98

基于幼儿的认知特点，为避免幼儿因语言表达能力不强、易受暗示等因素影响评价的信度，本研究主要通过调查家长对幼儿的课程反馈，进而验证课程组织和开展的效果。《幼儿园足球游戏课程教学实践的满意度》调查问卷涉及 14 个问题条目，其中包括 12 个积极项目和2 个消极项目，采用Likert 5 点评分法对各项进行打分。表5-7统计了各项目得分的平均值及其与满分的比值，其中积极项目比值越接近 1 说明对该问题的认可程度越高，表明家长对该问题的满意程度。统计结果显示，除2个消极项目外，其他项目得分均值与满分之比值介于 0.85—1.00 之间，比值的平均值为 0.92，表明家长对幼儿园足球游戏课程教学效果总体上比较满意。

另外，幼儿园足球游戏课程作为幼儿运动项目开展的教学，“学习兴趣”

是课程教学实践满意度调查必不可少的内容。本研究中将“孩子喜不喜欢参加课程”“孩子喜不喜欢上课老师”“孩子喜不喜欢与家长分享上课学到的知识技能”等作为学习兴趣的调查内容，例如问题条目中的1、3、6等内容。调查结果显示，学习兴趣的项目得分均值与满分的比值均在0.85以上，说明孩子对幼儿园足球游戏课程的学习兴趣较高。

二、两组幼儿粗大动作结果分析

本研究采用TGMD-2、国民体质测定标准手册（幼儿部分）、执行功能测试方法对两组幼儿粗大动作、身体素质以及执行功能进行效果评价。具体分析路径为：通过对照班、实验班实验前后测试指标描述性统计分析，了解两组幼儿不同年龄段粗大动作、身体素质、执行功能发展变化趋势；运用重复测量方差分析对对照班、实验班各项指标进行前后测对比分析，检验两种活动课程教学效果，具体包括哪些指标有提高、提高程度如何；运用重复测量方差分析对对照班与实验班进行前测、后测分析，检验幼儿园足球游戏课程教学的有效性；结合前人研究成果分析讨论实验数据。

（一）两组幼儿粗大动作结果分析

通过实验前测发现，对照班幼儿身体移动、物体操控、粗大动作得分存在随年龄增长而增长的特点，其中身体位移得分在17.83—24.44分，物体操控得分在17—27分，粗大动作总得分在34.83—51.44分。实验班幼儿身体移动、物体操控、粗大动作得分同样存在随年龄的增长逐年提高，其中身体位移得分在16.9—24.52分，物体操控得分在18.3—25.94分，粗大动作总得分在35.2—50.46分。

表5-7　两组幼儿粗大动作前测、后测结果描述性统计分析（n=197）

组别	班级	人数	指标	前测		后测	
				平均值	标准误差	平均值	标准误差
对照班	小班	30	身体移动	17.833	0.940	21.333	0.766
			物体操控	17.000	0.884	21.033	0.577
			粗大动作	34.833	1.573	42.367	1.186

续表

组别	班级	人数	指标	前测		后测	
				平均值	标准误差	平均值	标准误差
对照班	中班	36	身体移动	21.167	0.784	28.833	0.643
			物体操控	19.917	0.599	26.222	0.482
			粗大动作	41.083	1.125	55.056	0.887
	大班	34	身体移动	24.441	0.882	31.353	0.586
			物体操控	27.000	0.927	29.765	0.661
			粗大动作	51.441	1.586	61.118	1.076
实验班	小班	30	身体移动	16.900	0.940	30.133	0.766
			物体操控	18.300	0.884	31.133	0.577
			粗大动作	35.200	1.573	61.267	1.186
	中班	34	身体移动	21.206	0.807	35.118	0.662
			物体操控	22.294	0.617	31.441	0.496
			粗大动作	43.500	1.158	66.559	0.912
	大班	33	身体移动	24.515	0.896	37.970	0.595
			物体操控	25.939	0.941	36.424	0.670
			粗大动作	50.455	1.610	74.394	1.092

通过实验后测发现，对照班幼儿身体移动、物体操控、粗大动作得分存在随年龄增长而增长的特点，其中身体位移得分在21.33—31.35分，物体操控得分在21.03—29.77分，粗大动作总得分在42.36—61.12分。实验班幼儿身体移动、物体操控、粗大动作得分同样随年龄增长逐年提高，其中身体位移得分在30.13—37.97分，物体操控得分在31.13—36.42分，粗大动作总得分在61.26—74.40分。

两组不同年龄段幼儿的粗大动作各项指标得分均有提高，对于对照班与实验班的比较分析需要通过重复测量方差分析检验各项指标实验前后是否存在显著性差异，进一步检验教学效果。

（二）两组小班幼儿粗大动作结果分析

在身体移动得分变量上，重复测量方差结果显示有显著的时间与组别交互作用（F=89.70，$P<0.01$，偏 $\eta^2=0.61$）。进行简单效应分析发现，实验前两组小班幼儿身体移动得分无显著性差异（$P>0.05$）。实验干预后，两组小班幼儿身体移动得分均显著高于实验前测（$P<0.01$），其中对照班提高3.50分，实验班提高13.23分。实验干预后，两组小班幼儿身体移动得分具有显著性差异（$P<0.01$），实验班幼儿身体移动得分比对照班高8.80分[95%CI=（6.63–10.97）]。

表5–8　两组小班幼儿粗大动作前后测对比分析

组别	指标	平均值差值	标准误差	显著性b	差值的95%置信区间b	
					下限	上限
对照班	身体移动	–3.500*	0.727	0.000	–4.955	–2.045
	物体操控	–4.033*	0.777	0.000	–5.589	–2.478
	粗大动作	–7.533*	1.182	0.000	–9.900	–5.167
实验班	身体移动	–13.233*	0.727	0.000	–14.688	–11.779
	物体操控	–12.833*	0.777	0.000	–14.389	–11.278
	粗大动作	–26.067*	1.182	0.000	–28.433	–23.700

表5–9　两组小班幼儿粗大动作前测、后测结果成对比较

测试时间	指标	平均值差值	标准误差	显著性b	差值的95%置信区间b	
					下限	上限
前测	身体移动	0.933	1.329	0.485	–1.727	3.594
	物体操控	–1.300	1.250	0.302	–3.801	1.201
	粗大动作	–0.367	2.224	0.870	–4.819	4.086
后测	身体移动	–8.800*	1.084	0.000	–10.970	–6.630
	物体操控	–10.100*	0.815	0.000	–11.732	–8.468
	粗大动作	–18.900*	1.677	0.000	–22.257	–15.543

在物体操控得分变量上，重复测量方差结果显示有显著的时间与组别交互作用（F=64.10，P<0.01，偏 η^2=0.53）。进行简单效应分析发现，实验前两组小班幼儿物体操控得分无显著性差异（P>0.05）。实验干预后，两组小班幼儿物体操控得分均显著高于实验前测（P<0.01），其中对照班提高4.03分，实验班提高12.83分。实验干预后，两组小班幼儿物体操控得分具有显著性差异（P<0.01），实验班幼儿物体操控得分比对照班高10.10分[95%CI=（8.47–11.73）]。

在粗大动作总得分变量上，重复测量方差结果显示有显著的时间与组别交互作用（F=122.91，P<0.01，偏 η^2=0.68）。进行简单效应分析发现，实验前两组小班幼儿粗大动作总得分无显著性差异（P>0.05）。实验干预后，两组小班幼儿粗大动作总得分均显著高于实验前测（P<0.01），其中对照班提高7.53分，实验班提高26.07分。实验干预后，两组小班幼儿粗大动作总得分具有显著性差异（P<0.01），实验班幼儿粗大动作总得分比对照班高18.90分[95%CI=（15.54–22.26）]。

（三）两组中班幼儿粗大动作结果分析

在身体移动得分变量上，重复测量方差结果显示有显著的时间与组别交互作用（F=35.82，P<0.01，偏 η^2=0.35）。进行简单效应分析发现，实验前两组中班幼儿身体移动得分无显著性差异（P>0.05）。实验干预后，两组中班幼儿身体移动得分均显著高于实验前测（P<0.01），其中对照班提高7.67分，实验班提高13.91分。实验干预后，两组中班幼儿身体移动得分具有显著性差异（P<0.01），实验班幼儿身体移动得分比对照班高6.28分[95%CI=（4.44–8.13）]。

表5–10　两组中班幼儿粗大动作前后测对比分析

组别	指标	平均值差值	标准误差	显著性b	差值的95%置信区间b	
					下限	上限
对照班	身体移动	–7.667*	0.727	0.000	–9.118	–6.215
	物体操控	–6.306*	0.551	0.000	–7.406	–5.206
	粗大动作	–13.972*	0.921	0.000	–15.810	–12.134

续表

组别	指标	平均值差值	标准误差	显著性b	差值的95%置信区间b	
					下限	上限
实验班	身体移动	-13.912*	0.748	0.000	-15.405	-12.418
	物体操控	-9.147*	0.567	0.000	-10.279	-8.015
	粗大动作	-23.059*	0.948	0.000	-24.950	-21.168

表5-11　两组中班幼儿粗大动作前测、后测结果成对比较

测试时间	指标	平均值差值	标准误差	显著性b	差值的95%置信区间b	
					下限	上限
前测	身体移动	-.039	1.126	0.972	-2.285	2.207
	物体操控	-2.377*	0.860	0.007	-4.094	-.661
	粗大动作	-2.417	1.614	0.139	-5.638	.805
后测	身体移动	-6.284*	0.923	0.000	-8.126	-4.443
	物体操控	-5.219*	0.692	0.000	-6.599	-3.839
	粗大动作	-11.503*	1.272	0.000	-14.042	-8.965

在物体操控得分变量上，重复测量方差结果显示有显著的时间与组别交互作用（F=12.91，$P<0.01$，偏 $\eta^2=0.16$）。进行简单效应分析发现，实验前两组中班幼儿物体操控得分无显著性差异（$P>0.05$）。实验干预后，两组中班幼儿物体操控得分均显著高于实验前测（$P<0.01$），其中对照班提高6.31分，实验班提高9.15分。实验干预后，两组中班幼儿物体操控得分具有显著性差异（$P<0.01$），实验班幼儿物体操控得分比对照班高5.22分[95%CI=（3.84–6.60）]。

在粗大动作总得分变量上，重复测量方差结果显示有显著的时间与组别交互作用（F=47.27，$P<0.01$，偏 $\eta^2=0.41$）。进行简单效应分析发现，实验前两组中班幼儿粗大动作总得分无显著性差异（$P>0.05$）。实验干预后，两组中班幼儿粗大动作总得分均显著高于实验前测（$P<0.01$），其中对照班提高13.97分，实验班提高23.06分。实验干预后，两组中班幼儿粗大动作总得分具有显著性差异（$P<0.01$），实验班幼儿粗大动作总得分比对照班高11.50分[95%CI=（8.97–14.04）]。

（四）两组大班幼儿粗大动作结果分析

在身体移动得分变量上，重复测量方差结果显示有显著的时间与组别交互作用（F=28.54，$P<0.01$，偏 $\eta^2=0.31$）。进行简单效应分析发现，实验前两组大班幼儿身体移动得分无显著性差异（$P>0.05$）。实验干预后，两组大班幼儿身体移动得分均显著高于实验前测（$P<0.01$），其中对照班提高6.91分，实验班提高13.46分。实验干预后，两组大班幼儿身体移动得分具有显著性差异（$P<0.01$），实验班幼儿身体移动得分比对照班高6.62分[95%CI=（4.95–8.28）]。

在物体操控得分变量上，重复测量方差结果显示有显著的时间与组别交互作用（F=49.67，$P<0.01$，偏 $\eta^2=0.43$）。进行简单效应分析发现，实验前两组大班幼儿物体操控得分无显著性差异（$P>0.05$）。实验干预后，两组大班幼儿物体操控得分均显著高于实验前测（$P<0.01$），其中对照班提高2.77分，实验班提高10.49分。实验干预后，两组大班幼儿物体操控得分具有显著性差异（$P<0.01$），实验班幼儿物体操控得分比对照班高6.66[95%CI=（4.78–8.54）]。

在粗大动作总得分变量上，重复测量方差结果显示有显著的时间与组别交互作用（F=64.01，$P<0.01$，偏 $\eta^2=0.50$）。进行简单效应分析发现，实验前两组大班幼儿粗大动作总得分无显著性差异（$P>0.05$）。实验干预后，两组大班幼儿粗大动作总得分均显著高于实验前测（$P<0.01$），其中对照班提高9.68分，实验班提高23.94分。实验干预后，两组大班幼儿粗大动作总得分具有显著性差异（$P<0.01$），实验班幼儿粗大动作总得分比对照班高13.28分[95%CI=（10.21–16.34）]。

表5-12　两组大班幼儿粗大动作前后测对比分析

组别	指标	平均值差值	标准误差	显著性b	差值的95%置信区间b	
					下限	上限
对照班	身体移动	-6.912*	.860	0.000	-8.628	-5.195
	物体操控	-2.765*	.769	0.001	-4.300	-1.229
	粗大动作	-9.676*	1.251	0.000	-12.175	-7.178
实验班	身体移动	-13.455*	.873	0.000	-15.197	-11.712
	物体操控	-10.485*	.780	0.000	-12.043	-8.926
	粗大动作	-23.939*	1.270	0.000	-26.476	-21.403

表5-13　两组大班幼儿粗大动作前测、后测结果成对比较

测试时间	指标	平均值差值	标准误差	显著性b	差值的95%置信区间b	
					下限	上限
前测	身体移动	-.074	1.257	0.953	-2.585	2.437
	物体操控	1.061	1.321	0.425	-1.578	3.699
	粗大动作	.987	2.260	0.664	-3.527	5.501
后测	身体移动	-6.617*	.835	0.000	-8.284	-4.949
	物体操控	-6.660*	.941	0.000	-8.539	-4.780
	粗大动作	-13.276*	1.533	0.000	-16.339	-10.214

三、两组幼儿身体素质结果分析

（一）两组小班幼儿身体素质结果分析

为方便本研究中两组幼儿身体素质与全国幼儿进行整体性比较，国民体质监测数据中10米折返跑、立定跳远、网球掷远、双脚连续跳、坐位体前屈、走平衡木数据来源于2014年国民体质监测公报；握力数据来源于第五次国民

体质监测公报[①]。

两组小班幼儿前测七项身体素质与国民体质监测结果比较发现，男女生10米折返跑、立定跳远、网球掷远、双脚连续跳、坐位体前屈、走平衡木均低于第四次监测值；男女生握力低于第五次监测值。两组小班幼儿后测七项身体素质与国民体质监测结果比较发现，男女生坐位体前屈、走平衡木高于第四次监测值；男女生立定跳远、双脚连续跳低于第四次监测值；男生10米折返跑、网球掷远高于第四次监测值，女生10米折返跑、网球掷远低于第四次监测值；男女生握力高于第五次监测值。

表5-14　两组小班幼儿与全国幼儿身体素质对比分析

指标	性别	实验前测	实验后测	国民体质监测
10米折返跑	男	9.1	8.5	8.6
	女	9.7	9.3	8.9
立定跳远	男	57.5	67.3	72.5
	女	52.5	57.5	69.2
网球掷远	男	4.0	4.3	4.2
	女	3.2	3.4	3.5
双脚连续跳	男	10.9	9.0	8.5
	女	12.3	10.0	8.8
坐位体前屈	男	9.4	12.1	10.1
	女	11.2	13.8	11.7
走平衡木	男	16.0	11.6	14.5
	女	20.4	11.9	14.7
握力	男	4.4	5.7	5.1
	女	4.4	5.0	4.5

① 国家体育总局.2014年国民体质监测公报[EB/OL].（2015-11-15）[2022-04-15].https://www.sport.gov.cn/n315/n329/c216784/content.html.

在10米折返跑、立定跳远等七个变量上，重复测量方差结果显示有显著的时间与组别的交互作用，进行简单效应分析后发现，实验前两组小班幼儿在10米折返跑、立定跳远等七个变量上无显著性差异（$P>0.05$）。实验干预后，两组小班幼儿各项身体素质指标明显高于实验前测（$P<0.01$），实验班幼儿提高幅度明显高于对照班。在实验干预后，两组小班幼儿10米折返跑、立定跳远等七个变量均具有显著性差异（$P<0.01$），实验班小班幼儿各项身体素质指标均高于对照班。

表5-15　两组小班幼儿身体素质前后测对比分析

组别	指标	平均值差值（I–J）	标准误差	显著性b	差值的95%置信区间b	
					下限	上限
对照班	10米折返跑	.183*	.029	0.000	.125	.242
	立定跳远	–3.300*	1.442	0.026	–6.187	–.413
	网球掷远	–.167*	.029	0.000	–.224	–.109
	双脚连续跳	1.190	.691	0.009	–.194	2.574
	坐位体前屈	2.447*	.778	0.003	.889	4.004
	走平衡木	5.887*	1.558	0.000	2.767	9.006
	握力	–1.047*	.240	0.000	–1.528	–.566
实验班	10米折返跑	.597*	.029	0.000	.538	.655
	立定跳远	–11.733*	1.442	0.000	–14.620	–8.847
	网球掷远	–.343*	.029	0.000	–.401	–.286
	双脚连续跳	3.007*	.691	0.000	1.623	4.390
	坐位体前屈	2.890*	.778	0.000	1.332	4.448
	走平衡木	7.280*	1.558	0.000	4.161	10.399
	握力	–1.897*	.240	0.000	–2.378	–1.416

表5-16　两组小班幼儿身体素质前测、后测结果成对比较

测试时间	指标	平均值差值（I–J）	标准误差	显著性b	差值的95%置信区间b	
					下限	上限
前测	10米折返跑	.403	.361	0.268	–.318	1.125
	立定跳远	–5.667	4.377	0.201	–14.429	3.095
	网球掷远	–.227	.127	0.079	–.480	.027
	双脚连续跳	1.363	1.271	0.288	–1.180	3.907
	坐位体前屈	–.953	.998	0.343	–2.951	1.045
	走平衡木	–2.123	3.098	0.496	–8.325	4.078
	握力	–.603	.459	0.194	–1.522	.316
后测	10米折返跑	.817*	.364	0.029	.088	1.545
	立定跳远	–14.100*	3.653	0.000	–21.412	–6.788
	网球掷远	–.403*	.136	0.004	–.675	–.132
	双脚连续跳	3.180*	1.165	0.008	.849	5.511
	坐位体前屈	–2.397	1.094	0.007	–3.586	.792
	走平衡木	–4.730	1.378	0.008	–3.489	2.029
	握力	–1.453*	.466	0.003	–2.386	–.521

（二）两组中班幼儿身体素质结果分析

两组中班幼儿前测七项身体素质与国民体质监测结果比较发现，男女生10米折返跑、立定跳远、网球掷远、双脚连续跳、坐位体前屈、走平衡木均低于第四次监测值；男女生握力低于第五次监测值。两组中班幼儿后测七项身体素质与国民体质监测结果比较发现，男女生走平衡木、男生坐位体前屈高于第四次监测值；男女生10米折返跑、立定跳远低于第四次监测值；男生双脚连续跳、女生网球掷远高于第四次监测值；女生双脚连续跳低于第四次监测值；男女生握力高于第五次监测值。

表5-17　两组中班幼儿与全国幼儿身体素质对比分析

指标	性别	实验前测	实验后测	国民体质监测
10米折返跑	男	8.6	7.8	7.6
	女	8.6	8.1	7.9
立定跳远	男	66.3	79.2	88.6
	女	63.1	69.7	83.7
网球掷远	男	5.2	5.5	5.5
	女	4.2	4.8	4.4
双脚连续跳	男	8.2	6.5	7.0
	女	9.1	7.2	7.1
坐位体前屈	男	9.3	10.0	9.5
	女	11.3	11.7	11.7
走平衡木	男	11.5	9.6	10.3
	女	11.9	10.2	10.4
握力	男	5.7	7.1	6.5
	女	4.9	5.9	5.6

表5-18　两组中班幼儿身体素质前后测对比分析

组别	指标	平均值差值（I–J）	标准误差	显著性b	差值的95%置信区间b	
					下限	上限
对照班	10米折返跑	.207*	.051	0.000	.105	.309
	立定跳远	–11.083*	1.588	0.000	–14.252	–7.915
	网球掷远	–.189*	.013	0.000	–.214	–.164
	双脚连续跳	1.664*	.369	0.000	.928	2.400
	坐位体前屈	–1.036	.575	0.016	–2.184	.112
	走平衡木	6.733*	1.385	0.000	3.970	9.497
	握力	–.876*	.310	0.006	–1.495	–.258

续表

组别	指标	平均值差值（I–J）	标准误差	显著性b	差值的95%置信区间b	
					下限	上限
实验班	10米折返跑	.729*	.053	0.000	.625	.834
	立定跳远	−13.853*	1.634	0.000	−17.114	−10.592
	网球掷远	−.303*	.013	0.000	−.329	−.277
	双脚连续跳	2.050*	.380	0.000	1.292	2.808
	坐位体前屈	2.144*	.592	0.001	.963	3.325
	走平衡木	8.203*	1.425	0.000	5.359	11.046
	握力	−1.456*	.301	0.000	−2.056	−.855

在10米折返跑、立定跳远等七个变量上，重复测量方差结果显示有显著的时间与组别的交互作用，进行简单效应分析后发现，实验前两组中班幼儿在10米折返跑、立定跳远等七个变量上无显著性差异（$P>0.05$）。实验干预后，两组中班幼儿各项身体素质指标明显高于实验前测（$P<0.01$），实验班幼儿提高幅度明显高于对照班。在实验干预后，两组中班幼儿10米折返跑、立定跳远等七个变量均具有显著性差异（$P<0.01$），实验班中班幼儿各项身体素质指标均高于对照班。

表5–19　两组中班幼儿身体素质前测、后测结果成对比较

测试时间	指标	平均值差值（I–J）	标准误差	显著性b	差值的95%置信区间b	
					下限	上限
前测	10米折返跑	.429	.258	0.101	−.086	.943
	立定跳远	−2.281*	.902	0.120	−17.068	−1.494
	网球掷远	−.240	.154	0.124	−.549	.068
	双脚连续跳	.680	.651	0.300	−.620	1.979
	坐位体前屈	−.765	.889	0.343	−2.751	1.025
	走平衡木	.836	2.345	0.723	−3.844	5.516
	握力	−0.374*	.0362	0.101	−2.657	−.691

续表

测试时间	指标	平均值差值（I–J）	标准误差	显著性b	差值的95%置信区间b	
					下限	上限
后测	10米折返跑	.951*	.230	0.000	.492	1.410
	立定跳远	–12.051*	3.190	0.000	–18.416	–5.685
	网球掷远	–.354*	.154	0.024	–.661	–.048
	双脚连续跳	1.066*	.413	0.012	.241	1.890
	坐位体前屈	–3.745*	1.140	0.002	–6.020	–1.470
	走平衡木	2.306	1.192	0.047	–.074	4.685
	握力	–1.095*	.468	0.022	–2.028	–.162

（三）两组大班幼儿身体素质结果分析

表5–20　两组大班幼儿与全国幼儿身体素质对比分析

指标	性别	实验前测	实验后测	国民体质监测
10米折返跑	男	8.3	7.5	6.9
	女	8.6	8.0	7.2
立定跳远	男	97.0	106.5	102.3
	女	83.1	93.5	95.4
网球掷远	男	7.0	7.3	7.0
	女	5.0	5.3	5.4
双脚连续跳	男	6.0	5.0	6.0
	女	6.3	5.3	6.1
坐位体前屈	男	8.4	9.3	8.9
	女	12.3	13.2	11.8
走平衡木	男	6.7	6.3	7.3
	女	7.0	6.6	7.5
握力	男	8.3	9.5	7.8
	女	6.8	7.3	6.7

表5-21　两组大班幼儿身体素质前后测对比分析

组别	指标	平均值差值（I-J）	标准误差	显著性b	差值的95%置信区间b	
					下限	上限
对照班	10米折返跑	.515*	.042	0.000	.431	.599
	立定跳远	−5.324*	1.028	0.000	−7.378	−3.270
	网球掷远	−.238*	.030	0.000	−.299	−.178
	双脚连续跳	.276	.143	0.058	−.010	.563
	坐位体前屈	−2.974*	.520	0.000	−4.011	−1.936
	走平衡木	.897	.939	0.343	−.978	2.772
	握力	−.335	.211	0.116	−.756	.085
实验班	10米折返跑	.864*	.043	0.000	.778	.949
	立定跳远	−18.152*	1.044	0.000	−20.236	−16.067
	网球掷远	−.639*	.031	0.000	−.701	−.578
	双脚连续跳	1.179*	.145	0.000	.888	1.469
	坐位体前屈	−3.245*	.527	0.000	−4.299	−2.192
	走平衡木	3.591*	.953	0.000	1.688	5.494
	握力	−1.955*	.214	0.000	−2.382	−1.527

表5-22　两组大班幼儿身体素质前测、后测结果成对比较

测试时间	指标	平均值差值（I-J）	标准误差	显著性b	差值的95%置信区间b	
					下限	上限
前测	10米折返跑	−.044	.096	0.651	−.236	.149
	立定跳远	4.738	4.340	0.279	−3.930	13.406
	网球掷远	−.131	.261	0.618	−.653	.391
	双脚连续跳	−.438	.326	0.184	−1.090	.214
	坐位体前屈	−2.344	1.388	0.096	−5.117	.428
	走平衡木	−.827	1.813	0.650	−4.448	2.795
	握力	.280	.528	0.597	−.773	1.334

续表

测试时间	指标	平均值差值（I–J）	标准误差	显著性b	差值的95%置信区间b	
					下限	上限
后测	10米折返跑	.305*	.129	0.021	.047	.563
	立定跳远	–8.090*	4.003	0.047	–16.085	–.095
	网球掷远	–.532*	.248	0.036	–1.028	–.036
	双脚连续跳	.465*	.208	0.029	.049	.880
	坐位体前屈	–2.616*	1.159	0.027	–4.930	–.302
	走平衡木	1.867*	.848	0.031	.174	3.560
	握力	–1.339*	.613	0.033	–2.563	–.115

两组大班幼儿前测七项身体素质与国民体质监测结果比较发现，男女生走平衡木、女生坐位体前屈高于第四次全国幼儿体质监测值；男女生10米折返跑、立定跳远，女生网球掷远、双脚连续跳，男生坐位体前屈低于第四次全国幼儿体质监测值；男女生握力高于第五次全国幼儿体质监测值。两组大班幼儿后测七项身体素质与国民体质监测结果比较发现，男女生双脚连续跳、坐位体前屈、走平衡木，男生立定跳远、网球掷远高于第四次全国幼儿体质监测值；男女生10米折返跑，女生立定跳远、网球掷远低于第四次全国幼儿体质监测值；男女生握力高于第五次全国幼儿体质监测值。

在10米折返跑、立定跳远等七个变量上，重复测量方差结果显示有显著的时间与组别的交互作用，进行简单效应分析后发现，实验前两组大班幼儿在10米折返跑、立定跳远等七个变量上无显著性差异（$P>0.05$）。实验干预后，两组大班幼儿各项身体素质指标明显高于实验前测（$P<0.01$），实验班幼儿提高幅度明显高于对照班。在实验干预后，两组大班幼儿10米折返跑、立定跳远等七个变量均具有显著性差异（$P<0.01$），实验班大班幼儿各项身体素质指标均高于对照班。

四、两组幼儿执行功能结果分析

（一）两组小班幼儿执行功能结果分析

在昼/夜Stroop任务变量上，重复测量方差结果显示有显著的时间与组别交互作用（F=8.10，P<0.01，偏 η^2=0.12）。进行简单效应分析后发现，实验前两组小班幼儿昼/夜Stroop任务正确率无显著性差异（P>0.05）。实验干预后，两组小班幼儿昼/夜Stroop任务正确率均显著高于实验前测（P<0.01），其中对照班提高14.3%，实验班提高22%。在实验干预后，两组小班幼儿昼/夜Stroop任务正确率具有显著性差异（P<0.01），实验班小班幼儿昼/夜Stroop任务正确率比对照班高10.2%[95%CI=（0.03–0.17）]。

在固定盒子任务变量上，重复测量方差结果显示有显著的时间与组别交互作用（F=9.21，P<0.01，偏 η^2=0.14）。进行简单效应分析后发现，实验前两组小班幼儿固定盒子任务得分无显著性差异（P>0.05）。实验干预后，两组小班幼儿固定盒子任务得分均显著高于实验前测（P<0.01），其中对照班提高0.93分，实验班提高1.97分。在实验干预后，两组小班幼儿固定盒子任务得分具有显著性差异（P<0.01），实验班小班幼儿固定盒子任务得分比对照班高1.17[95%CI=（0.36–1.98）]。

表5-23　两组小班幼儿执行功能前测结果描述统计表

指标	组别	个案数	平均值	标准偏差
昼/夜Stroop任务	对照班	30	0.304	0.114
	实验班	30	0.330	0.149
固定盒子任务	对照班	30	4.430	2.012
	实验班	30	4.570	1.775
维度变化卡片分类任务	对照班	30	10.50	4.584
	实验班	30	10.63	5.136

表5-24　两组小班幼儿执行功能后测结果描述统计表

指标	组别	个案数	平均值	标准偏差
昼/夜Stroop任务	对照班	30	0.447	0.084
	实验班	30	0.550	0.177
固定盒子任务	对照班	30	5.370	1.542
	实验班	30	6.530	1.592
维度变化卡片分类任务	对照班	30	12.230	3.645
	实验班	30	14.200vt	3.305

表5-25　两组小班幼儿执行功能前后测对比分析

组别	指标	平均值差值	标准误差	显著性b	差值的95%置信区间b	
					下限	上限
对照班	昼/夜Stroop任务	–.143*	.019	.000	–.181	–.105
	固定盒子任务	–.933*	.241	.000	–1.415	–.451
	维度变化卡片分类任务	–1.733*	.566	.003	–2.866	–.601
实验班	昼/夜Stroop任务	–.220*	.019	.000	–.258	–.182
	固定盒子任务	–1.967*	.241	.000	–2.449	–1.485
	维度变化卡片分类任务	–3.567*	.566	.000	–4.699	–2.434

在维度变化卡片分类任务变量上，重复测量方差结果显示有显著的时间与组别交互作用（F=5.25，$P<0.05$，偏 $\eta^2=0.08$）。进行简单效应分析后发现，实验前两组小班幼儿维度变化卡片分类任务得分无显著性差异（$P>0.05$）。实验干预后，两组小班幼儿维度变化卡片分类任务得分均显著高于实验前测（$P<0.01$），其中对照班提高1.73分，实验班提高3.57分。实验干预后，两组小班幼儿维度变化卡片分类任务得分具有显著性差异（$P<0.05$），实验班幼儿维度变化卡片分类任务得分比对照班高1.97[95%CI=（0.17–3.77）]。

表5-26　两组小班幼儿执行功能前测、后测结果成对比较

测试时间	指标	平均值差值	标准误差	显著性b	差值的95%置信区间b	
					下限	上限
前测	昼/夜Stroop任务	-.026	.034	.455	-.094	.043
	固定盒子任务	-.133	.490	.786	-1.114	.847
	维度变化卡片分类任务	-.133	1.257	.916	-2.649	2.383
后测	昼/夜Stroop任务	-.102*	.036	.006	-.174	-.031
	固定盒子任务	-1.167*	.405	.006	-1.977	-.357
	维度变化卡片分类任务	-1.967*	.898	.033	-3.765	-.168

（二）两组中班幼儿执行功能结果分析

在昼/夜Stroop任务变量上，重复测量方差结果显示有显著的时间与组别交互作用（F=6.89，$P<0.05$，偏 $\eta^2=0.09$）。进行简单效应分析后发现，实验前两组中班幼儿昼/夜Stroop任务正确率无显著性差异（$P>0.05$）。实验干预后，两组中班幼儿昼/夜Stroop任务正确率均显著高于实验前测（$P<0.01$），其中对照班提高8.9%，实验班提高17.7%。在实验干预后，两组中班幼儿昼/夜Stroop任务正确率具有显著性差异（$P<0.05$），实验班幼儿昼/夜Stroop任务正确率比对照班高9.1%。

在固定盒子任务变量上，重复测量方差结果显示有显著的时间与组别交互作用（F=11.37，$P<0.01$，偏 $\eta^2=0.14$）。进行简单效应分析后发现，实验前两组中班幼儿固定盒子任务得分无显著性差异（$P>0.05$）。实验干预后，实验班幼儿固定盒子任务得分显著高于实验前测（$P<0.01$），实验班提高1.53分；对照班幼儿固定盒子任务前后测得分无显著性差异（$P>0.05$）。在实验干预后，两组中班幼儿固定盒子任务得分具有显著性差异（$P<0.01$），实验班幼儿固定盒子任务得分比对照班高1.75[95%CI=（0.98-2.51）]。

在维度变化卡片分类任务变量上，重复测量方差结果显示有显著的时

间与组别交互作用（F=21.60，$P<0.01$，偏 $\eta^2=0.24$）。进行简单效应分析后发现，实验前两组中班幼儿维度变化卡片分类任务得分无显著性差异（$P>0.05$）。实验干预后，实验班幼儿维度变化卡片分类任务得分显著高于实验前测（$P<0.01$），实验班提高3.15分；对照班幼儿维度变化卡片分类任务得分前后测得分无显著性差异（$P>0.05$）。在实验干预后，两组中班幼儿维度变化卡片分类任务得分具有显著性差异（$P<0.05$），实验班幼儿维度变化卡片分类任务得分比对照班高1.76[95%CI=（0.34–3.18）]。

表5–27　两组中班幼儿执行功能前测结果描述统计表

指标	组别	个案数	平均值	标准偏差
昼/夜Stroop任务	对照班	36	0.440	0.130
	实验班	34	0.442	0.173
固定盒子任务	对照班	36	5.920	2.273
	实验班	34	6.380	1.891
维度变化卡片分类任务	对照班	36	13.890	3.584
	实验班	34	12.560	4.186

表5–28　两组中班幼儿执行功能后测结果描述统计表

指标	组别	个案数	平均值	标准偏差
昼/夜Stroop任务	对照班	36	0.528	0.118
	实验班	34	0.619	0.191
固定盒子任务	对照班	36	6.17	1.905
	实验班	34	7.91	1.190
维度变化卡片分类任务	对照班	36	13.94	3.260
	实验班	34	15.71	2.635

表5-29　两组中班幼儿执行功能前后测对比分析

组别	指标	平均值差值	标准误差	显著性b	差值的95%置信区间b	
					下限	上限
对照班	昼/夜Stroop任务	-.089*	.024	0.000	-.135	-.042
	固定盒子任务	-.250	.264	0.348	-.778	.278
	维度变化卡片分类任务	-.056	.464	0.905	-.981	.870
实验班	昼/夜Stroop任务	-.177*	.024	0.000	-.225	-.129
	固定盒子任务	-1.529*	.272	0.000	-2.072	-.986
	维度变化卡片分类任务	-3.147*	.477	0.000	-4.099	-2.195

表5-30　两组中班幼儿执行功能前测、后测结果成对比较

测试时间	指标	平均值差值	标准误差	显著性b	差值的95%置信区间b	
					下限	上限
前测	昼/夜Stroop任务	-.002	.036	0.949	-.075	.070
	固定盒子任务	-.466	.501	0.356	-1.466	.535
	维度变化卡片分类任务	1.330	.930	0.157	-.525	3.185
后测	昼/夜Stroop任务	-.091*	.038	0.019	-.166	-.016
	固定盒子任务	-1.745*	.382	0.000	-2.508	-.982
	维度变化卡片分类任务	-1.761*	.711	0.016	-3.180	-.343

（三）两组大班幼儿执行功能结果分析

在昼/夜Stroop任务变量上，重复测量方差结果显示有显著的时间与组别交互作用（F=15.62，P<0.01，偏 η^2=0.19）。进行简单效应分析后发现，实验前两组大班幼儿昼/夜Stroop任务正确率无显著性差异（P>0.05）。实验干预后，实验班幼儿昼/夜Stroop任务正确率显著高于实验前测（P<0.01），实验班提高17.9%；对照班幼儿昼/夜Stroop任务正确率前后无显著性差

异（$P>0.05$）。在实验干预后，两组大班幼儿昼/夜Stroop任务正确率具有显著性差异（$P<0.01$），实验班幼儿昼/夜Stroop任务正确率比对照班高10.3%[95%CI=（0.03–0.18）]。

在固定盒子任务变量上，重复测量方差结果显示有显著的时间与组别交互作用（F=22.52，$P<0.01$，偏 $\eta^2=0.26$）。进行简单效应分析后发现，实验前两组大班幼儿的固定盒子任务得分无显著性差异（$P>0.05$）。实验干预后，实验班幼儿固定盒子任务得分显著高于实验前测（$P<0.01$），提高1.42分；对照班幼儿固定盒子任务得分前后测无显著性差异（$P>0.05$）。在实验干预后，两组大班幼儿固定盒子任务得分具有显著性差异（$P<0.01$），实验班得分比对照班高1.02[95%CI=（0.45–1.59）]。

表5–31　两组大班幼儿执行功能前测结果描述统计表

指标	组别	个案数	平均值	标准偏差
昼/夜Stroop任务	对照班	34	0.628	0.163
	实验班	33	0.587	0.158
固定盒子任务	对照班	34	7.560	1.260
	实验班	33	7.150	1.004
维度变化卡片分类任务	对照班	34	14.240	3.774
	实验班	33	15.150	2.252

表5–32　两组大班幼儿执行功能后测结果描述统计表

指标	组别	个案数	平均值	标准偏差
昼/夜Stroop任务	对照班	34	0.662	0.133
	实验班	33	0.766	0.168
固定盒子任务	对照班	34	7.560	1.481
	实验班	33	8.580	0.708
维度变化卡片分类任务	对照班	34	14.710	3.280
	实验班	33	17.480	1.121

表5-33 两组大班幼儿执行功能前后测对比分析

组别	指标	平均值差值	标准误差	显著性b	差值的95%置信区间b	
					下限	上限
对照班	昼/夜Stroop任务	-.034	.026	.184	-.086	.017
	固定盒子任务	0.137	.111	0.435	-.421	.421
	维度变化卡片分类任务	-.471	.253	.068	-.976	.035
实验班	昼/夜Stroop任务	-.179*	.026	.000	-.231	-.127
	固定盒子任务	-1.424*	.214	.000	-1.851	-.997
	维度变化卡片分类任务	-2.333*	.257	.000	-2.847	-1.820

表5-34 两组大班幼儿执行功能前测、后测结果成对比较

测试时间	指标	平均值差值	标准误差	显著性b	差值的95%置信区间b	
					下限	上限
前测	昼/夜Stroop任务	.041	.039	.302	-.038	.119
	固定盒子任务	.407	.279	.149	-.150	.964
	维度变化卡片分类任务	-.916	.762	.234	-2.438	.606
后测	昼/夜Stroop任务	-.103*	.037	.007	-.177	-.030
	固定盒子任务	-1.017*	.285	.001	-1.586	-.448
	维度变化卡片分类任务	-2.779*	.603	.000	-3.982	-1.575

在维度变化卡片分类任务变量上，重复测量方差结果显示有显著的时间与组别交互作用（F=26.64，$P<0.01$，偏 $\eta^2=0.29$）。进行简单效应分析后发现，实验前两组大班幼儿维度变化卡片分类任务得分无显著性差异（$P>0.05$）。实验干预后，实验班幼儿维度变化卡片分类任务得分显著高于实验前测（$P<0.01$），提高2.33分；对照班幼儿维度变化卡片分类任务得分前后测无显著性差异（$P>0.05$）。在实验干预后，两组大班幼儿维度变化卡片分类

任务得分具有显著性差异（$P<0.05$），实验班幼儿维度变化卡片分类任务得分比对照班高2.78[95%CI=（1.58–3.98）]。

五、讨论与分析

（一）幼儿园足球游戏课程对幼儿粗大动作发展的影响

采用TGMD–2测量幼儿粗大动作发展水平，测量指标包括身体移动、物体操控能力。研究结果发现，两组幼儿各项指标均随着年龄增长而增加；两组幼儿各年龄段各项指标前后测结果均存在显著性差异（$P<0.01$），后测高于前测，说明无论是对照班的常规幼儿足球教学还是实验班设计的幼儿园足球游戏课程教学均能提高幼儿粗大动作发展水平；两组幼儿不同年龄段各项指标前测无显著性差异（$P>0.05$），实验干预后两组幼儿不同年龄段各项指标后测均存在显著性差异（$P<0.01$），实验班提高幅度明显高于对照班，说明实验班设计的幼儿园足球游戏课程教学对于提高幼儿粗大动作发展水平更有效。

两组幼儿各项指标前后测结果显示随着年龄的增长而增加，这一研究结果与先前研究一致。例如，Kakebeeke等[①]研究认为，幼儿基本运动能力随着年龄增长而提高；范雪等[②]研究发现，幼儿跑步动作随着年龄增长逐渐发展成熟；辛飞等[③]在综述国外幼儿基本动作干预研究中指出，年龄的增长促使幼儿身体发育成熟度提高，进而影响了幼儿粗大动作发展水平。但Clark等[④]指出，年龄并不是影响基本动作技能发展的主要因素，而是取决于个体经验。

---

① Kakebeeke T.H，Locatelli I，Rousson V，etal. "Improvement in gross motor performance between 3and 5years of age." [J].Percept Motor Skills，2012，114（3）:795–806.

② 范雪，罗冬梅，陈皆播等.3–6岁幼儿跑步动作发展特征及教学策略分析[J].体育科学，2017，37（11）:40–47.

③ 辛飞，蔡玉军，鲍冉等.国外幼儿基本动作技能干预研究系统评述[J].体育科学，2019，39（02）:83–97.

④ Clark.J.E，Metcalfe，J.S.The mountain of motor development:A metaphor In JE.Clark and JH.Humphrey，（Eds）.Motor Development:Research and Reviews[M].Reston，VA:NASPE Publications，2002:163–190.

Newell①、Gallahue②具有相同的观点，认为动作表现由个体、任务、环境三因素影响。除个体因素外，可通过控制任务、环境影响基本动作技能发展。因此，幼儿基本动作技能的发展不能单单依靠幼儿个体发育成熟度来提高，而是根据个体发展需要，营造良好的环境、适宜的任务要求共同影响以提高基本动作技能发展。这也为幼儿园开展结构性幼儿体育活动的必要性提供了重要理论依据。

持续8—12周的幼儿体育活动干预可以显著提高基本动作技能发展水平③。本研究中两组幼儿各年龄段各项指标前后测结果均存在显著性差异（$P<0.01$），后测高于前测，说明干预提高了幼儿粗大动作发展水平。实验干预后对照组与实验组幼儿不同年龄段各项指标后测均存在显著性差异（$P<0.01$），实验班提高幅度明显高于对照班，说明实验班设计的幼儿园足球游戏课程教学对于提高幼儿粗大动作发展水平更有效。这与同类干预研究的结果一致。例如Rocha等④通过幼儿足球和游泳干预研究，结果显示足球组在5个月、10个月及30个月的身体移动得分均明显高于游泳组和不参与体育活动组。另外，Lemos等⑤通过专业体育教师与普通教师干预教学发现，专业体育教师结构化教学在促进幼儿基本动作技能发展方面更为明显；辛飞等⑥在相关研究中指出教师专业背景、胜任力等因素在干预幼儿基本技能发展上具有重要影响。本研究中，对照班教学任务由幼儿园专职幼儿体育教师承担（非体育专业背景，足球爱好者），教龄4年；实验班教学任务由研究者本人承

① Newell K.Motor Development During preschool and elementary[M].In J:Thomas，1984:56.

② Gallahue.Handbook of research on the education of Preschool children[M]. NewYork:Macmillan，1993:69.

③ GregP，耿培新.人类动作发展概论[M].北京:人民教育出版社，2007:121.

④ Rocha H，Marinho D.A，Costa A.M.Short-and long-term outcomes of swimming and football practice on global motor development during childhood[J].Science&Sports，2014，29:S23.

⑤ Lemos A.G，Avigo E.L，Barela J.A.Physical Education in Kindergarten Promotes Fundamental Motor Skill Development[J].Scientific Research，2012，2(1):17-21.

⑥ 辛飞，蔡玉军，鲍冉等.国外幼儿基本动作技能干预研究系统评述[J].体育科学，2019，39(2):83-97.

担，专任体育教师（高校、足球专项）。因此，本研究中两组幼儿粗大动作实验前后测对比分析结果验证了Lemos、辛飞等研究者的观点。专职幼儿体育教师在结构化幼儿体育活动促进幼儿粗大动作发展的作用已普遍得到学前教育界、体育界认同，但专职幼儿体育教师的配置成为当前幼儿园体育活动开展的掣肘，幼儿足球专职教师则更是全国幼儿足球特色幼儿园发展的瓶颈。例如，相关权威媒体报道显示①，我国近25万所幼儿园中95%无专职体育教师，95%幼儿体育教师无专业背景，95%幼儿体育教师为女性。综上研究表明，结构化体育活动促进幼儿粗大动作发展效果明显，幼儿体育教师在促进幼儿粗大动作发展上发挥着重要作用。

（二）幼儿园足球游戏课程对幼儿身体素质发展的影响

采用国民体质测定标准手册（幼儿部分）对幼儿10米折返跑、立定跳远、网球掷远、双脚连续跳、坐位体前屈、走平衡木以及第五次国民体质监测中的幼儿握力进行测试。结果显示，不同年龄段幼儿七项身体素质与全国国民体质监测对比发现存在发展不均衡现象；除大班双脚连续跳、走平衡木、握力三项身体素质外，对照班幼儿实验前后测结果均存在显著性差异（$P<0.05$），说明对照班常规幼儿足球教学活动在促进幼儿身体素质发展上存在差异性；实验班幼儿实验前后测结果均存在显著性差异（$P<0.01$），说明实验班幼儿足球游戏教学活动在促进幼儿身体素质发展上效果明显；对照班与实验班幼儿前测结果不存在显著性差异（$P>0.05$），对照班与实验班幼儿后测结果存在显著性差异（$P<0.05$），说明实验班幼儿园足球游戏课程干预效果优于对照班常规幼儿足球教学，表明足球教学中添加游戏元素激发了幼儿学习兴趣，推动了幼儿积极参加游戏进而提高了幼儿身体素质水平②。

动作发展与身体素质存在正相关性，动作发展水平高的个体对身体素质

① 中国新闻网，2018.中华全国体育基金会理事长：发展幼儿体育不能过早竞技化[EB/OL].（2019-10-10）[2022-05-10].http://www.chinanews.com/ty/2018/01-10/8420663.shtml.

② Barno Pulatovna Abdullaeva. Characteristics of Using Football Elements in the Physical Education of Preschool Children[J].Global Scientific Review，2022，10: 46 - 51.

产生积极影响。本研究中实验班与对照班粗大动作、身体素质前后测结果进一步证实了这一观点。Haga研究指出，动作发展直接关系幼儿参与体育活动的程度，进而影响幼儿体质健康①；张柳等通过对北京市5—6岁幼儿研究发现，身体素质与基本动作技能间存在相关性，良好的身体素质促进了基本动作技能的发展②；Cairney等通过实证研究发现，幼儿基本动作技能练习促进了体质健康水平的提高，个体基本动作技能水平低则会影响其参与体育活动的兴趣、自信心，从而影响个体体质健康的发展；Barnett等研究者通过长时间跟踪研究进一步证实了Cairney的观点，认为基本动作技能好的幼儿更愿意参加体育活动，并在参加体育活动中实现自我价值体现，提高了体质健康水平进而形成良性循环。相反，基本动作技能发展存在障碍的幼儿由于在体育活动中无法完成动作，从而失去参与体育活动的兴趣与动力而导致基本动作技能和体质健康水平的负向发展③。

（三）幼儿园足球游戏课程对幼儿执行功能发展的影响

游戏是幼儿的天性，也是幼儿活动的基本形式。幼儿在体育游戏过程中，体质、情感、认知以及社会能力均能得到发展。实验结果显示，对照班除小班、中班幼儿昼/夜Stroop任务外，其他年龄段幼儿执行功能前后测结果不存在显著性差异（$P>0.05$），说明常规幼儿足球课程在执行功能的干预效果上存在差异；实验班幼儿不同年龄段执行功能前后测结果存在显著性差异（$P<0.01$），说明以游戏形式开展的幼儿足球课程能明显提高幼儿执行功能的发展；实验班与对照班不同年龄段幼儿执行功能前后测结果均存在显著性差异（$P<0.05$），说明幼儿园足球游戏课程在执行功能干预效果上优于常规幼儿

① Haga M.Physical fitnessin children with high motor competences different from that in children with low motor competence[J].Phys Ther，2009，89(10):1089-1097.

② 张柳，李红娟，王欢等.幼儿基本动作技能与身体素质的关联性[J].中国学校卫生，2020，41(04):554-557.

③ Bamnett LM，Van B.E，Morgan P.J，etal.Childhood motor skill proficiency as a predictor of adolescence physical activity[J].Journal of Adolescent Health Of finial Publication of the Society for Adolescent Medicine，2009，44(3):252.

足球课程。

本研究与先前国内同类研究结果一致。例如，冯娜指出体育游戏不仅提高了幼儿运动能力，还提升了幼儿自我认知能力、记忆能力、观察力①；王志鹏通过8周网球游戏干预，发现幼儿大脑额叶区得到激活②；张嘉旭通过实验发现，实验班足球活动与对照班幼儿常规体育活动中的执行功能干预效果随着时间的增加而增加，实验班干预效果总体高于对照班，但执行功能中的三个指标干预效果存在差异性③。另外，对于特殊幼儿的干预同样得到验证。韩流等通过体育游戏对3名特殊幼儿干预发现，幼儿在言语认知、情感、交流以及人格方面效果明显④。国外相关研究同样表明体育活动在促进认知方面的积极作用。例如，Kimberley通过三个月干预研究发现，幼儿认知自我调节、情感自我调节、亲社会行为、课堂行为和基础数学测试均得到提升，其中男幼儿提升幅度高于女幼儿⑤；Cherie等通过对160名3—7岁幼儿研究发现，干预提升了幼儿执行功能水平，但实验还发现即使最小的幼儿也表现出较高的执行功能水平⑥，说明执行功能水平的高低可能存在其他影响因素；Niederer通过研究在基线测试时发现，有氧能力和运动能力高的幼儿，后期跟踪研究发现注意力、记忆力表现更高⑦。

---

① 冯娜.体育游戏对幼儿身心发展影响的实验研究[D].苏州大学硕士学位论文，2012:1.

② 王志鹏.8周网球运动游戏对学龄前儿童执行控制功能的影响[D].首都体育学院硕士学位论文，2017:1.

③ 张嘉旭.足球活动对幼儿执行功能的影响研究[D].陕西师范大学，2018:38.

④ 韩流，李丹.团体体育游戏改善幼儿不安全依恋行为的个案研究[J].体育科学，2015，35（2）:41-47.

⑤ Kimberley D.L，William T.H. Promoting self-regulation through school-based martial arts training[J].Applied Developmental Psychology，2004，25（3）:283 - 302.

⑥ Cherie L. Gerstadt，Yoon Joo Hong，Adele Diamond. The relationship between cognition and action: performance of children 3.5-7 years old on a stroop-like day-night test[J]. Cognition，1994，53（2）:129-153.

⑦ Niederer I，Kriemler S，Gut J，etal. Relationship of aerobic fitness and motor skills with memory and attention in preschoolers（Ballabeina）: a cross-sectional and longitudinal study[J]. BMC Pediatr.2011，11:34.

相关研究均表明体育活动对认知发展的积极作用，并对其产生的机理进行了进一步阐述。例如，全明辉通过梳理从人体实验和动物实验两方面的相关研究解释了运动影响认知发展的机理。人体实验表明，运动可通过改善大脑相应区域结构或改变功能活动状态来影响认知能力；另外运动对于外周血液神经营养因子（如IGF-1和BDNF）的改变来解释运动对认知的影响机理。动物实验表明，运动可以促进海马BDNF的表达，其机制可能与细胞能量代谢有关；BDNF作为一个重要的信号分子衔接运动与突触可塑性这个过程，进而提高认知能力的发展①。

研究表明，参与体育项目活动对促进幼儿执行功能具有积极影响，但幼儿阶段游戏性为主的体育活动研究较少，更缺少对比性的研究；此外，体育活动对认知发展的影响机制大部分研究对象为儿童、青少年以及成人，针对幼儿方面的研究相对缺乏，需要后期通过实证进一步研究探讨。

（四）幼儿园足球游戏课程促进幼儿身心发展的机理分析

游戏是幼儿的基本活动形式，也是幼儿的存在方式。游戏代表着幼儿身心发展的客观要求，幼儿的需要是解释幼儿游戏动因的依据。

1.身体活动的需要

幼儿除基本生理需求外，同样有身体活动的需求。好动是幼儿的年龄特点，“动即快乐”是幼儿游戏的最初动因。身体活动受神经系统支配，幼儿期神经系统还不成熟，其特点是兴奋大于抑制，好动是兴奋性的外在表现形式。另外，幼儿骨骼、肌肉的发展同样需要适宜的身体活动，以得到充分的血液并获得充足的养料。幼儿园足球游戏课程作为幼儿游戏的内容满足了幼儿身体活动的需要。在游戏中幼儿可以积极、主动地变换动作，多次重复所感兴趣的活动而不受限制。而积极的身体活动可以使幼儿产生愉悦的身体体验，使中枢神经系统机能维持在最佳水平，避免幼儿对活动产生厌烦、疲劳，使机体增加舒适度。“专项化”的幼儿足球活动同样属于身体活动的范畴，但违

① 全明辉．体力活动对学龄前儿童认知能力影响研究[D].上海体育学院，2015:31–33.

背幼儿身心发展特点和幼儿教育规律必然不利于幼儿身心健康发展。这主要表现在“专项化”教学以学习运动技能为目的，幼儿在重复枯燥、单一技能练习中遇到困难而无法成功时，导致身心疲惫、失去兴趣以及否定自我的负面情绪。

2.认知的需要

兴趣、好奇心是推动幼儿游戏的直接动因，探究则是幼儿游戏活动的开端。探究行为来自认知的需要，包括理解环境的需要和影响环境的需要，其生理机制是中枢神经系统维持最佳唤醒水平的需要。游戏的唤醒理论从机体和环境之间的信息交流和平衡视角揭示了探究内驱力的奥秘。探究分为特殊性探究和多样性探究两种，其中，特殊性探究解释“是什么”的问题，表现出机体积极理解环境的需要；多样性探究解释“拿来做什么”的问题，表现出机体主动影响环境的需要。幼儿园足球游戏课程作为游戏的内容，当幼儿将足球作为新异刺激物时，将会专注于研究足球的特点，表现出认真、严肃的特点；当幼儿了解足球的特点后，则会按照自己的想象变着花样来玩足球。而“专项化”的足球教学方式则抑制了幼儿的多样性探究，降低了唤醒水平导致中枢神经系统不能达到最佳状态，从而使幼儿产生厌烦疲劳心态，失去对足球的兴趣。

3.交往和表达的需要

交往和表达的需要推动幼儿游戏或更好的游戏。游戏是幼儿期幼儿交往的基本形式，它满足了幼儿与同伴交往的需要，发展和形成了幼儿最初的社会性关系和情感。游戏是幼儿语言表达的独特形式，游戏对于幼儿而言不仅意味着“好玩”，更在于幼儿在游戏中可以获得影响与控制环境的体验，建立自信心。当幼儿在足球游戏过程中通过自己的行动对足球或他人产生影响时，会感到自己是有能力的人，从而获得成功感、喜悦感，使幼儿自我实现的需要获得满足。而“专项化”的幼儿足球教学使幼儿大量时间、精力、情感投入到专项技能的学习，同时盲目顺从教师权威，不能充分展示自我、表达自我以及缺失与同伴游戏、沟通和交流的机会，造成幼儿心理疲劳而失去对幼儿足球的兴趣。

身体活动的需要、认知的需要以及交往和表达的需要发动了游戏，而游戏满足了各种需要，需要的满足带来了快乐，快乐作为强化物使幼儿对游戏活动本身产生兴趣，兴趣和快乐两种正面情绪体验相互作用、相互补充，进一步推动幼儿游戏。这也进一步解释了以游戏内容和形式开展的幼儿园足球游戏课程相较“专项化”足球课程在促进幼儿粗大动作、身体素质以及执行功能发展效果更为显著的机理成因。

本章小结

本章节在幼儿园足球游戏课程理论构建的基础上，采用行动研究法对幼儿园足球游戏课程教学实施干预并进行了质性和量化评价。其中，行动研究中的计划－行动－观察－反思－计划的螺旋式演进过程，修正了幼儿园足球游戏课程方案，提高了课程实施的效果。实践效果研究中，通过对幼儿园足球游戏课程的教学实践的家长满意度调查，结果显示，家长对幼儿园足球游戏课程教学效果总体上比较满意。通过对照班与实验班幼儿粗大动作、身体素质、执行功能干预研究发现，对照班与实验班实验前测结果不存在显著性差异，实验后测结果存在显著性差异，说明幼儿园足球游戏课程在促进幼儿粗大动作、身体素质以及执行功能发展方面优于“专项化”幼儿足球教学活动。另外，两种教学活动在促进幼儿粗大动作、身体素质提升方面均有不同程度的影响，但在执行功能发展上存在较大差异。结果表明，对照班幼儿执行功能前后测结果不存在显著性差异，而实验班幼儿执行功能前后测结果存在显著性差异，表明以游戏形式开展的幼儿足球活动相比以专项形式开展的幼儿足球在发展幼儿执行功能方面效果更明显。

幼儿园足球游戏课程促进幼儿身心发展的机理分析认为，幼儿的需要是解释幼儿游戏动因的依据。游戏是在发展过程中出现的现象，幼儿的身体活动需要、认知需要以及交往和表达的需要推动着幼儿的游戏。以游戏为内容和形式开展的幼儿园足球游戏课程正是满足了幼儿的各种需要，需要的满足带来了快乐，快乐作为强化物使幼儿对足球活动产生兴趣，形成推动幼儿进行足球游戏的良性循环，进而促进幼儿的全面发展。

第六章

研究结论与展望

本章在前面章节研究的基础上，概括归纳相应研究结论，并对未来幼儿园足球课程的研究提出一定展望。

一、研究结论

（一）幼儿园足球游戏课程是以实用主义哲学、认知发展理论、发展适宜性实践理论与游戏理论以及动作发展理论为基础，以足球为手段实现幼儿全面发展为目标，以组织开展适宜性足球游戏为内容，以课程实施过程的规范化为依托，以建立客观性、标准化的课程评价为参照，构建适宜于幼儿园足球游戏课程开展的理论–实践完整体系。

（二）确定了动作发展目标、认知发展目标和情感发展目标三大课程目标，其中动作发展目标是促进幼儿动作发展，并具有一定的平衡能力，动作协调、灵敏，具有一定的力量和耐力；认识发展目标是让幼儿知道必要的安全保健常识，学习保护自己，不断提高记忆力、注意力等认知能力；情感发展目标中要求建立良好的师生、同伴关系，在集体生活中情绪安定、愉快。

（三）基于动作教育模式的感知–运动课程活动内容分类，设计适合幼儿学习的有球技术动作足球游戏课程内容，包括身体横向交叉活动、身体左右对称活动、单侧身体活动和组合活动四大模块，解决了教学内容“专业化”的难题。

（四）本研究设计的幼儿园足球游戏课程能有效促进幼儿粗大动作、身体素质以及执行功能发展，且干预效果上优于专项化幼儿足球课程；同时，家长对幼儿园足球游戏课程的教学实践满意度评价较高，一定程度上达到了课程实施的效果并验证了幼儿园足球游戏课程的有效性。

二、研究局限

（一）调研样本的局限性

本研究的调研样本均来自浙江省，调研数据并未涉及其他省份，部分研究结论的适用范围存在局限性，可能并不能完全代表其他地域幼儿园的发展情况及存在的问题；因此，未来在理论研究和实践操作中需进一步扩充对其他省（区、市）的调研工作，不断增加效标对象，不断完善幼儿园足球游戏课程的构建。

（二）实验样本的局限性

受新冠疫情、时间、经费的影响，本研究仅在某一幼儿园开展了幼儿园足球游戏课程的有效性验证，并未对不同地域、不同经济水平的幼儿园和幼儿群体展开大样本量的实证研究，一定程度上影响了幼儿园足球游戏课程的效果分析。

三、研究展望

（一）全国幼儿园幼儿足球课程调查与分析。我国各省市地区受经济条件、城乡二元结构等客观因素的影响，幼儿园足球课程的开展存在差异性，后续研究可以扩大调查范围，实施抽样调查为幼儿园足球游戏课程的科学化开展提供现实依据。

（二）幼儿园足球游戏课程的推广与普及。本研究基于动作教育模式设计的感知－运动游戏课程总体上满意度较高且在促进幼儿粗大动作、身体素质以及执行功能的发展上具有一定效果，未来需要更多的幼儿园教学实践以进一步验证本课程方案的有效性和可推广性。

（三）幼儿园足球游戏课程对幼儿全面发展的追踪研究。幼儿足球活动对幼儿体质、动作发展、认知等影响具有短期效应和长期效应的区别，后续研究可以实施追踪研究以了解其长期效应。

参考文献

1. 中文文献

[1] 国家体育总局.第五次国民体质监测公报[EB/OL].(2022-01-14)[2022-02-14].https://www.ciss.cn/zhxw/info/2022/32045.html.

[2] 李木元.我国学龄儿童超重率、肥胖率30年分别增长近5倍和14倍 [EB/OL].(2019-02-28)[202-02-28].http://www.rmzxb.com.cn/c/2017-05-11/1530107.shtml.

[3] 教育部.教育部等八部门关于印发《综合防控儿童青少年近视实施方案》的通知[EB/OL].(2019-02-28)[2022-02-28].http://www.moe.gov.cn/srcsite/A17/moe 943/s3285/201808/t20180830 346672.html.

[4] 李春艳，刘丹松，封飞虎，等.儿童青少年的体育活动和体质水平与其肥胖风险的流行病学研究[J].武汉体育学院学报，2015，49(1):90-95.

[5] 殷荣宾，孙雷，王国祥，等.应用ICF理论研究体育活动对青少年近视的影响[J].中国康复理论与实践，2018，24(10):1223-1227.

[6] 中华人民共和国中央人民政府.习近平主持召开中央全面深化改革领导小组第十次会议[EB/OL].(2015-02-27)[2019-06-26].http://www.gov.cn/xinwen/2015-02/27/content 2822649.htm.

[7] 中华人民共和国中央人民政府.国务院印发《体育强国建设纲要》[EB/OL].(2019-09-02)[2022-06-26].http://www.gov.cn/xinwen/2019-09/02/content 5426540.htm.

[8] 中华人民共和国教育部.全国校足办关于印发《3—6岁儿童足球活动负面清单》的通知[EB/OL].(2020-09-10)[2023-10-26].https://baijiahao.baidu.

com/s?id=1677800483360574924&wfr=spider&for=pcl.

[9] 梁志燊. 学前教育学[M]. 北京: 北京师范大学出版社，2014:2.

[10] 张腾. 游泳学习对幼儿粗大动作发展及感知身体能力的影响[D]. 北京体育大学，2019:9.

[11] 中华人民共和国教育部. 教育部关于印发《3—6岁儿童学习与发展指南》的通知[EB/OL].（2012-10-09）[2022-06-26].http://www.moe.gov.cn/srcsite/A06/s3327/201210/t20121009 143254.html.

[12] 董虫草. 胡伊青加的游戏理论[J]. 浙江大学学报（人文社会科学版），2005（3）:48-56.

[13] 李淑贤，姚伟. 幼儿游戏理论与指导[M]. 长春: 东北师范大学出版社，1995:8-10.

[14] 吴航. 游戏与教育——兼论教育的游戏性[D]. 华中师范大学，2001:56-58.

[15] 汉斯·格奥尔格·伽达默尔. 真理与方法——哲学诠释学的基本特征[M]. 洪汉鼎，译. 上海: 上海译文出版社，1999:130.

[16] 华爱华. 幼儿游戏理论[M]. 上海: 上海教育出版社，2015:77-78.

[17] 刘焱. 儿童游戏通论[M]. 北京: 北京师范大学出版社，2008:461.

[18] 顾明远. 教育大辞典·第1卷[M]. 上海: 上海教育出版社，1990:205.

[19] 钟启泉. 现代课程论[M]. 上海: 上海教育出版社，2015:27-28.

[20] 郝晓岑. 我国幼儿体育研究的轨迹、焦点与趋势[J]. 体育学刊，2018，25（5）:109-113.

[21] 辛飞，蔡玉军，鲍冉，等. 国外幼儿基本动作技能干预研究系统评述[J]. 体育科学，2019，39（2）:83-97.

[22] 雷园园，周龙祥，王国祥. 基于粗大动作发展的幼儿功能性动作训练方案设计研究[J]. 成都体育学院学报，2018，44（1）:122-126.

[23] 周啸，孟欢欢，赵焕彬，等. 功能性训练促进5-6岁幼儿粗大动作发

展的实证研究[J].成都体育学院学报，2016，42（5）:16–22.

[24] 吴升扣，姜桂萍，李曙刚，等.动作发展视角的韵律性身体活动促进幼儿粗大动作发展水平的实证研究[J].北京体育大学学报，2015，38（11）:98–105.

[25] 查萍，申其淇，任园春.幼儿体操运动干预对粗大动作发展的影响[J].中国学校卫生，2018，39（2）:197–199.

[26] 人民网.中国足协启动“娃娃工程”[EB/OL].（2018–10–11）[2020–11–11].http://m.people.cn/n4/2018/1011/c1209–11719397.html.

[27] 孔国贤，罗志远.幼儿快乐足球活动指南[M].广东:广东高等教育出版社，2016:1–5.

[28] 刁沛.制约成都市幼儿足球运动开展的因素及其对策研究[D].四川师范大学，2015:26.

[29] 赵可可.南宁市足球特色幼儿园足球活动开展现状及优化策略研究[D].广西民族大学，2022:10–13.

[30] 孙君湘.基于游戏的幼儿足球课程开发与实施[J].学前教育，2017（5）:84–87.

[31] 季琳.幼儿园游戏化足球课程的构建研究[J].教学研究，2013（9）:119.

[32] 李震.幼儿足球教育研究初探[J].科教导刊，2017（17）:191–192.

[33] 邱燕.开展幼儿足球运动的实践研究[J].湖南师范大学自然科学学报，2013，36（6）: 66–71.

[34] 殷红博.幼儿关键期足球[M].北京:北京师范大学出版社，2015:26.

[35] 沈灵君.幼儿趣味足球100例[M].宁波:宁波出版社，2018:65.

[36] 沈灵君，傅立.大班幼儿小型足球比赛的组织策略[J].学前教育研究，2013（4）:67–69.

[37] 孙君湘.基于游戏的幼儿足球课程开发与实施[J].上海教育科研，2017（5）:84–87.

[38] 王新晓.足球运动对5—6岁幼儿身心发展的影响研究[D].河北师范大学，2019:68.

[39] 呙华峰.小足球游戏对肥胖儿童身心健康的积极作用[J].西安体育学院学报，2002（2）:100–102.

[40] 罗强烈，李宝耕，王钢.幼儿足球舞练习对幼儿生长发育影响初探[J].上海体育学院学报，1992（4）:33–36.

[41] 刘春荣.足球活动对4—5岁幼儿注意力稳定性影响的实验研究[D].四川师范大学，2018:70.

[42] 张嘉旭.足球活动对幼儿执行功能的影响研究[D].陕西师范大学，2018:56.

[43] 郝君梅.足球活动对4—5岁幼儿自我控制能力影响的实验研究[D].四川师范大学，2018:89.

[44] 邱燕.开展幼儿足球运动的实践研究[J].湖南师范大学自然科学学报，2013，36（6）:66–71.

[45] 邱燕，邓祎.开展幼儿足球运动的可行性[J].学前教育研究，2013（4）:64–66.

[46] 肖立东.福州市幼儿足球开展现状与对策研究[D].福建师范大学，2020:44–47.

[47] 张晓峰.陕西省足球特色幼儿园足球活动开展现状与发展策略研究[D].西安体育学院，2021:24–25.

[48] 章亮.开展球类游戏的防范措施[J].考试周刊，2013（1）:192–193.

[49] 祝彩琴.论球类游戏对幼儿创造力的培养[J].读与写:教育教学刊，2014，11（10）:256–256.

[50] 洪静翔.幼儿园中班球类活动的研究与实践[J].教育导刊（下半月），2010（4）:42–45.

[51] 邱燕，刘桂平，朱小龙.在幼儿园开展篮球运动的价值与策略[J].学前

教育研究，2011（5）:58–60.

[52] 余绍森，张建忠，丁莹莹.幼儿篮球[M].浙江:浙江大学出版社，2018:1–2.

[53] 黄世勋.幼儿园体育创新基础理论和方法[M].北京:教育科学出版社，2003:12.

[54] 余绍森，张建忠，丁莹莹.幼儿篮球[M].浙江:浙江大学出版社，2018:40–88.

[55] 周志雄，王凯珍，黄永宽.幼儿体育游戏教学理论和实践[M].北京:人民体育出版社，2017:1–9.

[56] 黄宝花.基于幼儿身体素质发展的迷你篮球教学内容设计及实施效果分析[D].武汉体育学院，2018:34.

[57] 赵锡铜.小篮球运动对5—6岁幼儿身体素质影响研究[D].山东师范大学，2019:26.

[58] 童腾.篮球游戏对5—6岁幼儿篮球运动兴趣影响的实验研究[D].湖南科技大学，2017:37.

[59] 刘欢欢.篮球运动对安阳市5—6岁幼儿身心健康影响研究[D].吉林体育学院，2018:19.

[60] 何东亮.幼儿篮球运动对6岁幼儿身心发展影响的研究[D].曲阜师范大学，2017:36.

[61] 王剑云.篮球活动对4—5岁幼儿注意力稳定性影响的实验研究[D].四川师范大学，2017:56.

[62] 谭蕾，冯振杰.小篮球运动对4—5岁儿童协调能力的影响[J].学前教育研究，2013（9）:43–46.

[63] 戴瑞绒，金琇珍.幼儿园“欢动课”的研究与实践[J].上海教育科研，2012（7）:90–92.

[64] 刘微.乒乓球运动对幼儿身心和谐发展的影响研究[D].牡丹江师范学

院，2013:38.

[65] 韩赛妮 . 气排球游戏对 5—6 岁幼儿粗大动作发展的影响 [D]. 浙江大学，2017:29.

[66] 张蕾 . 体育运动对学龄前儿童注意力影响的实验研究 [D]. 成都体育学院，2015:23-36.

[67] 桂聪 . 球类游戏对 5—6 岁幼儿体能指标的影响研究 [D]. 江西师范大学，2015:28.

[68] 全国青少年校园足球工作领导小组办公室 . 全国足球特色幼儿园游戏活动指南 [EB/OL].（2019-11-25）[2022-2-23].www.preschool children’s football.cn.

[69] 陈琳 . 日本足球运动注重群众普及 [J]. 体育科研，2006，27（2）:33.

[70] 前桥明 .0—5 岁儿童运动娱乐指导百科 [M]. 陆大江，译 . 上海 : 复旦大学出版社，2015:55.

[71] 前桥明 . 幼儿体育理论与实践 [M]. 黄愫芬，译 . 台湾 : 光佑文化事业股份有限公司，2016:60.

[72] 陈洪淼 . 日本幼儿体育活动这样做 [M]. 上海 : 华东师范大学出版社，2016:87.

[73] 国家卫健委 .2020 年各地 6 岁儿童近视率均超过 9%[EB/OL].（2021-07-31）[2022-03-28].http://news.k618.cn/dj/202107/t20210713 18173674.html.

[74] 中华人民共和国中央人民政府 . 国新办举行《中国居民营养与慢性病状况报告（2020 年）》发布会 [EB/OL].（2020-12-23）[2022-02-14].http://www.gov.cn/xinwen/2020-12/23/content 5572785.htm.

[75] 国家体育总局 .《第五次国民体质监测公报》发布 [EB/OL].（2021-12-30）[2022-02-14].https://www.sport.gov.cn/n20001280/n20001265/n20067533/c23881607/content.html.

[76] 浙江幼儿体育协会 . 幼儿体育浙江样板 :2018 年幼儿体育与健康发展

论坛在湖州举办[EB/OL].（2018-12-25）[2022-02-14].https://www.sohu.com/a/284345108 613653.

[77] 中华人民共和国教育部.全国青少年校园足球工作领导小组办公室关于进一步做好全国足球特色幼儿园有关工作的通知[EB/OL].（2021-01-12）[2022-01-12].http://www.moe.gov.cn/s78/A17/tongzhi/202103/t20210326 522681.html.

[78] 浙江省幼儿体育协会.关于举办2019年浙江省幼儿足球教练员（指导员）培训班的通知[EB/OL].（2019-11-07）[2022-03-07].http://www.zjyety.com/news detail/1/id/1490.html.

[79] 中国足球协会.中国足球协会介绍[EB/OL].（2022-06-07）[2022-06-08].http://www.zjyety.com/news detail/1/id/1490.html.

[80] 人民网.中国足协启动“娃娃工程”[EB/OL].（2018-10-11）[2022-03-11].http://m.people.cn/n4/2018/1011/c1209-11719397.html.

[81] 中华人民共和国教育部.全国幼儿足球活动负面清单发布[EB/OL].（2020-09-15）[2022-03-15].http://www.moe.gov.cn/jyb xwfb/s5147/202009/t20200915 488011.html.

[82] 王凯珍，王晓云，齐晨晖.当前我国幼儿体育的热点现象、问题与建议[J].北京体育大学学报，2020，43（5）:30-38.

[83] 施良方.课程理论——课程的基础、原理与问题[M].北京:教育科学出版社，1996:1.

[84] 李志，潘丽霞.社会科学研究方法导论[M].重庆:重庆大学出版社，2011:313-314.

[85] 风笑天.社会研究方法[M].北京:中国人民大学出版社，2018:37.

[86] 丁念金.课程论[M].福州:福建教育出版社，2007:483.

[87] 约翰·杜威.民主·经验·教育[M].彭正梅，译.上海:上海人民出版社，2009:58.

[88] 约翰·杜威.民主·经验·教育[M].彭正梅，译.上海:上海人民出版社，2009:88.

[89] 周宗奎.现代儿童发展心理学[M].安徽:安徽人民出版社，1999:19.

[90] 托马斯.儿童发展理论:比较的视角[M].郭本禹，王云强，等译.上海:上海教育出版社，2009:96.

[91] 黄人颂.学前教育学[M].北京:人民教育出版社，2015:78.

[92] 胡小明.体育休闲论[M].成都:四川科学技术出版社，2008:157.

[93] 胡小明.怒江岩画与原始体育[J].体育文史，1988(4):60.

[94] 胡小明.从左江岩画看民族体育的起源和传播[J].成都体育学院学报，1992(2):29-33.

[95] 刘焱.儿童游戏通论[M].北京:北京师范大学出版社，2008:90-120.

[96] GregPayne，耿培新，梁国立.人类动作发展概论[M].北京:人民教育出版社，2008:195-197.

[97] 刁玉翠.3—10岁儿童基本运动技能发展与教育促进研究[D].华东师范大学，2018:76-78.

[98] 戴平，邓雪竹.幼儿园体育活动与体育特色课程研究[M].北京:北京体育大学出版社，2018:118.

[99] 王道俊，郭文安.教育学[M].北京:人民教育出版社，2016:132.

[100] 贾玉霞，姬建锋.教育学[M].西安:陕西人民出版社，2017:202.

[101] 洛林·安德森.布鲁姆教育目标分类学[M].北京:外语教学与研究出版社，2009:96.

[102] 顾明远.教育大辞典(增订合编本)[M].上海:上海教育出版社，1998:88.

[103] 靳玉乐.现代课程论[M].重庆:西南师范大学出版社，1995:155.

[104] 董翠香.我国中小学体育校本课程开发理论与实践研究[D].北京体育大学，2004:42-43.

[105] 杜威.学校与社会·明日之学校[M].赵祥麟，译.北京:人民教育出版社，1994:175-176.

[106] 施良方.课程理论——课程的基础、原理与问题[M].北京:教育科学出版社，1996:98-99.

[107] 泰勒.课程与教学的基本原理[M].施良方，译.北京:人民教育出版社，1994:136-137.

[108] 中华人民共和国教育部.幼儿园工作规程[EB/OL].(2016-03-01)[2019-12-20].http://www.moe.gov.cn/srcsite/A02/s5911/moe 621/201602/t20160229 231184.html.

[109] 张倩侠.2016年幼儿足球活动发展观察[N].人民政协报，2016-11-30(11).

[110] 中国足协官网.中国足球协会娃娃足球工程暨娃娃足球宣传月启动仪式在京举行[EB/OL].(2018-10-10)[2022-03-23].http://www.thecfa.cn/qingchaoliansai/20181010/25195.html.

[111] 孙科.生态·场域·习性——第二届中国足球文化与校园足球发展论坛研讨对话录[J].体育学研究，2018，1(4):82-94.

[112] 肖子亮.足球文化内涵的研究[J].西安体育学院学报，2004(5):26-28.

[113] 邵伟德.国外“动作教育”的特点与体育教学侧重点的变迁[J].外国中小学教育，1992(1):36-37.

[114] 陈英三，林风南，吴新华.动作教育的理论与实际[M].台湾:五南图书出版公司，1995:6-56.

[115] 刁玉翠.3—10岁儿童基本运动技能发展与教育促进研究[D].华东师范大学，2018:155-156.

[116] 陆耀飞.运动生理学[M].北京:北京体育大学出版社，2007:173.

[117] 鄂伯尔.足球[M].北京:人民体育出版社，1959:1-31.

[118] 何家统，周荣根.足球[M].上海:上海教育出版社，1964:14-52.

[119] 体育院、系教材编审委员会《足球》编写组.足球[M].北京:人民体育出版社，1979:9–10.

[120] 刘光标.足球[M].上海:上海教育出版社，1980:12–80.

[121] 体育院、系教材编审委员会《足球》编写组.足球[M].北京:人民体育出版社，1984:30–158.

[122] 张廷安.足球[M].北京:知识出版社，1998:22–55.

[123] 何志林.现代足球[M].北京:人民体育出版社，2000:44–77.

[124] 何志林.足球教学训练指南[M].北京:人民体育出版社，2010:85–90.

[125] 王秋霞.家、园、社区协同教育的现状、影响因素与发展路径[J].学前教育研究，2014(5):64–66.

[126] 杨明全.课程概论[M].北京:北京师范大学出版社，2010:267.

[127] 施良方.课程理论——课程的基础、原理与问题[M].北京:教育科学出版社，1996:128.

[128] 吴燕丹.生命关怀视野下调适性体育课程的理论与实践[D].福建师范大学，2007:117.

[129] 张华.课程与教学论[M].上海:上海教育出版社，2000:328.

[130] 舒川.全人发展视野下学龄前残疾儿童运动康复课程理论与实践[D].福建师范大学，2017:113–146.

[131] 郑三元.学前教育学[M].长沙:湖南大学出版社，2015:121.

[132] 陈芬萍.课程与教学论新编[M].合肥:安徽大学出版社，2012:117.

[133] 柳阳辉.学前教育学教程[M].上海:复旦大学出版社，2015:97–98.

[134] 周登嵩.学校体育学[M].北京:人民体育出版社，2005:127–128.

[135] 全明辉.体力活动对学龄前儿童认知能力影响研究[D].上海:上海体育学院，2015:4.

[136] 罗冬梅，姚天聪，屈莎，等.幼儿体育活动强度自评量表的研制与应用[J].北京体育大学学报，2019，42(4):139–149.

[137] 柳阳辉.学前教育学教程[M].上海:复旦大学出版社，2015:83-85.

[138] 施玉洁.幼儿教育学[M].北京:北京理工大学出版社，2018:170-174.

[139] 刁玉翠. 3—10岁儿童基本运动技能发展与教育促进研究[D].华东师范大学，2018:40.

[140] 栾文双，王静梅，卢英俊.学前儿童执行功能研究综述[J].幼儿教育，2013(6):81-85.

[141] 戴平，邓雪竹.幼儿园体育活动与体育特色课程研究[M].北京:北京体育大学出版社，2018:118.

[142] 王攀峰.行动研究的理论与方法[M].北京:首都师范大学出版社，2013:68.

[143] 范林明.质性研究方法[M].上海:上海人民出版社，2018:75.

[144] 成都商报.全国幼儿体育发展研究中心落户成都大学，幼儿园将有专业体育老师[EB/OL].(2017-07-11)[2022-04-03].http://wemedia.ifeng.com/21877778/wemedia.shtml.

[145] 国家体育总局.2014年国民体质监测公报[EB/OL].(2015-11-15)[2022-04-15].https://www.sport.gov.cn/n315/n329/c216784/content.html.

[146] 国家体育总局体育科学研究所.国家国民体质监测中心发布《第五次国民体质监测公报》[EB/OL].(2021-12-30)[2022-04-30].https://www.ciss.cn/zhxw/info/2021/32028.html.

[147] 范雪，罗冬梅，陈皆播，等.3—6岁幼儿跑步动作发展特征及教学策略分析[J].体育科学，2017，37(11):40-47.

[148] 辛飞，蔡玉军，鲍冉，等.国外幼儿基本动作技能干预研究系统评述[J].体育科学，2019，39(02):83-97.

[149] GregP，耿培新.人类动作发展概论[M].北京:人民教育出版社，2007:121.

[150] 中国新闻网，2018.中华全国体育基金会理事长:发展幼儿体育不

能过早竞技化[EB/OL].(2019-10-10)[2022-05-10].http://www.chinanews.com/ty/2018/01-10/8420663.shtml.

[151] 张柳，李红娟，王欢，等.幼儿基本动作技能与身体素质的关联性[J].中国学校卫生，2020，41(04):554-557.

[152] 冯娜.体育游戏对幼儿身心发展影响的实验研究[D].苏州大学，2012:1.

[153] 王彩萍.幼儿基本体操对幼儿（5—6）心理健康影响的实验研究[D].河北师范大学，2014:3.

[154] 何东亮.幼儿篮球运动对6岁幼儿身心发展影响的研究[D].曲阜师范大学，2017:2.

[155] 王志鹏. 8周网球运动游戏对学龄前儿童执行控制功能的影响[D].首都体育学院，2017:1.

[156] 江大雷，曾从周.8周中等强度足球运动游戏对学龄前儿童执行功能发展的影响[J].中国体育科技，2015，51(02):43-50.

[157] 张嘉旭.足球活动对幼儿执行功能的影响研究[D].陕西师范大学，2018:38.

[158] 韩流，李丹.团体体育游戏改善幼儿不安全依恋行为的个案研究[J].体育科学，2015，35(2):41-47.

[159] 全明辉.体力活动对学龄前儿童认知能力影响研究[D].上海体育学院，2015:31-33.

[160] 谢松林.幼儿体育:体育学与学前教育学的双重厘定[J].体育学刊，2022，29(6):17-24.

[161] 马克思.马克思恩格斯全集[M].中共中央马克思恩格斯列宁斯大林著作编译局译，1972:530.

[162] 周登嵩.学校体育学[M].北京:人民体育出版社，2005:127-128.

2.英文文献

[1] Pate R.R，Maria J.A，Kerry L.M，et al.Validation and calibration of an accelerometer in preschool children[J].Obesity，2006，14（11）:2000–2006.

[2] Tsai S.F，Kao Y.H，Huang Y.C，et al. Effect of Soccer Games on Gross Motor Development in Preschoolers [J].Journal of Sports Science，2017（5）:313–321.

[3] Jutta Braun.Football History:A German Perspective on Current Research Fields[J].Historical Social Research/Historische Sozialforschung，2015，40（4）:153–175.

[4] Mujde Y.L，Mark A.M，George R.The Paradoxical Relationship between Fantasy Football and NFL Consumption:Conflict Development and Consumer Coping Mechanisms[J].Sport Management Review，2016.S8（7）:144–145.

[5] Veldman，S.L.C，Palmer，K.K，Okely，A.D，etal. Promoting ball skills in preschool–age girls[J]. Journal of Science and Medicine in Sport，2017，20（1）:50 – 54.

[6] Šalaj，S，Krmpotić，M，Stamenković，I. Motor skills of preschool children enrolled in different exercising programs[J]. Science & Sports，2014，29:S23 – S24.

[7] Rocha，H，Marinho，D.A，Costa，A.M. Short– and long–term outcomes of swimming and soccer practice on global motor development during childhood [J]. Science & Sports，2014，29:S23.

[8] Robinson，L.E，Veldman，S.L.C，Palmer，K.K，et al. A Ball Skills Intervention in Preschoolers[J].Medicine & Science in Sports & Exercise2017，49（11）: 2234 – 2239.

[9] Barnett L.M，Beurden V.E，Morgan P.J，et al. Gender differences in Motor Skill Proficiency from Childhood to Adulthood: A Longitudinal Study[J].Res Q Exerc Sport. 2010，81（2）:162–170.

[10] Goodway J.D，Robinson L.E，Crowe H. Gender differences in fundamental motor skill development in disadvantaged preschoolers from two geographical regios[J]. Res Q Exerc Sport. 2010，81（1）:17–24.

[11] Okely A.D，Booth M.L. Mastery of fundamental movement skillS among children in New South Wales: prevalence and sociodemographic distribution[J]. Journal of Science &Medicine in Sport.2004，7（3）:358–372.

[12] Seefeldt V，Haubenstricker J. Patterns，phases，or stages: An analytical model for the study of developmental movement in the development of movement control and coordination[D].New York: Wiley，1982:309–318.

[13] Spessato B.C，Gabbard C，Valentini N.C，et al.Gender differences in Brazilian preschool children' s fundamental movement skill performance[J].Early Child Dev. Care. 2012;183（7）:916–923.

[14] Park，Tae S，Shim，et al. A Study on how Ball sports program affects development of fundamental motor ability in preschool children[J].The Korean Journal of Growth and Development，2004（12）:107–109.

[15] Cliff，D.P，Okely，A.D，Smith，L，et al. Relationships between fundamental movement skills and objectively measured physical activity in pre–school children[J]. Pediatric Exercise Science，2009，21（4）:436–439.

[16] Barnett L.M，Beurden V.E，Morgan P.J，et al.Childhood motor skill proficiency as a predictor of adolescent physical activity[J].J Adolesc Health. 2009，44（3）:252–259.

[17] Barnett，L.M，Ridgers，N.D，Salmon，J. Associations between Preschool preschool children' s perceived and actual ball skill competence and physical activity[J].Journal of Science and Medicine in Sport，2015，18（2）:167–171.

[18] Robinson，L.E，Webster，E.K，Logan，S.W，et al. Teaching Practices that Promote Motor Skills in Early Childhood Settings[J].Early Childhood Education

Journal, 2011, 40(2):79 - 86.

[19] Piaget J, Inhelder B. The psychology of the child[M]. New York: Basic Book, 1969:56.

[20] Bredekamp, S, Copple, C. Developmentally appropriate practice in early childhood programs[M].Washington, DC: National Association for the Education of Preschool Children, 1997:3.

[21] Gestwicki, C. Developmentally appropriate practice: curriculum and development in early education [M].3rded.United Stated: Thomson Delmar learning, 2007:429.

[22] Bobbitt. Curriculum theory[M].Boston Toronto: Little Brown and Company, 1992:69.

[23] Tyler R.W. Basic Principles of Curriculum and Instruction[M].Chicago: The University of Chicago Press, 1949:101.

[24] Strauss A, Lehtinen L. Psychopathology and Education of the Brain-injures child[M].New York:Grune and Stratton, 1967:78.

[25] Kephart N. Perceptual-motor aspects of learning disabilities.in Frierson and borbe educating children with learning disabilities[M].New York: Applention Century Crofts, 1947:114.

[26] Frostig M. The frostig program for the development of visual perception[M]. Chicago: Follet, 1964:83.

[27] Ayres J. Sensory integration and learning disorders[M]. Los Angles:Western Psychological Services, 1972:89.

[28] Kephart N. Perceptual-motor aspects of learning disabilities.in Frierson and borbe educating children with learning disabilities[M].New York: Applention Century Crofts, 1947:67.

[29] Frostig M. Movement education theory and practice[M].Chicago: Follet,

1970:23–25.

[30] Wikipedia. Laban movement analysis [EB/OL].（2018–11–15）[2021–12–20].https://en.wikipedia.org/wiki/Laban movement analysis.

[31] Bels K.W，Bridges J.M. Teaching movement education–foundations for active lifestyles[M].New York: Human Kinetics，2010:66.

[32] Graham G，Shirley A.H，Melissa P. Children moving: A reflective approach to teaching physical education[M].New York: Mc Graw–Hill，2013:96.

[33] Balyi Istvan. Long–term athlete development[M].Windsor:Sheridan Books，2013:8–188.

[34] Weyand P.G，Sternlight D.B，Bellizzi M.J，et al. Faster top running speeds are achieved with greater ground forces not more rapid leg movements[J].J Appl Physiol，2000，89:1991–1999.

[35] Stone M.H，Sanborn K，O' Bryant H.S，et al. Maximum strength–power–performance relationships in collegiate throwers[J]. J Strength Cond Res，2003，17:739–745.

[36] Wisloff U，Castagna C，Helgerud J，et al. Strong correlations of maximal squat strength with sprint performance and vertical jump height in elite soccer players[J]. Br J Sports Med，2004，38:285–288.

[37] Negrete R，Brophy J. The relationship between isokinetic open and closed kinetic chain lower extremity strength and functional performance[J].J Sports Rehab，2000，9:46–61.

[38] Hoff J，Helgerud J，Wisloff U. Maximal strength training improves work economy in trained female cross–country skiers[J]. Med Sci Sports Exerc，1999，31:870–877.

[39] Behringer M，Vom H.A，Matthews M，et al. Effects of strength training on motor performance skills in children and adolescents: A meta–analysis[J].Pediatr

Exerc Sci，2011，23:186–206.

[40] Preschool W.B.Transfer of strength and power training to sports performance[J].Int J Sports Physiol Perform，2006，1:74–78.

[41] Chiodera P，Volta E，Gobbi G，etal. Specifically designed physical exercise programs improve preschool children’s motor abilities[J].Scand J Med Sci Sports，2008，18:179–187.

[42] Faigenbaum A ，Mediate P. Medicine ball for all: A novel program that enhances physical fitness in school–age youths[J].Phys Educ Recreation Dance，2006，77:25–30.

[43] McGuigan M.R，Tatasciore M，Newton R.U，etal. Eight weeks of resistance training can significantly alter body composition in children who are overweight or obese[J].J Strength Cond Res，2009，23:80–85.

[44] Wong P，Chamari K，Wisloff U. Effects of 12–week on–filed combined strength and power training on physical performance among U–14 Preschool soccer players[J]. J Strength Cond Res，2010，24:644–652.

[45] Rumpf，M.C，Cronin，J.B，Pinder，S.D，et al. Effect of Different Training Methods on Running Sprint Times in Male Youth[J].Pediatric Exercise Science，2012 24(2):170–186.

[46] Sheppard J.M，Preschool W.B. Agility literature review: Classifications，training and testing[J].J Sports Sci，2006，24:919–932.

[47] Malina R.M.Growth，maturation and development: Applications to Preschool athletes and in particular to divers. In: USA Diving Coach Development Reference Manual[M].Indianapolis，IN: USA Diving，2007:93.

[48] Sands W.A，Caine D.J，Borms J. Physiology. In: Scientific Aspects of Women’s Gymnastics[M].Basel，Switzerland: Karger，2002:112.

[49] Welk G.J. The youth physical activity promotion model: A conceptual bridge

between theory and practice[J].Quest, 1999, 51:5–23.

[50] Simmons–Morton D.B, Simons–Morton B.G, Parcel G.S, et al. Influencing personal and environmental conditions for community health: a multilevel intervention model[J].Community Health, 1988, 11:25–35.

[51] Glanz K, Rimer B.K, Viswanath K. Health behavior and health education: theory, research, and practice4th ed[M].Jossey–Bass, 2008:468.

[52] Mcleror K.R, Bibeau D, Steckler A. An ecological perspective on health promotion programs[J].Health Education Quarterly, 1988, 15(4):351–377.

[53] Sun H, Vamos C.A, Flory S.B. Correlates of long–term physical activity adherence in women [J].Journal of sport and health science, 2016(3):1–9.

[54] Zhang T, Solmon M. Integrating self–determination theory with the social ecological model to understand students' physical activity behaviors [J].International Review of Sport and Exercise Psychology, 2013, 6(1):54–76.

[55] Van Sluijs E, Mcminnn A, Griffin S. Effectiveness of intervention to promote physical activity in children and adolescents : A systematic review of controlled trials[J]. BMJ, 2007, 335:703–707.

[56] Da U. Test of gross motor development (Second edition) examiner' s manual [M].Austin TX:Pro~ed Publisher, 2000:56.

[57] Webster E.K, Ulrich D.A.Evaluation of the Psychometric Properties of the Test of Gross Motor Development – 3rd Edition[J].Journal of Motor Learning and Development, 2017:1–25.

[58] Kemmis, S.Action Research in the International Encyclopedia of Education [J].Husen, 1985(1):35.

[59] Elliott J.Action–Research:A frame work for Self–evaluation in School[J]. Work Paper, 1982(1):1.

[60] Pate R.R, Maria J.A, Kerry L.M, et al. Validation and calibration of an

accelerometer in preschool children[J]. Obesity，2006，14（11）:2000–2006.

[61] Kakebeeke T.H，Locatelli I，Rousson V，et al. “Improvement in gross motor performance between 3and 5years of age.” [J].Percept Motor Skills，2012，114（3）:795–806.

[62] Pfeiffer K.A，Dowda M，Mclver K.L，et al.Factors related to objectively measured physical activity in preschool children[J].PediatrExerc Sci，2009，21:196–208.

[63] Clark.J.E，Metcalfe，J.S.The mountain of motor development:A metaphor In JE.Clark and JH.Humphrey，（Eds）.Motor Development:Research and Reviews[M].Reston，VA:NASPE Publications，1992:163–190.

[64] Newell K.Motor Development During preschool and elementary[M].In J:Thomas，1984:56.

[65] Gallahue.Handbook of research on the education of Preschool children[M]. NewYork:Macmillan，1993:69.

[66] Rocha H，Marinho D.A，Costa A.M.Short–and long–term outcomes of swimming and football practice on global motor development during childhood[J]. Science&Sports，2014，29:S23.

[67] Lemos A.G，Avigo E.L，Barela J.A.Physical Education in Kindergarten Promotes Fundamental Motor Skill Development[J].Scientific Research，2012，2（1）:17–21.

[68] Haga M.Physical fitnessin children with high motor competences different from that in children with low motor competence[J].Phys Ther.2009，89（10）:1089–1097.

[69] Caimey J，Hay J.A，F é ught B.E，et al.Developmental coordination disorder and overweight and obesity in children aged 9–14y.[J].International Journal of Obesity，2005，29（4）:369.

[70] Bamnett L.M, Van B.E, Morgan P.J, et al.Childhood motor skill proficiency as a predictor of adolescence physical activity[J].Journal of Adolescent Health Of finial Publication of the Society for Adolescent Medicine, 2009.44 (3):252.

[71] Kimberley D.L, William T.H. Promoting self–regulation through school–based martial arts training[J].Applied Developmental Psychology, 2004, 25 (3):283–302.

[72] Cherie L.G, Yoon J.H, Adele D. The relationship between cognition and action: performance of children 3.5–7 years old on a stroop–like day–night test[J]. Cognition, 1994, 53(2):129–153.

[73] Niederer I, Kriemler S, Gut J, et al. Relationship of aerobic fitness and motor skills with memory and attention in preschoolers (Ballabeina): a cross–sectional and longitudinal study[J]. BMC Pediatr.2011, 11:34.

[74] Barno Pulatovna Abdullaeva. Characteristics of Using Football Elements in the Physical Education of Preschool Children[J].Global Scientific Review, 2022, 10:46–51.

附　录

附录1 国民体质测定标准手册（幼儿部分）

1.10米折返跑	
测试器材与场地	反映人体的灵敏素质。使用秒表测试。在平坦的地面上画长10米、宽1.22米的直线跑道若干条，在每条跑道折返线处设一手触物体（如木箱），在跑道起终点线外3米处画一条目标线（图1）。 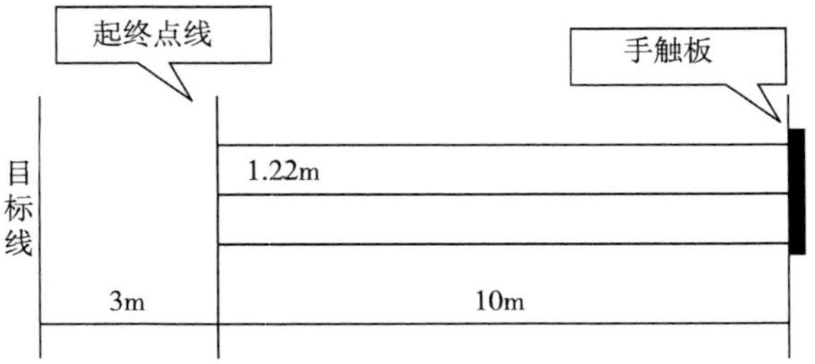 **图1 10米往返跑场地**
测试要求与标准	测试时，受试者至少两人一组，以站立式起跑姿势站在起跑线前，当听到“跑”的口令后，全力跑向折返线，测试员视受试者起动开表计时。受试者跑到折返处，用手触摸物体（图2）后，转身跑向目标线，当胸部到达起点线的垂直面时，测试员停表。记录以秒为单位，保留小数点后一位。小数点后第二位数按“非零进一”的原则进位，如10.11秒记录为10.2秒。  **图2 10米往返跑测试**
注意事项	受试者应全速跑，途中不得变道，靠近终点时不要减速；在起终点处和目标线处不得站人，以免妨碍测试。

续表

2.立定跳远	
测试器材与场地	反映人体的爆发力。使用沙坑（距沙坑边缘20厘米处设立起跳线）或软面、卷尺和三角板测试。
测试要求与标准	测试时，受试者双脚自然分开，站立在起跳线后，然后摆动双臂，双脚蹬地尽力向前跳，测量起跳线距最近脚跟之间的直线距离（图3）。测试两次，取最大值，记录以厘米为单位，不计小数。  **图3　立定跳远测试**
注意事项	受试者起跳时，不能有垫跳动作。
3.网球掷远	
测试器材与场地	反映人体上脚和腰腹肌肉力量。使用网球和卷尺测试。在平坦地面上画一个长20米、宽6米的长方形，在长方形内，每隔0.5米画一条横线（图4），以一条端线为投掷线。 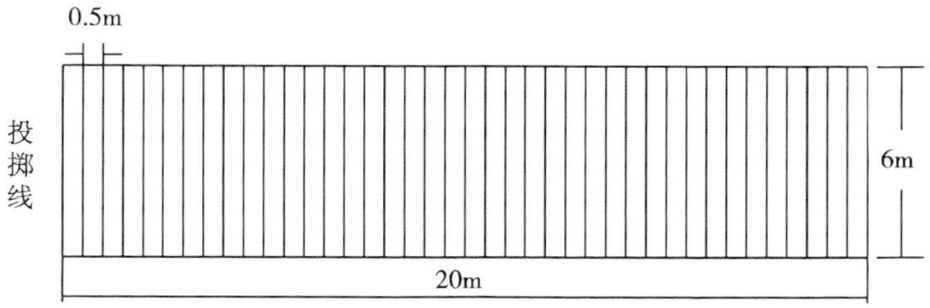 **图4　网球掷远测试场**

续表

测试要求与标准	测试时，受试者身体面向投掷方向，两脚前后分开，站在投掷线后约一步距离单手持球举过头顶，尽力向前掷出（图5）。球出后，后脚可以向前迈出一步但不能踩在或越过投掷线，有效成绩为投掷线至球着地点之间的直线距离。如果球的着地点在横线上，则记录该线所标示的数值；如果球的着地点在两条线之间，则记录靠近投掷线的横线所标示的数值；如果球的着地点超过20米长的测试场地，可用卷尺丈量；如果球的着地点超出场地的宽度，则重新投掷。测试两次，取最大值，记录以米为单位。  **图5　网球掷远测试**
注意事项	测试时严禁幼儿进入投掷区，避免出现伤害事故。
4.双脚连续跳	
测试器材与场地	反映人体协调性和下肢肌肉力量。使用卷尺和秒表测试。在平坦地面上每隔0.5米画一条横线，共画 10 条，每条横线上横置一块软方包（长10 厘米，宽5厘米，高5 厘米），在距离第一块软方包20厘米处设起跳线（图6）。 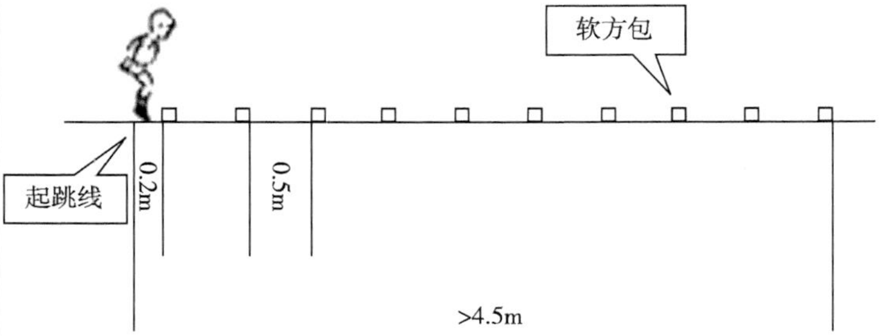 **图6　双脚连续跳测试场地**

续表

测试要求与标准	测试时，受试者两脚并拢，站在起跳线后，当听到“开始”口令后，双脚同时起跳，双脚一次或两次跳过一块软方包，连续跳过10块软方包，测试员视受试者起动开表计时，当受试者跳过第10块软方包双脚落地时，测试员停表（图7）。测试两次，取最好成绩，记录以秒为单位，保留小数点后一位，小数点后第二位数按“非零进一”的原则进位，如10.11秒记录为10.2秒。  **图7　双脚连续跳测试**
注意事项	测试时，如果受试者两次单脚起跳跨越软方包、踩在软方包上或将软方包踢乱则重新测试。

5.坐位体前屈

测试器材与场地	反映人体柔韧性。使用坐位体前屈测试仪测试。
测试要求与标准	测试时，受试者坐在垫上，双脚伸直，脚尖自然分开，全脚靠在测试仪平板上；然后掌心向下，双臂并拢平伸，上体前压，用双手中指指尖推动游标平滑前移，直至不能移动为止（图8）。测试两次，取最大值，记录以厘米为单位，保留小数点后一位。 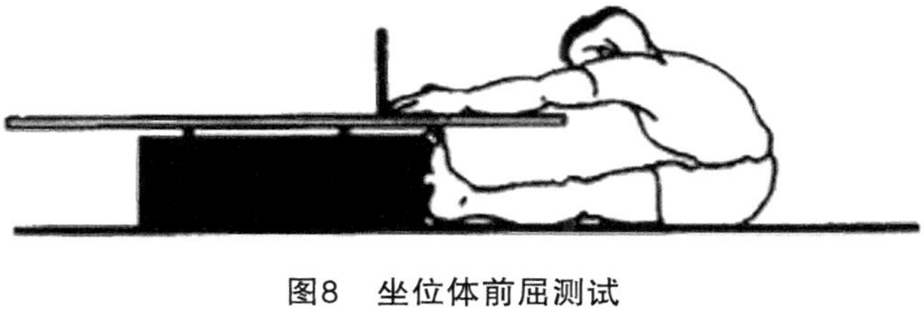 **图8　坐位体前屈测试**
注意事项	测试前，受试者应做准备活动，以防肌肉拉伤；测试时，膝关节不得弯曲，不得有突然前振的动作，记录时，正确填写正负号。

续表

<table>
<tr><th colspan="2">6.走平衡木</th></tr>
<tr><td>测试器材与场地</td><td>反映人体平衡能力。使用平衡木（长3米，宽0.1米，高30米，平衡木的两端为起点线和终点线，两端外各加一块长0.2米、宽0.2米、高0.3米的平台）（图9）和秒表测试。
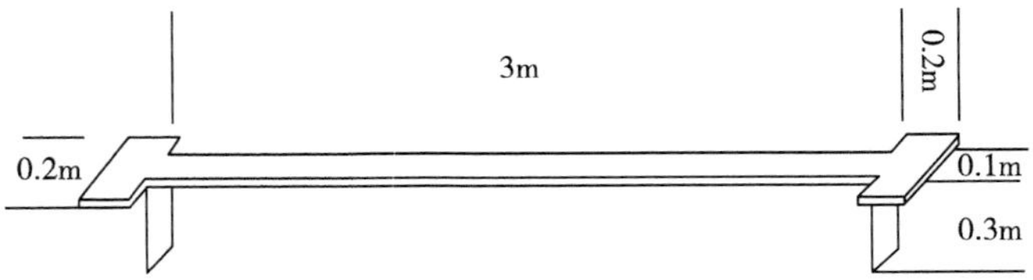

图9　平衡木测试器材</td></tr>
<tr><td>测试要求与标准</td><td>测试时，受试者站在平台上，面向平衡木，双臂平举，当听到“开始”口令后，前进，测试员视受试者起动开表计时（图10），当受试者任意一个脚尖超过终点线时，测试员停表。测试两次，取最好成绩，记录以秒为单位，保留小数点后一位，小数点后第二位数按“非零进一”的原则进位，如10.11秒记录为10.2秒。

图10　走平衡木测试</td></tr>
<tr><td>注意事项</td><td>测试时，受试者如中途落地须重试；要安排人员对受试者进行保护。</td></tr>
</table>

附录2 儿童粗大动作技能测试量表

儿童编号______儿童粗大动作技能测试量表

		1次	2次	得分	总分
跑	肘关节弯曲，同侧的手臂与下肢摆动方向相反				
	两脚在空中有短暂的腾空				
	脚后跟或前脚掌着地（非全脚掌）				
	非支撑腿折叠大约90度（如靠近臀部）				
		1次	2次	得分	总分
骑马跳	一侧脚先迈出，后面的脚跟着落地，双脚起跳				
	当双脚离地时有个很短的腾空期				
	腾空时肘弯曲，双臂摆至腰部				
	保持连续跳四组的节奏模式				
		1次	2次	得分	总分
单脚跳	摆动腿的脚在身体后面				
	摆动腿向前摆动提供辅助力量				
	手臂弯曲并向前摆提供辅助力量				
	用优势脚连贯地跳三次				
	用非优势脚连贯地跳三次				
		1次	2次	得分	总分
跨步跳	一只脚起跳，另一只脚落地				
	双脚离地时间长于跑步时的时间				
	手臂前后摆动，与腿相向摆动				

续表

		1次	2次	得分	总分
立定跳	准备起跳时，两膝弯曲，双臂在身后				
	双臂有力地向前向上摆，在头的前部充分伸展				
	双脚起跳，双脚同时着地				
	落地时双臂向后下方摆动				
		1次	2次	得分	总分
侧滑步	身体转向一侧，双肩呈一条线与地面平行				
	身体向一侧滑步，在滑行中前后脚在空中有一个并步动作				
	向右至少四个连续的滑步				
	向左至少四个连续的滑步				
身体移动总分					
		1次	2次	得分	总分
击打固定球	优势手（有力）在非优势手上面握棒				
	两脚平行站立，非优势侧面对底座				
	在挥棒时转肩、转髋				
	身体重心转移到前脚				
	用球棒击球				
		1次	2次	得分	总分
原地运球	单手在腰的位置拍球				
	用手指按压球，而不是用手掌拍				
	球的落点在优势侧脚前面或外侧				
	保持控制球连贯反弹四次而不用移动脚步来恢复				

续表

		1次	2次	得分	总分
接球	准备动作时，双臂肘弯曲，手在体前				
	当球接近时，伸臂迎接球				
	只能用手接住球				
		1次	2次	得分	总分
脚踢球	快速连续助跑接近球				
	触球前踢球腿的摆动幅度较大				
	非踢球脚与球平行或稍微放在球后				
	用优势脚的脚背或脚趾踢球				
		1次	2次	得分	总分
肩上掷球	两脚前后开立，投掷臂向下摆动准备掷球				
	转动髋和肩，使非投掷侧正对墙				
	身体重心转移到投掷臂异侧的腿				
	掷球后投掷臂随挥动向斜下方摆至非投掷臂一侧				
		1次	2次	得分	总分
下手滚球	持球的手向后、向下摆至身后，胸部正对着标志桶				
	持球手的异侧腿向前迈一步				
	屈膝，降低重心				
	挨着地面抛球，使得球弹起不超过 10cm				
物体操作能力总得分					

附录3　执行功能测试方法

1.昼/夜Stroop 任务	
材料准备	太阳图片10张，月亮图片10张。该任务主要考察儿童对习惯性或倾向性认知的抑制能力。在任务开始前，呈现出所有图片，确保儿童能区分图片中的太阳和月亮，然后告知儿童，在“太阳”出现时报告“晚上”，在“月亮”出现时报告“白天”，并且要尽可能快地说出答案，之后用太阳和月亮图片各2张进行练习。
指导语	“××小朋友，你好!这里有一些图片，你看，这些是太阳，这些是月亮。太阳代表的是‘白天’，月亮代表的是‘晚上’。现在我们来玩个游戏，当你看到‘太阳’你要说‘晚上’，当你看到‘月亮”你要说‘白天’，一看到就马上说出来。明白了吗？（小朋友说明白或点头后）好，我们来练习一下。”
评分标准	在测试任务时，太阳、月亮图片随机出现，共16试次，答对1试次得1分，得分范围0—16分，以儿童的第一反应为计分依据并用秒表计时，之后换算为正确率（正确数/时间）进行结果分析。
2.固定盒子任务	
材料准备	在圆盘上均匀摆放6个颜色、形状各不相同的盒子，在儿童的注视下将贴纸放于盒子中，并盖上方巾，然后将圆盘旋转一周后，要求儿童寻找藏有贴纸的盒子。
指导语	“××小朋友，我们现在来玩这个小游戏。你看，这里有6个不同颜色、不同形状的盒子，还有3张小贴纸，请你认真看，我放1张（之后是2张、3张）贴纸到盒子里，盖上小方巾并转一转，好了，请你把刚才的贴纸找出来吧！”
评分标准	任务共包含9个试次，分别有1张、2张、3张贴纸的三个水平，每个水平有3个试次，每个试次贴纸所放盒子不同，事先设定好每个水平每个试次贴纸所放的盒子位置，然后按顺序依次变换，贴纸所藏的位置和顺序对所有儿童相同，当儿童找齐每个试次下的所有贴纸可得1分，得分范围0—9分。

续表

评分标准	贴纸放置顺序如下。 第一水平三次分别为：1.绿色梯形；2.黄色三角形；3.红色圆形。 第二水平三次分别为：1.绿色梯形和黄色三角形；2.蓝色长方形和粉色正方形；3.橙色平行四边形和红色圆形。 第三水平三次分别为：1.绿色梯形、黄色三角形、红色圆形；2.橙色平行四边形、蓝色长方形、粉色正方形；3.绿色梯形、蓝色长方形、粉色正方形。
3.维度变化卡片分类任务	
材料准备	所用材料为颜色、形状、大小不同的卡片共有7组，颜色包括红色、黄色、蓝色、绿色，形状包括三角形、正方形、圆形、长方形，每组4张卡片，每个卡片都有三个维度，7组卡片组合均不同，如其中一组“绿色大圆形、黄色大长方形、蓝色小圆形、绿色小三角形”。7组卡片中，其中1组用于演示，另外6组用于正式测试。主试在桌上向儿童展示1组（4张）卡片，告诉儿童把其中有相同地方的2张卡片挑出来放在一起，并尽可能多地进行组合。
指导语	“××小朋友，我们现在来玩这个小游戏，你先看我怎么玩，然后你来玩，好吗？你看这有4张不同颜色、形状和大小的卡片，我把有相同地方的2张放在一起，你看这‘绿色大圆形和绿色小三角形’因为它们都是绿色的，颜色相同，所以我把它们放在一起，还有‘绿色大圆形和蓝色小圆形’因为它们都是圆形，形状相同，我又把它们放在一起；还可以分别把‘绿色大圆形和黄色大长方形’与‘蓝色小圆形和绿色小三角形’放在一起，因为它们是两个大的和两个小的。然后再想想有没有其他的，如果你觉得没有了就说‘没有了’，明白吗？（小朋友说明白或点头后）好了，现在到你来玩啦。”
评分标准	在测试过程中，如果儿童说“它们都是圆圈、圆的”“两个都是长的”“都是红红的”的近似答案，也算正确。每组卡片都可以找出3种组合，儿童找出1种可得1分，得分范围0—18分。

附录4　执行功能测试表

儿童编号：________

1.昼/夜Stroop任务

	1	2	3	4	5	6	7	8	9	10	11	12	13	14	15	16
得分																
时间																
正确率																

2.固定盒子任务

	第一水平			第二水平			第三水平		
次数	1	2	3	1	2	3	1	2	3
得分									
总得分									

3.维度变化卡片分类任务

	第一组	第二组	第三组	第四组	第五组	第六组
得分						
总分						

附录5 科研项目知情同意书

尊敬的家长：

我们邀请您的孩子参加嘉兴学院批准开展的“幼儿足球活动促进幼儿健康发展的实证研究”。本研究将在庆安清华府邸幼儿园开展，估计将有100名受试者自愿参加。本研究已经得到嘉兴市第一医院伦理委员会的审查和批准。

本文涵盖的部分内容由法规要求而定，并且为了保护参加研究的孩子的权益，本文经伦理委员会审核并同意。

一、研究背景

为深入贯彻落实习近平总书记关于振兴中国足球“从娃娃抓起、从基层抓起、从基础抓起”的重要指示精神，教育部、国家体育总局等部门相继出台了系列文件，并于2019年在全国遴选认定了首批3563所足球特色幼儿园，开始试点工作。然而，我国幼儿足球起步较晚且处于摸索期，缺乏科学、适宜的幼儿足球课程体系，同时在开展过程中问题表现突出，正如全国校足办发布的3—6岁儿童足球活动十项负面清单。成人化、专业化、小学化足球训练，正式足球比赛，足球操等形式化表演等违背了幼儿身心发展特点、幼儿足球发展规律，不利于幼儿个体后期发展，背离了国家推广幼儿足球活动的初衷。

二、研究的目的

基于以上背景，本研究依据相关学科理论创编幼儿足球游戏活动，以动作发展为核心、以增强体质健康为主线、以游戏为主要活动形式，以期达到帮助幼儿在体育锻炼中享受乐趣、增强体质、健全人格、锤炼意志的目的。

三、实验范围

所有参与本研究的孩子均来自庆安清华府邸幼儿园，受试人群的纳入标准为：年龄3—6岁，知情同意，愿意参加本次研究；近半年内一直在该幼儿园上学；无伤病、无疾病史的正常幼儿。

四、研究中我该做什么？

如果您愿意您的孩子参加本项研究，您的孩子将参加为期两个月的教学干预，教学频次为2次/班/周，每次30分钟；并在干预前后分别进行身体素质（握力、立定跳远、坐位体前屈、双脚连续跳、10米折返路、网球掷远、走平衡木）、动作发展（位移技能和操控技能）以及认知发展测试。另外，您或您的家人需要和自己的孩子进行亲子足球活动，活动频次为2次/周，每次不少于10分钟，共计两个月，并将活动视频（时长不限）上传到班级微信群或QQ群。

五、哪些人不宜参加研究？

如果您的孩子受伤病影响而导致近半年内无法参与体育活动，或孩子有先天性疾病史，不属于本次研究范畴。

六、参加研究有哪些风险？

本项研究无安全风险。

针对本研究项目的特殊说明：

1. 严格按照该幼儿园的教学规章制度开展教学干预。

2. 研究者本身具有十余年的教学经验且全程参与项目研究，2名带班教师、1名教辅人员全程辅助教学、测试。

3. 测试人员均为高校体育教师，并经过严格的筛选和培训，有能力、有爱心。

七、参加研究有哪些好处？

您的孩子通过此项研究，首先您可以了解孩子的身体素质、动作发展水平以及认知发展水平；其次，可以帮助您拓展亲子交流渠道，养成良好的家庭体育生活方式，培养孩子参加体育活动的兴趣等。

八、参加研究需要支付有关费用吗？

实验班的教学干预为所在幼儿园的正常教学，无须支付任何费用。

九、个人信息是保密的吗？

个人信息、实验数据仅作为科学研究所用，涉及受试者的图片或视频在征得本人或监护人授权的前提下方可使用，且在科研论文中会做好相关处理工作。

十、我必须参加研究吗？

参加本项研究是完全自愿的，您可以选择孩子不参加本项研究，或者在任何时候通知研究者要求退出研究，您孩子的数据将不纳入研究结果。

受试者同意声明：

我已经阅读了上述有关本研究的介绍，对参加本研究可能产生的风险和受益充分了解。我的孩子自愿同意参加本文所介绍的研究。

我同意□　我不同意□

知情同意书版本号：1.0

受试者（或监护人）签名：________________　日期：__________

受试者（或监护人）联系电话：____________　手机号：____________

研究者声明：

我确认已向受试者（监护人）解释了本研究的详细情况，特别是参加本研究可能产生的风险和收益。

研究者签名：________________　日期：________________

研究者的联系电话：________________　手机号：________________

附录6　科研项目伦理审批表

嘉兴市第一医院医学伦理委员会审批报告

审批号：LS2020-331　　　　审批日期：2020年11月3日

项目类别：科研项目	
项目名称：幼儿足球活动促进幼儿健康发展的实证研究	
申请科室：嘉兴学院体军部	本院项目负责人：刘
审查文件： 1. 实验方案 2. 伦理审查申报表（知情同意书、风险评估、应急预案）	
审查类型： □会议　　√快速　　□紧急	
审查意见： 经我院伦理委员会审查，认为“幼儿足球活动促进幼儿健康发展的实证研究”其实验方案及知情同意书等均符合伦理学原则。同意在本院开展此项研究。 伦理委员会的委员对该研究实施过程持续审查，审查频率为研究批准之日起6个月。 嘉兴市第一医院医学伦理委员会 伦理委员会主任/副主任（签字） 2020年11月3日	

附录7 对照班幼儿足球课示例（中班）

<table>
<tr><td colspan="3">日期：</td></tr>
<tr><td colspan="3">训练主题：基础带球</td></tr>
<tr><td>器材：球、标志物、标志服</td><td>训练时间：
40min</td><td>出席人数：20人</td></tr>
<tr><td colspan="3">图示：● 球 ——►传球；-------►~~~~ 运球；-------►△ 跑动
O 防守队员；X 进攻队员；C 教练员；⊗中立队员/自由人</td></tr>
<tr><td>一、准备部分（时间：15分钟 ）</td><td>组织方法</td><td>练习要求、要点</td></tr>
<tr><td>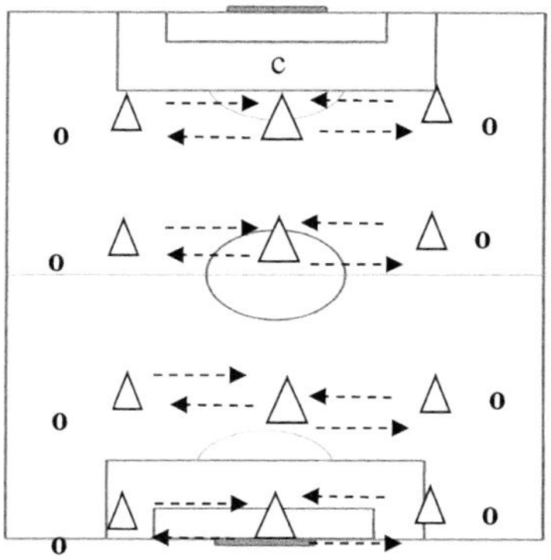
</td><td>1. 强调纪律及课程准备
2. 哨声游戏
教练哨子一响，队员们原地跑，然后教练开始拍手，教练的手拍得越快队员们跑得越快，节奏越慢跑得越慢，哨子响两声立刻停下
3. 简单的原地拉伸
4. 哨子一响折返跑，跑到对面触碰标志盘后返回，看谁先跑回终点</td><td>1. 7岁以下的队员自控能力差容易走神。全队一起喊口号在提士气的同时把走神的孩子注意力拉回课堂（切勿大声训斥）
2. 标志盘摆放尽可能利用场地、横向纵向距离拉远，孩子间距离远了不会相互吵闹，同时有助于看清教练员示范动作
3. 7岁以下孩子对专业术语敏感度不高，教练要反复以身示范</td></tr>
<tr><td>二、基础部分
练习1（时间：10分钟 ）</td><td>组织方法</td><td>练习要求、要点</td></tr>
</table>

续表

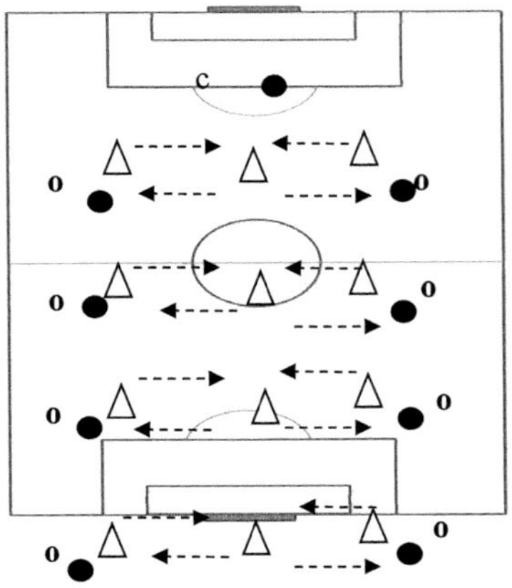	1. 外脚背带球，要求孩子都竖起脚来带球 2. 到达目的地扣球转身回到出发点	第一次用外脚背带球，孩子会觉得很别扭，要求队员不要加快速度，每次做完一组表扬那些动作标准并能把球控制在脚下的小朋友
练习2（时间：10分钟 ）	组织方法	练习要求、要点
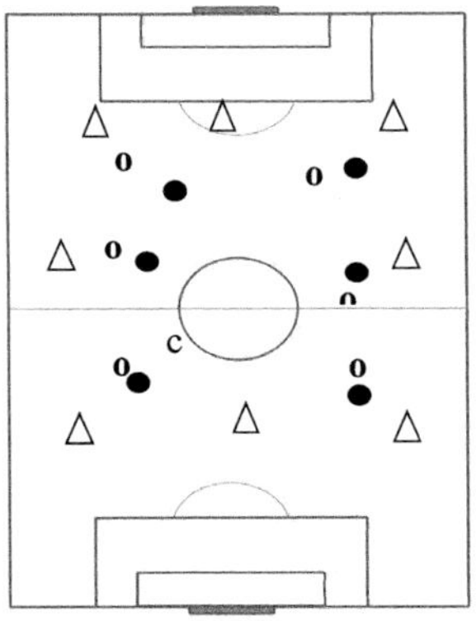	1. 球员在指定范围内自由带球，避开教练抢球同时避免和队友相撞 2. 要求孩子在无人防守的情况下加入外脚背带球动作	表扬那些用外脚背带球的小朋友
三、结束部分（时间：5分钟）	组织方法	练习要求、要点
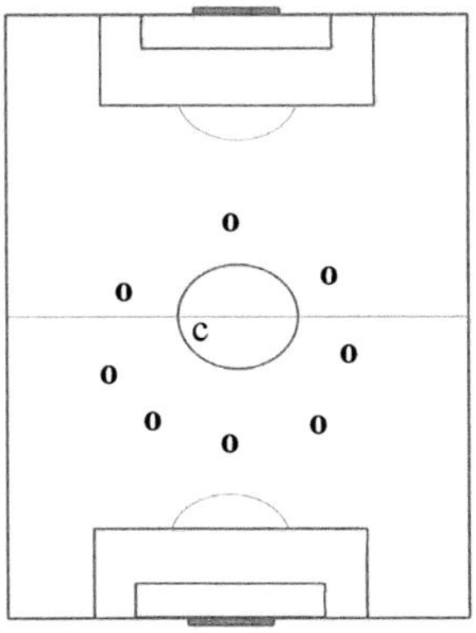	1. 围成一个圈简单拉伸 2. 表扬表现好的小朋友，提出不足、课程回顾，布置回家作业（有需要教练可以将标准师范动作发给学员家长） 3. 喊口号结束	1. 作业布置需要简单易懂、可以让孩子反复复述 2. 结束口号必须每个人参与，必须响亮有力

附录8 实验班幼儿园足球游戏课程示例（中班）

【游戏名称】小足球找家

【游戏目标】①体验足球游戏的快乐，获得成就感；②发展幼儿耐力；③提高幼儿认知能力。

【游戏准备】平整场地一块，足球若干，球门若干。

【游戏玩法】

（1）准备活动："身体名称游戏"。教师在带领幼儿有节奏的拍手过程中，说出身体各部位的名称，幼儿立刻找到并用手指出。

（2）游戏导入：小足球准备回家了，你们能按照它的指令帮它找到家吗？

（3）游戏过程：幼儿分成人数相等的四组，每人一球。球门分别贴有圆形、方形、椭圆形、三角形图案。各组幼儿分散在场地中间运球，听教师指令后，各组幼儿按照指令将球运到指定球门，看哪组完成得最快。

（4）放松活动："身体大小游戏"。幼儿两脚稍开立，紧闭双眼，两臂上举，教师喊"吸气"，脚跟尽量上提，使身体变大；教师喊"呼气"，慢慢做下蹲动作，使身体变小。重复几次。

【游戏规则】幼儿需用脚将球运到球门，不能一脚踢到球门。

附录9　幼儿园足球课程现状调查问卷

尊敬的教师：

您好！为了解幼儿园足球课程的基本状况，更好促进幼儿足球开展，我们根据科学的方法选定了部分足球特色幼儿园作为全国性的代表，贵园的相关信息将为幼儿足球的推广普及提供重要参考。本次调查严格按照《统计法》的要求进行，不用填写姓名，所有回答只用于统计分析。您只需根据实际情况，在适合的选项上打勾（多项选择已在题中标出，未标注的均为单项选择），或者在______上填写。

衷心感谢您的支持和帮助。

福建师范大学　×××

联系电话：×××××

指导教师：×××　教授

2020年1月

一、幼儿园基本信息

1. 贵园名称：______省________市________________幼儿园

2. 贵园性质属于：A.公办　B.民办　C.其他

3. 贵园等级（如示范园或一级一类）：____________________

4. 贵园教师数量共________人，其中专职体育教师_______人

5. 贵园共有_____个年级，________个班级，共________人

6. 贵园占地面积共________平方米，建筑面积共________平方米

二、幼儿足球开展情况

1. 贵园幼儿每天户外身体活动的时间：______分钟，其中足球活动是分钟

2. 贵园开设幼儿足球课的班级是：（可多选）A.大班　B.中班　C.小班

3. 贵园幼儿足球课中每班人数大约是：大班：___人 中班：___人 小班：___人

4. 贵园每班开设幼儿足球课的次数是：

A. 1次/周　B. 2次/周　C. 3次/周　D. 4次/周　E. 5次及以上/周

5. 贵园每次幼儿足球课的时间大约是：大班_____分钟　中班_____分钟　小班____分钟

6. 贵园承担幼儿足球课教学任务的教师是：（可多选）

A. 普通教师　B. 专职体育教师　C. 外聘教师　D. 其他_________

7. 贵园幼儿足球课是否以游戏的形式开展：A. 是　B. 否

8. 贵园是否有幼儿足球教学指导用书：A. 有　B. 无

9. 贵园是否制定了幼儿足球教学目标：A. 是　B. 否

10. 贵园幼儿足球的教学内容主要是：______________________

11. 贵园选择幼儿足球教学内容的主要依据有：（可多选）

A. 相关政策文件　B. 幼儿身心发展规律　C. 师资配置

D. 场地器材设施　E. 课程目标　F. 其他_____

12. 贵园幼儿足球课采用的教学方法有：（可多选）

A. 讲解法　B. 示范法　C. 演示法　D. 练习法

E. 运动竞赛法　F. 运动游戏法　G. 情景教学法　H. 其他_____

大班：____________　中班：_______________　小班：____________

13. 贵园选择幼儿足球课教学方法的依据有：（可多选）

A. 幼儿实际情况　B. 教师本身条件和特点　C. 教学内容特点

D. 教学方法特点　E. 幼儿体育活动课的目的与任务　F. 其他________

14. 贵园在幼儿足球课教学过程中是否考虑运动负荷：

A. 是　B. 否（请跳至第16题）

15. 贵园如何监测幼儿足球课教学过程中的运动强度：（可多选）

A. 凭教师经验　B. 观察幼儿的活动状态　C. 通过幼儿的自我感觉

D. 通过简单的生理测试　E. 通过运动智能设备监测　F. 其他_________

16. 贵园是否对幼儿的足球课进行学习效果评价？

A. 是（继续回答第17–18题） B. 否（请跳至第19题）

17. 如果是，评价内容包括：（可多选）

A. 幼儿学习过程中的表现 B. 幼儿掌握动作技能的程度

C. 幼儿取得进步的幅度 D. 幼儿体质监测的内容 E. 其他________

18. 如果是，评价方式包括：（可多选）

A. 体育教师对幼儿学习效果的评价

B. 班级负责教师对幼儿学习效果的评价

C. 幼儿的自评

D. 其他________

19. 您认为制约幼儿园开展幼儿足球的因素有哪些？（可多选）

A. 缺乏活动场地、器材设施 B. 怕发生伤害事故，引起家长不满

C. 幼儿不守纪律难组织 D. 普通教师缺乏幼儿体育教育知识、技能

E. 相关部门不重视 F. 园领导自身不重视

G. 缺乏专职体育教师 H. 缺乏专门的幼儿足球教材

I. 经费问题 J. 其他________

20. 贵园除了幼儿足球课，还开展了哪些幼儿足球活动？（可多选）

A. 足球运动会 B. 亲子足球赛 C. 足球嘉年华 D. 其他________

三、幼儿园体育资源情况

1. 贵园是否有专职足球教师？

A. 有（请继续回答第2–3题） B. 无（请跳至第4题）

2. 如果有，专职足球教师数量是：男教师共___名，女教师共___名。

3. 如果有，专职足球教师专业是：

A. 体育教育 B. 运动训练 C. 学前教育 D. 其他________

4. 贵园是否外聘教师开设幼儿足球课？ A. 是 B. 否

5. 贵园教师是否参加过有关幼儿体育（含幼儿足球）的培训？

A. 是（继续回答第6—9题）　　　　　B. 否（请跳至第10题）

6. 如果参加过，平均每年有几次？

A. 1次　　B. 2次　　C. 3次　　D. 3次以上

7. 如果参加过，培训的级别是：（可多选）

A. 园本培训　B. 市级培训　C. 省级培训　D. 国家级培训　E. 其他________

8. 如果参加过，培训内容是：（可多选）

A. 体育理论知识　B. 专项技能　C. 体育活动组织与实施　D. 其他________

9. 如果参加过，每次参加培训的经费：

A. 幼儿园承担　B. 教师个人承担　C. 幼儿园和教师共同承担　D. 其他___

10. 贵园在幼儿体育发展方面每年投入的经费是：__________元，经费来源途径是：________________________

11. 贵园的室内体育活动场地为：

A. 单独室内活动场地　B. 教室合用　C. 混用的综合性教室　D. 其他________

12. 贵园室内体育活动场地数量为________个，面积是________平方米

13. 贵园的户外体育活动场地为：（可多选）

A. 水泥场地　B. 塑胶场地　C. 沙池　D. 泥土地

E. 草地　F. 人造草坪　G. 其他__________

14. 贵园户外体育活动场地数量为________个，面积是________平方米

15. 贵园场地满足幼儿体育活动的程度：

A. 完全满足　B. 比较满足　C. 一般　D. 不太满足　E. 很不满足

16. 贵园对场地环境布置的重视程度：

A. 非常重视　B. 比较重视　C. 一般　D. 不太重视　E. 很不重视

17. 贵园幼儿体育活动的器材设施有：（可多选）

A. 固定性运动器械，如滑梯、秋千、跷跷板、各类攀爬架、塑料小球池、跳跳床等

B. 中、小型移动运动器械，如弓形门、平衡板、各种球类、呼啦圈等

C.自制的体育活动器材，如毽子、沙包、小高跷、铁环等

D.其他＿＿＿＿＿＿

18. 贵园器材设施满足幼儿体育活动的程度：

A.完全满足　B.比较满足　C.一般　D.不太满足　E.很不满足

19. 贵园是否建立了完善的幼儿园体育场地及器材安全检查制度？

A.是　　　　B.否

20. 贵园教师在幼儿体育活动前检查场地及器材安全的频次：

A.每次上课都检查　B.偶尔检查　C.极少检查　D.其他＿＿＿＿＿＿

我们的调查结束了，再次感谢您的支持和配合。

附录10 幼儿园足球课程现状访谈提纲（园长）

尊敬的园长：

您好！为了解幼儿园足球课程的基本状况，更好地促进幼儿足球的发展，我们根据科学的方法选定了部分幼儿园园长作为全国性的代表，您是其中一位，您的意见和建议将为幼儿足球的发展提供重要的参考。本次调查严格按照《统计法》的要求进行，所有回答只用于统计分析。衷心感谢您的支持和帮助。

福建师范大学 ×××
联系电话：×××××
指导教师：××× 教授
2020年1月

1. 您对幼儿园开展幼儿足球课程的价值认识？
2. 贵园幼儿足球开展的形式主要有哪些？您还有什么建议？
3. 您对幼儿足球比赛的看法？
4. 贵园在开展幼儿足球课程中遇到的主要困难有哪些？
5. 您最希望相关部门提供哪些指导或资助？
6. 您对教育部实施的《全国足球特色幼儿园游戏活动指南》的看法？

附录11　幼儿园足球游戏课程访谈提纲

（学前教育、幼儿体育专家）

尊敬的专家：

您好！为设计科学的幼儿园足球游戏课程，推动幼儿足球在幼儿园的科学开展，现就幼儿园足球游戏课程方面的内容向您咨询，您的意见和建议将为幼儿足球的发展提供重要的参考。本次调查严格按照《统计法》的要求进行，所有回答只用于统计分析。衷心感谢您的支持和帮助。

福建师范大学　×××

联系电话：×××××

指导教师：×××　教授

2020年1月

1. 您认为幼儿园足球游戏课程的设计具体包括哪些内容？

2. 您认为幼儿园足球游戏课程设计的理论基础包括哪些？

3. 您认为幼儿园足球游戏课程的目标应包括哪些内容？您对本研究中幼儿园足球游戏课程目标的看法？请根据实际情况选择相符合的选项，并在相应表格内打“√”。各数字具体含义如下：5=完全同意，4=同意，3=一般，2=不同意，1=完全不同意。

幼儿园足球游戏课程目标	5	4	3	2	1
增强体质，具备一定的运动能力					
培养足球兴趣，培育足球文化					
培养初步感受美与表现美的能力，提高认知能力					
培养良好的情绪情感、行为习惯，塑造健康行为					
培养顽强拼搏、勇于挑战、善于合作的体育品德					
其他（请说明）					

4. 您认为幼儿园足球游戏课程的教学原则是什么？

5. 您认为幼儿园足球游戏课程的教学内容应该是什么？

6. 您认为幼儿园足球游戏课程的评价内容包括哪些？

7. 请您谈谈对当前《全国足球特色幼儿园游戏活动指南》的看法？

感谢您的支持和配合。

附录12　幼儿园足球游戏课程访谈提纲（足球专家）

尊敬的专家：

您好！为设计科学的幼儿园足球游戏课程，推动幼儿足球在幼儿园的科学开展，现就幼儿园足球游戏课程方面的内容向您咨询，您的意见和建议将为幼儿足球的发展提供重要的参考。本次调查严格按照《统计法》的要求进行，所有回答只用于统计分析。衷心感谢您的支持和帮助。

福建师范大学　×××

联系电话：×××××

指导教师：×××　教授

2020年1月

1. 您认为幼儿园足球游戏课程的教学内容是什么？

2. 您认为幼儿园足球游戏课程的教学形式是什么？

3. 请您谈一下将“足球技术分解成具体的动作”设计幼儿园足球游戏课程内容的看法。

4. 如果您认同上述观点，将有球技术中的运球、踢球、接球、抢截球、假动作、掷界外球、守门员技术分解成以下动作要素：颠、踩、推、拉、拨、跨、挑、踢、接、运、传、顶、抢、截、掷、拍、抛、扑、托、拳击20个动作要素，您认为是否合理？请谈谈您的看法。

5. 请您谈谈对当前幼儿足球比赛的看法。

6. 请您谈谈对当前《全国足球特色幼儿园游戏活动指南》的看法。

感谢您的支持和配合。

附录13 幼儿园足球游戏课程现状访谈提纲（幼儿）

小朋友们：

你们好！为了了解幼儿园足球游戏课程开展过程中的情况，推动幼儿足球在幼儿园的科学开展，现就幼儿园足球游戏课程方面的内容访谈几个问题，你的回答将为幼儿足球的发展提供重要的参考。本次调查严格按照《统计法》的要求进行，所有回答只用于统计分析。衷心感谢你的支持和帮助。

福建师范大学 ×××

联系电话：×××××

指导教师：××× 教授

2020年1月

1.你喜不喜欢足球？

2.你喜不喜欢上幼儿园足球游戏课程？

3.你如果喜欢上幼儿园足球游戏课程，你想一周上几次课？

4.你如果喜欢上幼儿园足球游戏课程，喜欢和谁一起玩耍？

5.你除了踢足球外，还有没有其他与足球相关的活动呢？说说看。

6.平常你的爸爸或妈妈和你一起玩足球吗？在哪里玩耍？

附录 14　幼儿园足球游戏课程教学实践的家长满意度调查问卷

亲爱的家长：

您好！目前正在进行《幼儿园足球游戏课程设计与实践研究》研究。经过前期的文献归纳、实践总结以及专家论证，设计了幼儿园足球游戏课程，为进一步论证其科学合理性，正在组织实践教学，因您的孩子正在参加教学实践活动，特请您参与调查。本次调查严格按照《统计法》的要求进行，所有回答只用于统计分析。衷心感谢您的支持和帮助。

2021 年 1 月

请根据实际情况选择相符合的选项，并在相应表格内打“√”。各数字具体含义如下：

5=完全同意，4=同意，3=一般，2=不同意，1=完全不同意。

问题条目	5	4	3	2	1
1.孩子喜欢参加幼儿园足球游戏课程					
2.孩子在幼儿园足球游戏课程中能表现出成就感和安全感					
3.孩子喜欢他（她）上课的老师并经常在家长面前谈及老师					
4.孩子经常在足球游戏课堂上表现出不与同伴交流、灰心丧气等负面情绪					
5.经常从班级教师获得有关孩子进步情况的反馈					
6.孩子喜欢与家长分享在幼儿园足球游戏课程中学到的知识、技能					
7.幼儿园足球游戏课程可以为孩子今后学习其他运动技能做准备					

续表

问题条目	5	4	3	2	1
8.孩子课后经常会应用在幼儿园足球游戏课程中所学的技能					
9.孩子与家长经常参与在幼儿园足球游戏课程中所学的内容					
10.与老师交谈孩子学习情况时，家长对孩子取得的进步感到高兴					
11.孩子并不喜欢幼儿园足球游戏课程，是家长要求他（她）参加的					
12.家长能明显地感觉到幼儿园足球游戏课程对孩子的正向影响比较大					
13.孩子愿意继续参加幼儿园足球游戏课程，并在后期学习阶段能坚持较长时间					
14.家长愿意支持孩子继续参加幼儿园足球游戏课程，并愿意与孩子一起参与幼儿足球相关活动					

问卷到此结束，感谢您的配合。

附录15 幼儿园足球游戏课程理论构建框架图

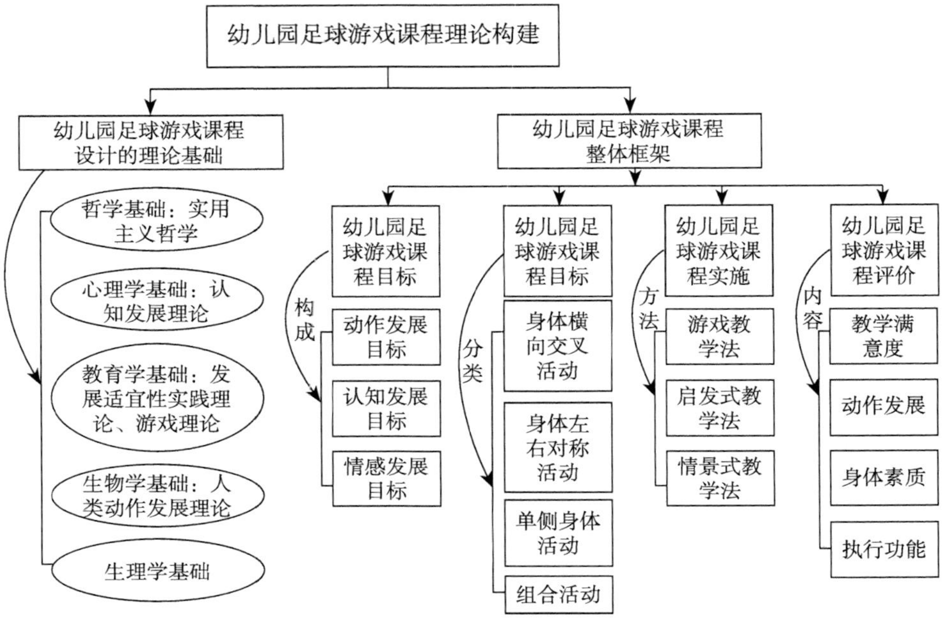

附录16　实验测试部分现场图片1

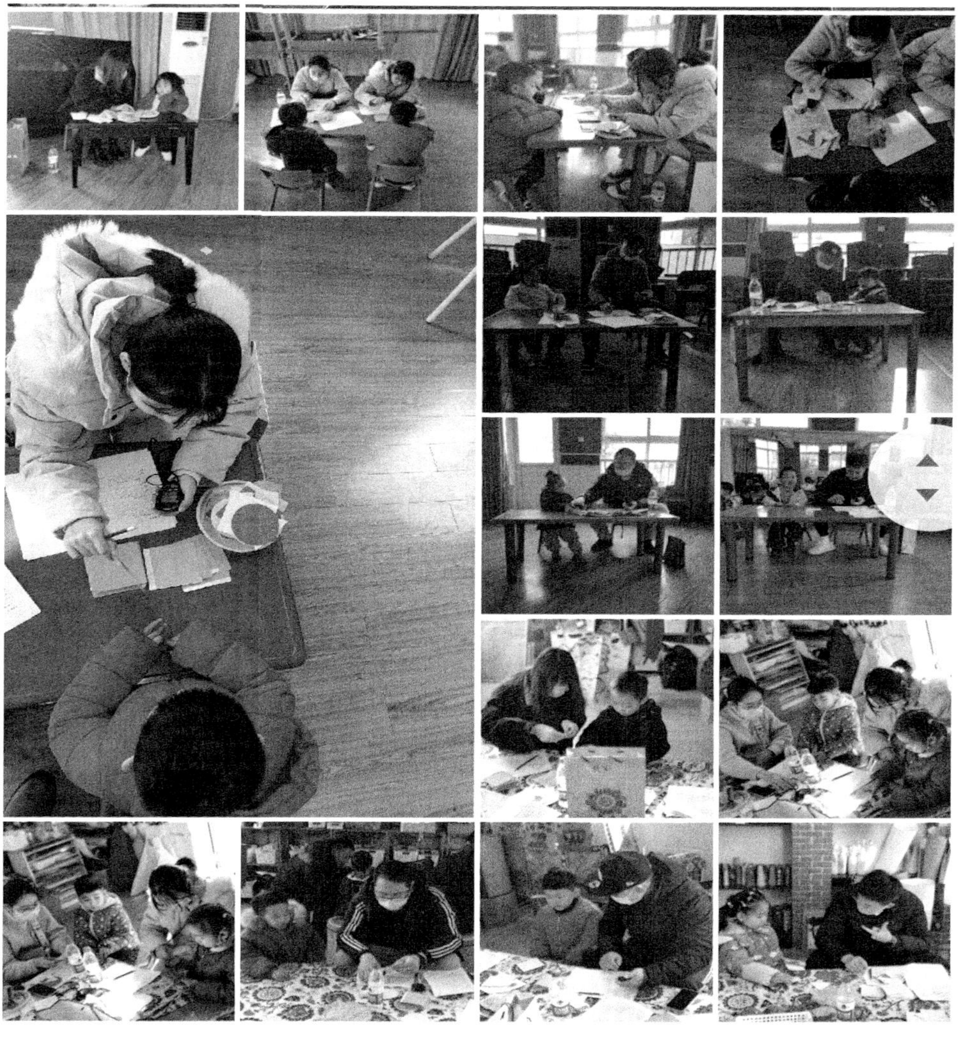

附录17　实验测试部分现场图片2

附录18 实地调研访谈部分图片

附录19　幼儿园足球游戏课程教学内容

小班

第一课

【游戏名称】我和足球是朋友

【游戏目标】①了解足球的特性及身体的构造；②发展幼儿动作的灵敏性及手、眼协调性；③培养足球运动兴趣，体验胜利的喜悦。

【游戏准备】平整场地一块，足球若干。

【游戏玩法】

（1）准备活动："身体名称游戏"。教师在带领幼儿有节奏的拍手过程中，说出身体各部位的名称，幼儿立刻找到并用手指出。

（2）游戏导入：咕噜家族来到了足球王国，看到了大大小小、五颜六色的足球，于是每个人找了一个喜欢的足球，并开始探索足球的奥秘，看看他们是怎么玩球的吧。

（3）游戏过程：幼儿每人一球，教师在观察幼儿玩球的过程中可以引导幼儿将球向上抛出后用手接住或向前抛出后追击球或用脚踢出后追击球。

（4）放松活动："身体大小游戏"。幼儿两脚稍开立，紧闭双眼，两臂上举，教师喊"吸气"，脚跟尽量上提，使身体变大；教师喊"呼气"，慢慢做下蹲动作，使身体变小。重复几次。

【游戏规则】幼儿在接球时可以用手直接接住或反弹一次后接住；幼儿在向前抛球时应有一定的速度。

第二课

【游戏名称】拍球赛

【游戏目标】①体验拍球的乐趣；②发展幼儿上肢力量及动作协调性；③提高幼儿音乐节奏感。

【游戏准备】平整场地一块，足球若干，音乐。

【游戏玩法】

（1）准备活动："推手游戏"。幼儿两人一组，手掌对手掌，看谁的力气大。

（2）游戏导入：小朋友们都知道足球会跳了，那我们跟着音乐节奏用手拍球吧。

（3）游戏过程：教师注意观察幼儿拍球动作，及时引导幼儿跟随音乐节奏，拍1次球接住后向上抛球接住，依次重复以上动作。

（4）放松活动："雪人融化"。双手上举站立→下蹲→躺下→下蹲→站立。重复2—3次。

【游戏规则】根据幼儿动作完成情况，可以拍1次、2次或3次。

第三课

【游戏名称】看谁够得着足球

【游戏目标】①喜欢参与足球游戏；②发展幼儿柔韧性；③培养克服困难，超越自我的意识。

【游戏准备】平整场地一块，足球若干。

【游戏玩法】

（1）准备活动：手臂、腿绕圈游戏。手臂往前、往后绕圈，单脚站立另外一条腿向外绕圈。

（2）游戏导入：我们两腿伸直了还能够得着小足球吗？怎样让小足球围着我们转圈圈呢？大家来试一试吧。

（3）游戏过程：幼儿每人一球。教师观察幼儿动作，是站立式两腿伸直还是坐着两腿伸直，用手拨球将球从双脚前绕过，让球围着身体转圈。

（4）放松活动："身体大小游戏"。幼儿两脚稍开立，紧闭双眼，两臂上举，教师喊"吸气"，脚跟尽量上提，使身体变大；教师喊"呼气"，慢慢做下蹲动作，使身体变小。重复几次。

【游戏规则】幼儿在拨球的过程中双腿需伸直。

第四课

【游戏名称】“瓜哥”掷球

【游戏目标】①体验掷球的乐趣；②发展幼儿上肢力量；③培养幼儿遵守基本规则的意识。

【游戏准备】平整场地一块，足球若干。

【游戏玩法】

（1）准备活动：推手游戏。幼儿两人一组，唱着儿歌“拍拍手、拍拍手”拍手四次击掌后握手两次，两人开始推手。

（2）游戏导入：咕噜家族站在悬崖边上看着后面的地球马上将要毁灭，大家正在苦恼怎样跨越数丈宽的深沟，这时小伊的爸爸“瓜哥”突然有了一个主意，他将如何把小伊、坦克、小珊、乌嘎、外婆安全送到对岸呢？

（3）游戏过程：幼儿排成一排，正面/背面双手掷球将球掷出，全部掷出后快跑将球捡回。重复以上动作。

（4）放松活动：“身体抖动操”。四肢、屁股抖动放松。

【游戏规则】幼儿全部掷出后才可以捡球。

第五课

【游戏名称】抓蝴蝶

【游戏目标】①体验颠球的乐趣；②发展幼儿眼、脚协调能力；③体验足球游戏的快乐，获得成就感。

【游戏准备】平整场地一块，足球若干，网兜。

【游戏玩法】

（1）准备活动：“身体平衡游戏”。教师带领幼儿做金鸡独立动作，以及单脚闭眼平衡游戏，看谁站立时间长。

（2）游戏导入：春天来了，小蝴蝶飞到了你的足球上，但是我们不能用手去抓，想想怎么抓蝴蝶吧。

（3）游戏过程：幼儿每人一球、一网兜，将蝴蝶贴在足球上，幼儿自己提着足球，用脚背踢球，看看谁踢下的蝴蝶多。

（4）放松活动："身体大小游戏"。幼儿两脚稍开立，紧闭双眼，两臂上举，教师喊"吸气"，脚跟尽量上提，使身体变大；教师喊"呼气"，慢慢做下蹲动作，使身体变小。重复几次。

【游戏规则】幼儿将蝴蝶全部踢下后需再次贴上，重新进行。

第六课

【游戏名称】踩球舞

【游戏目标】（1）体验踩球的乐趣；（2）发展幼儿平衡能力；（3）提高幼儿音乐节奏感。

【游戏准备】平整场地一块，足球若干，音乐。

【游戏玩法】

（1）准备活动："身体平衡游戏"。教师带领幼儿做金鸡独立动作，以及单脚闭眼平衡游戏，看谁站立时间长。

（2）游戏导入：小朋友们知道怎么踩球吗？让我们跟随音乐节奏一起跳踩球舞吧。

（3）游戏过程：跟随音乐节奏，节奏慢时踩球动作慢，节奏快时踩球动作块，幼儿原地做动作。

（4）放松活动："身体大小游戏"。幼儿两脚稍开立，紧闭双眼，两臂上举，教师喊"吸气"，脚跟尽量上提，使身体变大；教师喊"呼气"，慢慢做下蹲动作，使身体变小。重复几次。

【游戏规则】幼儿跟随音乐节奏完成踩球动作，保持一致。

第七课

【游戏名称】倒车请注意

【游戏目标】①体验拉球的乐趣；②发展幼儿下肢力量及平衡能力；③体验足球游戏的快乐，获得成就感。

【游戏准备】平整场地一块，足球若干。

【游戏玩法】

（1）准备活动："倒车游戏"。教师带领幼儿后退走，假装开车倒车。

（2）游戏导入：现在我们把足球当成小汽车，小驾驶员们看看用脚怎么控制你们的油门，把车倒进车库吧。

（3）游戏过程：幼儿每人一球，开始倒车游戏。

（4）放松活动："身体大小游戏"。幼儿两脚稍开立，紧闭双眼，两臂上举，教师喊"吸气"，脚跟尽量上提，使身体变大；教师喊"呼气"，慢慢做下蹲动作，使身体变小。重复几次。

【游戏规则】足球如果在哪个地方跑掉，应在此点重新进行动作。

第八课

【游戏名称】小推车运球

【游戏目标】①体验推球的乐趣；②发展幼儿下肢力量及平衡能力；③体验足球游戏的快乐，获得成就感。

【游戏准备】平整场地一块，足球若干，球门两个。

【游戏玩法】

（1）准备活动："高抬腿游戏"。教师带领幼儿做高抬腿动作，看谁抬得高。

（2）游戏导入：小朋友都知道小推车可以搬运足球，我们今天不用小推车而用你们的脚来推球，大家想一想怎么推球吧。

（3）游戏过程：幼儿每人一球，开始推球游戏。

（4）放松活动："身体大小游戏"。幼儿两脚稍开立，紧闭双眼，两臂上

举，教师喊“吸气”，脚跟尽量上提，使身体变大；教师喊“呼气”，慢慢做下蹲动作，使身体变小。重复几次。

【游戏规则】足球如果在哪个地方跑掉，应在此点重新进行动作。

第九课

【游戏名称】螃蟹运球

【游戏目标】①体验拨球的乐趣；②发展幼儿下肢力量及平衡能力；③体验足球游戏的快乐，获得成就感。

【游戏准备】平整场地一块，足球若干，球门两个。

【游戏玩法】

（1）准备活动：“螃蟹走游戏”。教师带领幼儿做螃蟹走的动作，看谁模仿得最像。

（2）游戏导入：小螃蟹们在沙滩上发现小足球，它以为是美味的食物，它们正在想用它们的大钳子怎样把小足球搬回家，小朋友们也替小螃蟹们想一想吧。

（3）游戏过程：幼儿每人一球，学着螃蟹横着走的姿势用脚把球运到球门里。

（4）放松活动：“身体大小游戏”。幼儿两脚稍开立，紧闭双眼，两臂上举，教师喊“吸气”，脚跟尽量上提，使身体变大；教师喊“呼气”，慢慢做下蹲动作，使身体变小。重复几次。

【游戏规则】幼儿在拨球时尽量保持直线运行，避免互相干扰。

第十课

【游戏名称】梦幻舞步

【游戏目标】①体验跨球的乐趣；②发展幼儿动作的灵敏性及眼、脚协调性；③发展幼儿认知能力。

【**游戏准备**】平整场地一块，足球若干，音乐。

【**游戏玩法**】

（1）准备活动："步法游戏"。教师带领幼儿在音乐节奏下做交叉步、跨步游戏。

（2）游戏导入：咕噜家族成员在森林里跳起了足球舞，大家想想他们是怎么用脚绕着足球跳舞的吧。

（3）游戏过程：幼儿每人一球，围着球做跨球动作。

（4）放松活动："身体大小游戏"。幼儿两脚稍开立，紧闭双眼，两臂上举，教师喊"吸气"，脚跟尽量上提，使身体变大；教师喊"呼气"，慢慢做下蹲动作，使身体变小。重复几次。

【**游戏规则**】幼儿在跨球时不能碰到足球。

第十一课

【**游戏名称**】鲤鱼跳龙门

【**游戏目标**】①体验挑球的乐趣；②发展幼儿脚的灵活性；③发展幼儿认知能力。

【**游戏准备**】平整场地一块，足球若干，小篮架若干，小呼啦圈若干。

【**游戏玩法**】

（1）准备活动："抬脚游戏"。幼儿在教师指示下抬左脚或右脚。

（2）游戏导入：小足球被大山挡住了去路，小朋友们想办法怎样用脚帮助小足球越过大山到达安全的地方吧。

（3）游戏过程：幼儿每人一球，用脚将球挑过小篮架落到小呼啦圈内，看看谁能成功。然后将球捡回，重复以上动作。

（4）放松活动："身体大小游戏"。幼儿两脚稍开立，紧闭双眼，两臂上举，教师喊"吸气"，脚跟尽量上提，使身体变大；教师喊"呼气"，慢慢做下蹲动作，使身体变小。重复几次。

【**游戏规则**】小足球需从小篮架上面通过。

第十二课

【游戏名称】小小洗车工

【游戏目标】①喜欢参与足球游戏，获得成就感；②发展幼儿动作的灵敏性、协调性；③发展幼儿认知能力。

【游戏准备】平整场地一块，足球若干，汽车标志若干。

【游戏玩法】

（1）准备活动：“综合游戏”。幼儿在教师指令下分别做出相应动作，推、拉、拨。

（2）游戏导入：小汽车脏了怎么办呢？大家给小汽车洗过车吗？今天我们就做一次洗车工给小汽车洗车。

（3）游戏过程：幼儿每人一个贴有汽车标志的足球，四散在场地中央。听教师提示做出相应的动作。擦擦汽车玻璃——脚底推、拉球；擦擦方向盘——双脚左右拨球；给汽车轮胎打打气——左右脚交替踩球。

（4）放松活动：“身体大小游戏”。幼儿两脚稍开立，紧闭双眼，两臂上举，教师喊“吸气”，脚跟尽量上提，使身体变大；教师喊“呼气”，慢慢做下蹲动作，使身体变小。重复几次。

【游戏规则】尽量将球控制在脚下，不让足球跑掉。

第十三课

【游戏名称】熊爬顶球

【游戏目标】①体验头顶球游戏的乐趣；②发展幼儿动作的协调性；③培养幼儿克服困难，坚强的意志力。

【游戏准备】平整场地一块，足球若干，球门两个。

【游戏玩法】

（1）准备活动：“身体名称游戏”。教师在带领幼儿有节奏的拍手过程中，说出身体各部位的名称，幼儿立刻找到并用手指出。

（2）游戏导入：大家知道大狗熊是怎么爬的吗？它如果碰见了足球，会怎样用头顶球？

（3）游戏过程：幼儿每人一球，模仿大狗熊爬行顶球，将球运到球门里。

（4）放松活动："身体大小游戏"。幼儿两脚稍开立，紧闭双眼，两臂上举，教师喊"吸气"，脚跟尽量上提，使身体变大；教师喊"呼气"，慢慢做下蹲动作，使身体变小。重复几次。

【游戏规则】在顶球的过程中不能走、跑，不能用手触球。

第十四课

【游戏名称】袋鼠跳

【游戏目标】①体验袋鼠跳游戏的乐趣；②发展幼儿下肢力量；③培养幼儿规则意识。

【游戏准备】平整场地一块，足球若干，球门两个。

【游戏玩法】

（1）准备活动："双脚跳游戏"。幼儿在教师的指令下分别做向前、向后、向左、向右的双脚跳。

（2）游戏导入：大家知道袋鼠是怎么跳的吗？那么它带着一个足球还能跳得动吗？

（3）游戏过程：幼儿每人一球，听老师的哨音，采用袋鼠跳夹球的方式将球运到球门里，比一比谁跳得快。

（4）放松活动："身体大小游戏"。幼儿两脚稍开立，紧闭双眼，两臂上举，教师喊"吸气"，脚跟尽量上提，使身体变大；教师喊"呼气"，慢慢做下蹲动作，使身体变小。重复几次。

【游戏规则】幼儿在袋鼠跳的过程中不能用手触球，球如果落地，从落地的地方继续动作。

第十五课

【游戏名称】推磨

【游戏目标】①体验运球游戏的乐趣；②发展幼儿灵敏性；③提高幼儿的方向感。

【游戏准备】平整场地一块，足球若干，半径5米和3米的圆圈两个。

【游戏玩法】

（1）准备活动："转圈游戏"。幼儿在教师的指令下分别做顺时针或逆时针转圈。

（2）游戏导入：小朋友们知道磨盘是什么样的吗？它是怎样转动的？我们带着小足球一起来推磨吧。

（3）游戏过程：幼儿分成两组，每人一球。一组站在小圆圈上，一组站在大圆圈上。听教师口令开始运球绕着圆圈转动。

（4）放松活动："身体大小游戏"。幼儿两脚稍开立，紧闭双眼，两臂上举，教师喊"吸气"，脚跟尽量上提，使身体变大；教师喊"呼气"，慢慢做下蹲动作，使身体变小。重复几次。

【游戏规则】幼儿须在圆圈线上运球。

第十六课

【游戏名称】小足球找家

【游戏目标】①体验运球游戏的乐趣；②发展幼儿耐力；③提高幼儿认知能力。

【游戏准备】平整场地一块，足球若干，球门若干。

【游戏玩法】

（1）准备活动："抱团游戏"。幼儿慢跑，教师报数字，幼儿根据数字组成相同数字的人数。

（2）游戏导入：小足球准备回家了，你们能按照它的指令帮它找到家吗？

（3）游戏过程：幼儿每人一球。纸箱做的球门十个，每个球门进行1–10编号。幼儿在场地中间运球，听教师报数，按照数字指令将球运到指定球门。

（4）放松活动："身体大小游戏"。幼儿两脚稍开立，紧闭双眼，两臂上举，教师喊"吸气"，脚跟尽量上提，使身体变大；教师喊"呼气"，慢慢做下蹲动作，使身体变小。重复几次。

【游戏规则】幼儿需全部找到球门后再进行下一个游戏。

第十七课

【游戏名称】追逐游戏

【游戏目标】①体验运球游戏的乐趣；②发展幼儿速度及耐力；③培养幼儿的保护意识。

【游戏准备】平整场地一块，足球若干。

【游戏玩法】

（1）准备活动："追逐游戏"。教师带领幼儿慢跑，让幼儿来追逐教师，拍打教师的手掌。

（2）游戏导入：小朋友们把足球想象成你们最喜欢的食物，这时候大灰狼来寻找食物，看看你们怎么保护自己的食物吧。

（3）游戏过程：游戏一：幼儿每人一球开始运球，教师变身大灰狼开始抢幼儿的足球。被抢到球的幼儿加入大灰狼组，开始抢球。游戏二：幼儿团结一致用足球攻击大灰狼。

（4）放松活动："身体大小游戏"。幼儿两脚稍开立，紧闭双眼，两臂上举，教师喊"吸气"，脚跟尽量上提，使身体变大；教师喊"呼气"，慢慢做下蹲动作，使身体变小。重复几次。

【游戏规则】幼儿应将球控制在自己的有效范围内，不能只跑不运球。

第十八课

【游戏名称】机器人舞蹈

【游戏目标】①体验游戏中的乐趣；②发展幼儿速度及灵敏性；③培养幼儿的保护意识。

【游戏准备】平整场地一块，足球若干。

【游戏玩法】

（1）准备活动："躲闪游戏"。教师假装手持激光武器，向前或向下射击，幼儿采用蹲下或跳起躲避，防止被击中。

（2）游戏导入：小朋友们知道章鱼遇到大鲨鱼来吃它，它会怎么办呢？那我们遇到坏人来抓你，你会怎么办呢？

（3）游戏过程：幼儿排成一排间隔1米站立，每人一球且距离球2米。幼儿跑向球并做出假动作虚晃，然后快速冲刺跑15米。

（4）放松活动："身体大小游戏"。幼儿两脚稍开立，紧闭双眼，两臂上举，教师喊"吸气"，脚跟尽量上提，使身体变大；教师喊"呼气"，慢慢做下蹲动作，使身体变小。重复几次。

【游戏规则】幼儿须从球的侧面跑过，不能从球上面跨过。

第十九课

【游戏名称】老鹰抓小鸡

【游戏目标】①体验身体不同部位接球的乐趣；②提高动作的灵敏性、协调性；③培养幼儿独立探索能力和创造力。

【游戏准备】平整场地一块，足球若干。

【游戏玩法】

（1）准备活动："身体名称游戏"。教师在带领幼儿有节奏的拍手过程中，说出身体各部位的名称，幼儿立刻找到并用手指出。

（2）游戏导入：小朋友们摇身一变成为"老鹰"，小足球变成"小鸡"，现在“小鸡”从“老鹰”手中逃脱，请你们想办法怎样用身体把它抓住？

（3）游戏过程：幼儿每人手持足球，将球抛出，然后幼儿追赶足球并在球的前面停住，想办法用身体接住球。

（4）放松活动：“身体大小游戏”。幼儿两脚稍开立，紧闭双眼，两臂上举，教师喊“吸气”，脚跟尽量上提，使身体变大；教师喊“呼气”，慢慢做下蹲动作，使身体变小。重复几次。

【游戏规则】要求幼儿向前将球抛出，有一定的速度。

第二十课

【游戏名称】砸泡泡

【游戏目标】①体验踢球的乐趣；②发展幼儿耐力；③提高幼儿的认知能力。

【游戏准备】平整场地一块，足球若干，墙面及泡泡图案。

【游戏玩法】

（1）准备活动：“身体名称游戏”。教师在带领幼儿有节奏的拍手过程中，说出身体各部位的名称，幼儿立刻找到并用手指出。

（2）游戏导入：小泡泡遇到足球的碰撞会怎样呢？大家想一想。

（3）游戏过程：幼儿每人一球。幼儿距离墙1米，用脚踢球，看看谁能踢中墙面上贴有不同大小、颜色的泡泡。

（4）放松活动：“身体大小游戏”。幼儿两脚稍开立，紧闭双眼，两臂上举，教师喊“吸气”，脚跟尽量上提，使身体变大；教师喊“呼气”，慢慢做下蹲动作，使身体变小。重复几次。

【游戏规则】幼儿须站在1米之外踢球，或者根据幼儿掌握情况可以加长距离踢球。

第二十一课

【游戏名称】过山洞

【游戏目标】①体验踢球的乐趣；②发展幼儿动作的灵敏性；③体验游戏中带来的成功喜悦。

【游戏准备】平整场地一块，足球若干。

【游戏玩法】

（1）准备活动：拉手单脚站立游戏。幼儿两人一组，唱着儿歌“拍拍手、拍拍手”拍手四次击掌后握手两次，两人开始拉手单脚站立。

（2）游戏导入：下雨了，让你的球宝宝找个山洞躲雨吧。

（3）游戏过程：幼儿每人一球开始运球，教师在跑动过程中寻找时机站立双腿分开，让幼儿将球从中间踢过。

（4）放松活动：“身体大小游戏”。幼儿两脚稍开立，紧闭双眼，两臂上举，教师喊“吸气”，脚跟尽量上提，使身体变大；教师喊“呼气”，慢慢做下蹲动作，使身体变小。重复几次。

【游戏规则】足球须从教师的两腿中间穿过，然后将球控制住。

第二十二课

【游戏名称】和足球比赛跑

【游戏目标】①尝试追赶滚动的足球，体会与球速的关系；②发展幼儿速度；③喜欢参与足球游戏，体验成功的喜悦。

【游戏准备】平整场地一块，足球若干。

【游戏玩法】

（1）准备活动：“身体名称游戏”。教师在带领幼儿有节奏的拍手过程中，说出身体各部位的名称，幼儿立刻找到并用手指出。

（2）游戏导入：大家都知道小足球可以滚动，但是你们知道你和它比谁跑得快吗？现在让我们来一场比赛吧。

（3）游戏过程：幼儿每人一球，用身体的任何部位触碰足球，让足球滚动起来。幼儿跟着足球滚动的方向追球。

（4）放松活动：“身体大小游戏”。幼儿两脚稍开立，紧闭双眼，两臂上举，教师喊“吸气”，脚跟尽量上提，使身体变大；教师喊“呼气”，慢慢做下蹲动作，使身体变小。重复几次。

【游戏规则】足球滚动要有一定的速度。

第二十三课

【游戏名称】翻山越岭

【游戏目标】①体验射门的乐趣；②发展幼儿动作的协调性和下肢肌肉力量；③培养幼儿克服困难、坚忍不拔的意志品质。

【游戏准备】平整场地一块，足球若干，小足球门四个。

【游戏玩法】

（1）准备活动：跳圈圈游戏。两人一组，双膝夹着报纸围着人跳圈，跳一圈后互换位置。

（2）游戏导入：“瓜哥”带领咕噜家族寻找有太阳的地方，但是他们必须翻山越岭，克服重重困难，我们看看咕噜家族能不能成功吧。

（3）游戏过程：起点距离球门 10 米。从起点开始摆放 10 个足球，间隔 50 厘米，第 11 个足球（分别有红、黄、蓝、绿等颜色）距离球门 2 米。开始跳跃前告诉咕噜家族成员最后要踢哪个颜色的足球，然后开始连续跳过 10 个足球，最后完成射门动作踢走怪物才算成功。分成四组各自进行游戏。

（4）放松活动：“身体抖动操”。四肢、屁股抖动放松。

【游戏规则】幼儿须双脚跳过足球，不能跨过或绕过，否则从起点重新开始；射门的足球要与事先告知的颜色一致。

第二十四课

【游戏名称】小小守门员

【游戏目标】①尝试用手接球或脚踢球；②发展幼儿耐力；③培养幼儿基本的足球比赛规则。

【游戏准备】平整场地一块，足球若干，球门两个。

【游戏玩法】

（1）准备活动：姿势变换游戏。幼儿从站立开始，变成俯卧撑姿势，然后跳起，看谁跳得高。

（2）游戏导入：小朋友们想一想足球比赛中怎么才能得分呢?

（3）游戏过程：幼儿分成两组，一组射门，另一组守门。幼儿距离球门5米，看看谁能把球踢进球门。

（4）放松活动："身体大小游戏"。幼儿两脚稍开立，紧闭双眼，两臂上举，教师喊"吸气"，脚跟尽量上提，使身体变大；教师喊"呼气"，慢慢做下蹲动作，使身体变小。重复几次。

【游戏规则】幼儿须站在1米之外踢球，或者根据幼儿掌握情况可以加长距离踢球。

中班

第一课

【游戏名称】我和足球是朋友

【游戏目标】①了解足球的特性；②发展幼儿动作的灵敏性及手、眼协调性；③发展幼儿认知能力。

【游戏准备】平整场地一块，足球若干。

【游戏玩法】

（1）准备活动："身体名称游戏"。教师在带领幼儿有节奏的拍手过程中，说出身体各部位的名称，幼儿立刻找到并用手指出。

（2）游戏导入：咕噜家族来到了足球王国，看到了大大小小、五颜六色的足球，于是每人找了一个喜欢的足球，并开始探索足球的奥秘，看看他们怎么玩球的吧。

（3）游戏过程：幼儿每人一球，教师在观察幼儿玩球的过程中可以引导幼儿将球向上抛出后用手直接接住（拍手一次接球、转身接球）或向前抛出后追击球或用脚踢出后追击球。

（4）放松活动："身体大小游戏"。幼儿两脚稍开立，紧闭双眼，两臂上举，教师喊"吸气"，脚跟尽量上提，使身体变大；教师喊"呼气"，慢慢做下蹲动作，使身体变小。重复几次。

【游戏规则】向上抛球后在接球时可以根据幼儿完成动作情况逐渐增加任务难度；幼儿在向前抛球时应有较快的速度。

第二课

【游戏名称】拍球赛

【游戏目标】①体验拍球的乐趣；②发展幼儿上肢力量及动作协调性；③提高幼儿音乐节奏感。

【游戏准备】平整场地一块，足球若干，音乐。

【游戏玩法】

（1）准备活动："推手游戏"。幼儿两人一组，手掌对手掌，看谁的力气大。

（2）游戏导入：小朋友们都知道足球会跳了，那我们跟着音乐节奏用手拍球吧。

（3）游戏过程：幼儿两人一组相距10米。教师注意观察幼儿拍球动作，及时引导幼儿跟随音乐节奏，拍1次球接住后双手掷给对面的幼儿，依次重复以上动作。

（4）放松活动："身体大小游戏"。幼儿两脚稍开立，紧闭双眼，两臂上

举，教师喊“吸气”，脚跟尽量上提，使身体变大；教师喊“呼气”，慢慢做下蹲动作，使身体变小。重复几次。

【游戏规则】根据幼儿动作完成情况，可以拍1次、2次或3次。

第三课

【游戏名称】看谁够得着足球

【游戏目标】①体验足球游戏中的乐趣；②发展幼儿柔韧性；③培养幼儿的合作能力。

【游戏准备】平整场地一块，足球若干。

【游戏玩法】

（1）准备活动：“身体名称游戏”。教师在带领幼儿有节奏的拍手过程中，说出身体各部位的名称，幼儿立刻找到并用手指出。

（2）游戏导入：我们两腿伸直了还能够得着小足球吗？怎样让小足球围着我们转圈圈呢？大家来试一试吧。

（3）游戏过程：幼儿分成人数相同的若干组，每组一球。教师观察幼儿动作，是站立式两腿伸直还是坐着两腿伸直，用手拨球将球从双脚前绕过，让球围着身体转圈，然后将球传给下一个幼儿，依次完成上述动作，看哪组快。

（4）放松活动：“身体大小游戏”。幼儿两脚稍开立，紧闭双眼，两臂上举，教师喊“吸气”，脚跟尽量上提，使身体变大；教师喊“呼气”，慢慢做下蹲动作，使身体变小。重复几次。

【游戏规则】幼儿在拨球的过程中双腿需伸直。

第四课

【游戏名称】看谁掷得远

【游戏目标】①体验掷球游戏的快乐；②发展幼儿上肢力量；③培养幼儿

的竞争精神。

【游戏准备】平整场地一块，足球若干。

【游戏玩法】

（1）准备活动："身体名称游戏"。教师在带领幼儿有节奏的拍手过程中，说出身体各部位的名称，幼儿立刻找到并用手指出。

（2）游戏导入：大家知道足球会飞吗？那么我们怎样用手让足球飞起来呢？小朋友们开动脑筋想一想吧。

（3）游戏过程：幼儿两人一组相距10米，采用正面/背面双手掷球，然后另一幼儿将球掷回，比一比谁掷球远。重复以上动作。

（4）放松活动："身体大小游戏"。幼儿两脚稍开立，紧闭双眼，两臂上举，教师喊"吸气"，脚跟尽量上提，使身体变大；教师喊"呼气"，慢慢做下蹲动作，使身体变小。重复几次。

【游戏规则】幼儿可以用各种动作进行掷球。

第五课

【游戏名称】抓蝴蝶

【游戏目标】①体验足球游戏的快乐，获得成就感；②发展幼儿眼、脚协调能力；③培养幼儿协作能力。

【游戏准备】平整场地一块，足球若干，网兜。

【游戏玩法】

（1）准备活动："身体平衡游戏"。教师带领幼儿做金鸡独立动作，以及单脚闭眼平衡游戏，看谁站立时间长。

（2）游戏导入：春天来了，小蝴蝶飞到了你的足球上，但是我们不能用手去抓，想想怎么抓蝴蝶吧。

（3）游戏过程：幼儿两人一球、一网兜，将蝴蝶贴在足球上，一名幼儿提着足球，另一人用脚背踢球，蝴蝶被踢下后两人交换位置。

（4）放松活动：“身体大小游戏”。幼儿两脚稍开立，紧闭双眼，两臂上举，教师喊“吸气”，脚跟尽量上提，使身体变大；教师喊“呼气”，慢慢做下蹲动作，使身体变小。重复几次。

【游戏规则】幼儿将蝴蝶踢下后自己将蝴蝶贴上，交替进行。

第六课

【游戏名称】踩球舞

【游戏目标】①体验足球游戏的快乐，获得成就感；②发展幼儿下肢力量及平衡能力；③提高幼儿音乐节奏感，培养幼儿竞争精神。

【游戏准备】平整场地一块，足球若干，音乐。

【游戏玩法】

（1）准备活动：“身体平衡游戏”。教师带领幼儿做金鸡独立动作，以及单脚闭眼平衡游戏，看谁站立时间长。

（2）游戏导入：小朋友们知道怎么踩球吗？让我们跟随音乐节奏一起跳踩球舞吧。

（3）游戏过程：幼儿两人一组相距2米，跟随音乐节奏，每人两脚交替踩球10次后，两人交换位置，看谁踩球快。

（4）放松活动：“身体大小游戏”。幼儿两脚稍开立，紧闭双眼，两臂上举，教师喊“吸气”，脚跟尽量上提，使身体变大；教师喊“呼气”，慢慢做下蹲动作，使身体变小。重复几次。

【游戏规则】踩球次数可以根据幼儿实际情况递增。

第七课

【游戏名称】倒车请注意

【游戏目标】①体验足球游戏的快乐，获得成就感；②发展幼儿下肢力量及平衡能力；③培养幼儿竞争精神。

【游戏准备】平整场地一块，足球若干，球门两个。

【游戏玩法】

（1）准备活动："倒车游戏"。教师带领幼儿后退走，假装开车倒车。

（2）游戏导入：现在我们把足球当成小汽车，小驾驶员们看看用脚怎么控制你们的油门，把车倒进车库吧。

（3）游戏过程：幼儿分成相同人数的两组，每人一球，起点与终点相距10米，在规定时间内看看哪组幼儿完成得快。

（4）放松活动："身体大小游戏"。幼儿两脚稍开立，紧闭双眼，两臂上举，教师喊"吸气"，脚跟尽量上提，使身体变大；教师喊"呼气"，慢慢做下蹲动作，使身体变小。重复几次。

【游戏规则】足球如果在哪个地方跑掉，应在此点重新进行动作。

第八课

【游戏名称】小推车运球

【游戏目标】①体验足球游戏的快乐，获得成就感；②发展幼儿下肢力量及平衡能力；③培养幼儿竞争精神。

【游戏准备】平整场地一块，足球若干，球门两个。

【游戏玩法】

（1）准备活动："倒车游戏"。教师带领幼儿后退走，假装开车倒车。

（2）游戏导入：小朋友都知道小推车可以搬运足球，我们今天不用小推车而用你们的脚来推球，大家想一想怎么推球吧。

（3）游戏过程：幼儿分成相同人数的两组，每人一球，起点与终点相距10米，在规定时间内看看哪组幼儿完成得快。

（4）放松活动："身体大小游戏"。幼儿两脚稍开立，紧闭双眼，两臂上举，教师喊"吸气"，脚跟尽量上提，使身体变大；教师喊"呼气"，慢慢做下蹲动作，使身体变小。重复几次。

【游戏规则】足球如果在哪个地方跑掉，应在此点重新进行动作。

第九课

【游戏名称】螃蟹运球

【游戏目标】①体验足球游戏的快乐，获得成就感；②发展幼儿下肢力量及平衡能力；③培养幼儿团结协作、竞争精神。

【游戏准备】平整场地一块，足球若干，球门两个。

【游戏玩法】

（1）准备活动："螃蟹走游戏"。教师带领幼儿做螃蟹走的动作，看谁模仿得最像。

（2）游戏导入：小螃蟹们在沙滩上发现小足球，它以为是美味的食物，它们正在想用它们的大钳子怎样把小足球搬回家，小朋友们也替小螃蟹们想一想吧。

（3）游戏过程：幼儿分成相同人数的两组，每人一球，起点与终点相距10米，学着螃蟹横着走的姿势用脚把球运到球门里，在规定时间内看看哪组幼儿完成得快。

（4）放松活动："身体大小游戏"。幼儿两脚稍开立，紧闭双眼，两臂上举，教师喊"吸气"，脚跟尽量上提，使身体变大；教师喊"呼气"，慢慢做下蹲动作，使身体变小。重复几次。

【游戏规则】幼儿在拨球时候脚不能离球。

第十课

【游戏名称】梦幻舞步

【游戏目标】①体验足球游戏的快乐，获得成就感；②发展幼儿动作的灵敏性、协调性；③发展幼儿认知能力。

【游戏准备】平整场地一块，足球若干。

【游戏玩法】

（1）准备活动："身体名称游戏"。教师在带领幼儿有节奏的拍手过程中，说出身体各部位的名称，幼儿立刻找到并用手指出。

（2）游戏导入：咕噜家族成员在森林里跳起了足球舞，大家想想他们是怎么用脚绕着足球跳舞的吧。

（3）游戏过程：幼儿两人一组，每人一球，面对面站立，一人围着球做跨球动作，另一人模仿对面幼儿的动作。

（4）放松活动："身体大小游戏"。幼儿两脚稍开立，紧闭双眼，两臂上举，教师喊"吸气"，脚跟尽量上提，使身体变大；教师喊"呼气"，慢慢做下蹲动作，使身体变小。重复几次。

【游戏规则】两个幼儿的动作方向应一致。

第十一课

【游戏名称】鲤鱼跳龙门

【游戏目标】①体验足球游戏的快乐，获得成就感；②发展幼儿动作的灵敏性；③培养幼儿协作能力。

【游戏准备】平整场地一块，足球若干，小篮架若干。

【游戏玩法】

（1）准备活动："身体名称游戏"。教师在带领幼儿有节奏的拍手过程中，说出身体各部位的名称，幼儿立刻找到并用手指出。

（2）游戏导入：小足球被大山挡住了去路，小朋友们想办法怎样用脚帮助小足球越过大山吧。

（3）游戏过程：幼儿两人一组，每组一个足球，用脚将球挑过小篮架，另一幼儿将球挑回。重复以上动作。

（4）放松活动："身体大小游戏"。幼儿两脚稍开立，紧闭双眼，两臂上举，教师喊"吸气"，脚跟尽量上提，使身体变大；教师喊"呼气"，慢慢做下蹲动作，使身体变小。重复几次。

【游戏规则】小足球需从小篮架上面通过。

第十二课

【游戏名称】熊爬顶球

【游戏目标】①体验足球游戏的快乐，获得成就感；②发展幼儿动作的灵敏性及手、眼协调性；③培养幼儿团结协作、竞争精神。

【游戏准备】平整场地一块，足球若干，标志碟若干。

【游戏玩法】

（1）准备活动："身体名称游戏"。教师在带领幼儿有节奏的拍手过程中，说出身体各部位的名称，幼儿立刻找到并用手指出。

（2）游戏导入：大家知道大狗熊是怎么爬的吗？他想把足球运回家，但是要闯过很多难过，看看他是怎么做的吧？

（3）游戏过程：幼儿分成相同人数的两组，每组放置6个标志碟，幼儿需要用爬行的动作顶球绕过标志碟将球放在框内，看哪组运得快。

（4）放松活动："身体大小游戏"。幼儿两脚稍开立，紧闭双眼，两臂上举，教师喊"吸气"，脚跟尽量上提，使身体变大；教师喊"呼气"，慢慢做下蹲动作，使身体变小。重复几次。

【游戏规则】幼儿在接球时可以用手直接接住或反弹一次后接住；幼儿在向前抛球时应有一定的速度。

第十三课

【游戏名称】袋鼠跳

【游戏目标】①体验足球游戏的快乐，获得成就感；②发展幼儿下肢力量；③发展幼儿团结协作能力。

【游戏准备】平整场地一块，足球若干。

【游戏玩法】

（1）准备活动："身体名称游戏"。教师在带领幼儿有节奏的拍手过程中，说出身体各部位的名称，幼儿立刻找到并用手指出。

（2）游戏导入：大家知道袋鼠是怎么跳的吗？那么它夹着一个足球还能跳得动吗？

（3）游戏过程：幼儿每人一球，分成人数相同的两组，起点距离终点10米，听哨音后采用小兔跳夹球的方式将球运至终点，然后跑回击下一位幼儿的手掌，后面幼儿依次完成上述动作，看哪组完成得最快。

（4）放松活动："身体大小游戏"。幼儿两脚稍开立，紧闭双眼，两臂上举，教师喊"吸气"，脚跟尽量上提，使身体变大；教师喊"呼气"，慢慢做下蹲动作，使身体变小。重复几次。

【游戏规则】幼儿在小兔跳的过程中不能用手触球，球也不能落地，违例者将从起点重新开始。

第十四课

【游戏名称】小足球找家

【游戏目标】①体验足球游戏的快乐，获得成就感；②发展幼儿耐力；③提高幼儿认知能力。

【游戏准备】平整场地一块，足球若干，球门若干。

【游戏玩法】

（1）准备活动："身体名称游戏"。教师在带领幼儿有节奏的拍手过程中，说出身体各部位的名称，幼儿立刻找到并用手指出。

（2）游戏导入：小足球准备回家了，你们能按照它的指令帮它找到家吗？

（3）游戏过程：幼儿分成人数相等的四组，每人一球。球门分别贴有圆形、方形、椭圆形、三角形图案。各组幼儿分散在场地中间运球，听教师指令后，各组幼儿按照指令将球运到指定球门，看哪组完成得最快。

（4）放松活动：“身体大小游戏”。幼儿两脚稍开立，紧闭双眼，两臂上举，教师喊“吸气”，脚跟尽量上提，使身体变大；教师喊“呼气”，慢慢做下蹲动作，使身体变小。重复几次。

【游戏规则】幼儿需用脚将球运到球门，不能一脚踢到球门。

第十五课

【游戏名称】追逐游戏

【游戏目标】①体验足球游戏的快乐，获得成就感；②发展幼儿速度及耐力；③具有一定的同情心、责任感。

【游戏准备】平整场地一块，足球若干。

【游戏玩法】

（1）准备活动：“身体名称游戏”。教师在带领幼儿有节奏的拍手过程中，说出身体各部位的名称，幼儿立刻找到并用手指出。

（2）游戏导入：小朋友们把足球想象成你们最喜欢的食物，这时候大灰狼来寻找食物，看看你们怎么保护自己的食物吧。

（3）游戏过程：幼儿每人一球开始运球，教师（或幼儿）变身大灰狼开始抢幼儿的足球。被抢到球的幼儿双手将球上举站在原地，只有等其他幼儿拍到他的球后才可以继续游戏。

（4）放松活动：“身体大小游戏”。幼儿两脚稍开立，紧闭双眼，两臂上举，教师喊“吸气”，脚跟尽量上提，使身体变大；教师喊“呼气”，慢慢做下蹲动作，使身体变小。重复几次。

【游戏规则】幼儿应将球控制在自己的有效范围内，不能只跑不运球。

第十六课

【游戏名称】机器人舞蹈

【游戏目标】①体验足球游戏的快乐，获得成就感；②发展幼儿速度及灵敏性；③培养幼儿竞争精神。

【游戏准备】平整场地一块，足球若干。

【游戏玩法】

（1）准备活动："躲闪游戏"。教师假装手持激光武器，向前或向下射击，幼儿采用蹲下或跳起躲避，防止被击中。

（2）游戏导入：小朋友们知道章鱼遇到大鲨鱼来吃它，它会怎么办呢？那我们遇到大鲨鱼来抓你，你会怎么办呢？

（3）游戏过程：幼儿两人一组，一人运球距离另一幼儿1米远处做假动作虚晃然后带球快跑，另一幼儿追逐。被抓到的互换位置重新进行游戏。

（4）放松活动："身体大小游戏"。幼儿两脚稍开立，紧闭双眼，两臂上举，教师喊"吸气"，脚跟尽量上提，使身体变大；教师喊"呼气"，慢慢做下蹲动作，使身体变小。重复几次。

【游戏规则】幼儿须从球的侧面跑过，不能从球上面跨过。

第十七课

【游戏名称】老鹰抓小鸡

【游戏目标】①体验足球游戏的快乐，获得成就感；②发展幼儿动作的灵敏性、协调性；③提高幼儿认知能力。

【游戏准备】平整场地一块，足球若干，音乐。

【游戏玩法】

（1）准备活动："身体名称游戏"。教师在带领幼儿有节奏的拍手过程中，说出身体各部位的名称，幼儿立刻找到并用手指出。

（2）游戏导入：小朋友们摇身一变成为"老鹰"，小足球变成"小鸡"，现在"小鸡"从"老鹰"手中逃脱，请你们想办法怎样用身体把它抓住吧？

（3）游戏过程：幼儿两人一组，一人持球，持球幼儿将球抛出，另一幼儿追赶足球并在球的前面停住，想办法用身体接住球，然后持球跑回原位。

两人交替进行游戏。

（4）放松活动："雪人融化"。双手上举站立，然后慢慢下蹲，躺下。重复2—3次。

【游戏规则】要求幼儿向前将球抛出，有较快的速度。

第十八课

【游戏名称】和足球比赛跑

【游戏目标】①体验足球游戏的快乐，获得成就感；②发展幼儿速度；③培养幼儿竞争精神。

【游戏准备】平整场地一块，足球若干。

【游戏玩法】

（1）准备活动："身体名称游戏"。教师在带领幼儿有节奏的拍手过程中，说出身体各部位的名称，幼儿立刻找到并用手指出。

（2）游戏导入：大家都知道小足球可以滚动，但是你们知道你和它比谁跑得快吗？现在让我们来一场比赛吧。

（3）游戏过程：幼儿两人一组，每组一球。起点终点相距15米，两幼儿在起点并排站立一人持球，一人将球踢出，一人追球。如果追到足球则两人交换位置，追不到则继续上述动作。

（4）放松活动："身体大小游戏"。幼儿两脚稍开立，紧闭双眼，两臂上举，教师喊"吸气"，脚跟尽量上提，使身体变大；教师喊"呼气"，慢慢做下蹲动作，使身体变小。重复几次。

【游戏规则】尽量将球直线踢出。

第十九课

【游戏名称】躲泡泡

【游戏目标】①体验足球游戏的快乐，获得成就感；②发展幼儿灵敏性；

③培养幼儿安全意识及协作能力。

【游戏准备】平整场地一块，足球若干，直径10米的圆圈。

【游戏玩法】

（1）准备活动："躲闪游戏"。教师假装手持激光武器，向前或向下射击，幼儿采用蹲下或跳起躲避，防止被击中。

（2）游戏导入：敌人发出小泡泡作为武器，来抓小朋友们。你们该怎么办呢?

（3）游戏过程：幼儿分成人数相同的两组，一组站在圆圈中间，一组围成圆圈分布在各点，用脚相互传球设法击中圈内的幼儿，圈内幼儿则灵活躲闪。如果被击中则到圈上成为击球人，直到圈中幼儿都被击中。两组互换位置重新游戏，看在规定时间内哪组圈中的幼儿多。

（4）放松活动："身体大小游戏"。幼儿两脚稍开立，紧闭双眼，两臂上举，教师喊"吸气"，脚跟尽量上提，使身体变大；教师喊"呼气"，慢慢做下蹲动作，使身体变小。重复几次。

【游戏规则】圆圈上的幼儿不能进入圈内踢球。

第二十课

【游戏名称】妖怪抢球

【游戏目标】①体验足球游戏的快乐，获得成就感；②发展幼儿力量及灵敏性；③培养幼儿克服困难、坚忍不拔的意志品质。

【游戏准备】平整场地一块，足球若干。

【游戏玩法】

（1）准备活动："身体名称游戏"。教师在带领幼儿有节奏的拍手过程中，说出身体各部位的名称，幼儿立刻找到并用手指出。

（2）游戏导入：咕噜家族带着"鸵鸟蛋"好不容易摆脱了鸵鸟妈妈，前面又出现了大肥猫，准备抢截他们美味的早餐，这时候咕噜家族想到了传

“鸵鸟蛋”接力，躲过大肥猫，看看他们谁会成功吧？

（3）游戏过程：幼儿围成圆圈，间隔1米传球接力，中间一名或多名幼儿扮演大肥猫抢截球，被抢到的立马变成大肥猫加入抢截球行列。幼儿在抢截球过程中采用蜘蛛走的姿势（手脚着地、身体正面朝上）。

（4）放松活动：“身体大小游戏”。幼儿两脚稍开立，紧闭双眼，两臂上举，教师喊“吸气”，脚跟尽量上提，使身体变大；教师喊“呼气”，慢慢做下蹲动作，使身体变小。重复几次。

【游戏规则】幼儿只要用脚触到足球就算抢截成功。

第二十一课

【游戏名称】城堡保卫战

【游戏目标】①体验足球游戏的快乐，获得成就感；②发展幼儿一般耐力；③培养幼儿团结协作能力。

【游戏准备】半径2米的圆，足球若干，纸筒若干。

【游戏玩法】

（1）准备活动：教师带领幼儿围成圆，跟着音乐节奏慢跑，音乐停时变成“木头人”，音乐响起继续跑。

（2）游戏导入：咕噜家族再次受到怪兽的攻击，他们做好了防御准备。

（3）游戏过程：幼儿分成人数相等的两组。划定半径2米的圆为城堡，由一组咕噜家族成员守卫，怪兽各拿一球在相距城堡3米圆圈周围站好，听到“开始进攻”时，城堡外的怪兽想办法将城堡中的纸筒击倒，而城堡中的咕噜家族成员做好防御不让球进入城堡，持续2分钟，听到喊停时立即停止游戏，看看击倒多少纸筒。交换角色进行游戏。最后看哪组击倒的纸筒多。

（4）放松活动：抖动游戏。坐在地上抖抖腿，抖抖手臂。

【游戏规则】守城幼儿不许出圆踢球，攻城幼儿须在3米线外踢球。

第二十二课

【游戏名称】翻山越岭1

【游戏目标】①体验足球游戏的快乐，获得成就感；②发展幼儿动作的灵敏性和下肢力量；③培养幼儿克服困难，坚忍不拔的意志品质。

【游戏准备】平整场地一块，足球若干，球门四个。

【游戏玩法】

（1）准备活动：跳圈圈游戏。两人一组，双膝夹着报纸围着人跳圈，跳一圈后互换位置。

（2）游戏导入："瓜哥"带领咕噜家族寻找有太阳的地方，但是他们必须翻山越岭，克服重重困难，我们看看咕噜家族能不能成功吧。

（3）游戏过程：幼儿分成人数相同的四组，每人一球。起点距离球门10米，摆放4个标志桶，间隔2米。听到哨音后开始带球绕过障碍，完成射门后下面的幼儿重复上述动作。看哪组时间快而且进球多。

（4）放松活动："身体抖动操"。四肢、屁股抖动放松。

【游戏规则】足球须绕过标志桶，违规者从起点重新开始。

第二十三课

【游戏名称】翻山越岭2

【游戏目标】①体验足球游戏的快乐，获得成就感；②发展幼儿动作的协调性和下肢肌肉力量；③培养幼儿克服困难，坚忍不拔的意志品质。

【游戏准备】平整场地一块，足球若干，球门四个，呼啦圈、小篮架（高20厘米）若干。

【游戏玩法】

（1）准备活动：跳圈圈游戏。两人一组，双膝夹着报纸围着人跳圈，跳一圈后互换位置。

（2）游戏导入："瓜哥"带领咕噜家族寻找有太阳的地方，但是他们必须翻山越岭，克服重重困难，我们看看咕噜家族能不能成功吧。

（3）游戏过程：幼儿分成人数相同的四组。起点距离球门 10 米，摆放四行呼啦圈，遇到一个呼啦圈双脚跳，两个分腿跳，两个小篮架。听到哨音后跳过障碍，完成距离球门3米远的射门。看哪组时间快而且进球多。

（4）放松活动："身体抖动操"。四肢、屁股抖动放松。

【游戏规则】幼儿须跳过所有障碍才可以射门，违规者从起点重新开始。

第二十四课

【游戏名称】小小守门员

【游戏目标】①体验足球游戏乐趣；②发展幼儿耐力；③培养幼儿基本的足球比赛规则。

【游戏准备】平整场地一块，足球若干，球门两个。

【游戏玩法】

（1）准备活动：姿势变换游戏。幼儿在教师的指令下，完成站立、下蹲、俯卧、侧卧、跳起中姿势变换，看谁做的对。

（2）游戏导入：足球马上要滚进球门了，小朋友们想一想守门员怎样把球接住吧。

（3）游戏过程：幼儿两人一组，每组一球。幼儿相距2米，一人两腿开立，另一人踢球让球从腿中间穿过，然后绕过站立的幼儿用侧卧姿势将球用手接住并压在身体下。两人交替进行游戏。看谁踢得准，接得牢。

（4）放松活动："身体大小游戏"。幼儿两脚稍开立，紧闭双眼，两臂上举，教师喊"吸气"，脚跟尽量上提，使身体变大；教师喊"呼气"，慢慢做下蹲动作，使身体变小。重复几次。

【游戏规则】足球须从幼儿两腿中间穿过。

大班

第一课

【游戏名称】我和足球是朋友

【游戏目标】①了解足球的特性；②发展幼儿动作的灵敏性及手、眼协调性；③发展幼儿认知能力。

【游戏准备】平整场地一块，足球若干。

【游戏玩法】

（1）准备活动："身体名称游戏"。教师在带领幼儿有节奏的拍手过程中，说出身体各部位的名称，幼儿立刻找到并用手指出。

（2）游戏导入：咕噜家族来到了足球王国，看到了大大小小、五颜六色的足球，于是每人找了一个喜欢的足球，并开始探索足球的奥秘，看看他们是怎么玩球的吧。

（3）游戏过程：幼儿每人一球，教师在观察幼儿玩球的过程中可以引导幼儿将球向上抛出后用手直接接住（拍手一次接球、转身接球）或向前抛出后追击球或用脚踢出后追击球。

（4）放松活动："身体大小游戏"。幼儿两脚稍开立，紧闭双眼，两臂上举，教师喊"吸气"，脚跟尽量上提，使身体变大；教师喊"呼气"，慢慢做下蹲动作，使身体变小。重复几次。

【游戏规则】向上抛球后在接球时可以根据幼儿完成动作情况逐渐增加任务难度；幼儿在向前抛球时应有较快的速度。

第二课

【游戏名称】过山洞

【游戏目标】①了解足球的特性；②发展幼儿柔韧性；③发展幼儿合作能力。

【游戏准备】平整场地一块，足球若干。

【游戏玩法】

（1）准备活动："身体名称游戏"。教师在带领幼儿有节奏的拍手过程中，说出身体各部位的名称，幼儿立刻找到并用手指出。

（2）游戏导入：天气下雨了，球宝宝淋湿了，但是没有发现避雨的地方。让我们自己搭建山洞让球宝宝避雨吧。

（3）游戏过程：幼儿分成相同人数的两组，每组一球。 每组幼儿成一路纵队间隔50厘米站立，两脚微微分开呈体前屈状，第一位幼儿持球向后传球，然后跑到队尾。依次进行，最后一名传完球后跑到队尾举手示意完成比赛。看哪队完成得快。

（4）放松活动："身体大小游戏"。幼儿两脚稍开立，紧闭双眼，两臂上举，教师喊"吸气"，脚跟尽量上提，使身体变大；教师喊"呼气"，慢慢做下蹲动作，使身体变小。重复几次。

【游戏规则】球在山洞中停住，幼儿可以用手帮助它运动起来。

第三课

【游戏名称】跳跳球

【游戏目标】①体验足球游戏的快乐，获得成就感；②发展幼儿眼、脚协调能力；③培养幼儿竞争精神。

【游戏准备】平整场地一块，足球若干，网兜。

【游戏玩法】

（1）准备活动："身体平衡游戏"。教师带领幼儿做金鸡独立动作，以及单脚闭眼平衡游戏，看谁站立时间长。

（2）游戏导入：我们除了拍球能让足球跳起来，怎样用脚让足球跳起来呢？

（3）游戏过程：幼儿每人一球，抛球后用正脚背踢球然后接住，看看能连续踢几个。比一比谁踢的最多。

（4）放松活动："身体大小游戏"。幼儿两脚稍开立，紧闭双眼，两臂上举，教师喊"吸气"，脚跟尽量上提，使身体变大；教师喊"呼气"，慢慢做下蹲动作，使身体变小。重复几次。

【游戏规则】幼儿将蝴蝶踢下后自己将蝴蝶贴上，交替进行。

第四课

【游戏名称】足球舞

【游戏目标】①体验足球游戏的快乐，获得成就感；②发展幼儿下肢力量及平衡能力；③提高幼儿音乐节奏感。

【游戏准备】平整场地一块，足球若干，音乐。

【游戏玩法】

（1）准备活动："身体平衡游戏"。教师带领幼儿做金鸡独立动作，以及单脚闭眼平衡游戏，看谁站立时间长。

（2）游戏导入：小朋友们知道怎么和足球一起跳舞吗？让我们跟随音乐节奏一起跳踩球舞吧。

（3）游戏过程：幼儿每人一球，分别练习踩球、推球、拉球、拨球、跨球动作。

（4）放松活动："身体大小游戏"。幼儿两脚稍开立，紧闭双眼，两臂上举，教师喊"吸气"，脚跟尽量上提，使身体变大；教师喊"呼气"，慢慢做下蹲动作，使身体变小。重复几次。

【游戏规则】幼儿可以使用自己喜欢的任意动作。

第五课

【游戏名称】熊爬顶球

【游戏目标】①体验足球游戏的快乐，获得成就感；②发展幼儿动作的灵敏性及手、眼协调性；③培养幼儿团结协作、竞争精神。

【**游戏准备**】平整场地一块，足球若干，标志碟若干。

【**游戏玩法**】

（1）准备活动：“身体名称游戏”。教师在带领幼儿有节奏的拍手过程中，说出身体各部位的名称，幼儿立刻找到并用手指出。

（2）游戏导入：大家知道大狗熊是怎么爬的吗？它想把足球运回家，但是要闯过很多难关，看看他是怎么做的吧？

（3）游戏过程：幼儿分成相同人数的两组，每组放置6个标志碟，幼儿需要用爬行的动作顶球绕过标志碟将球顶进球门，看哪组运得快。

（4）放松活动：“身体大小游戏”。幼儿两脚稍开立，紧闭双眼，两臂上举，教师喊“吸气”，脚跟尽量上提，使身体变大；教师喊“呼气”，慢慢做下蹲动作，使身体变小。重复几次。

【**游戏规则**】幼儿在接球时可以用手直接接住或反弹一次后接住；幼儿在向前抛球时应有一定的速度。

第六课

【**游戏名称**】袋鼠跳

【**游戏目标**】①体验足球游戏的快乐，获得成就感；②发展幼儿下肢力量；③发展幼儿团结协作能力。

【**游戏准备**】平整场地一块，足球若干。

【**游戏玩法**】

（1）准备活动：“身体名称游戏”。教师在带领幼儿有节奏的拍手过程中，说出身体各部位的名称，幼儿立刻找到并用手指出。

（2）游戏导入：大家知道袋鼠是怎么跳的吗？那么它夹着一个足球还能跳得动吗？

（3）游戏过程：幼儿每人一球，分成人数相同的两组，起点距离终点10米，听哨音后采用小兔跳夹球的方式将球运到终点，然后跑回击下一位幼儿的手掌，后面幼儿依次完成上述动作，看哪组完成得最快。

（4）放松活动：“身体大小游戏”。幼儿两脚稍开立，紧闭双眼，两臂上举，教师喊“吸气”，脚跟尽量上提，使身体变大；教师喊“呼气”，慢慢做下蹲动作，使身体变小。重复几次。

【游戏规则】幼儿在小兔跳的过程中不能用手触球，球也不能落地，违例者将从起点重新开始。

第七课

【游戏名称】推磨

【游戏目标】①初步掌握运球方法；②发展幼儿灵敏性；③培养幼儿规则意识。

【游戏准备】平整场地一块，足球若干，半径5米、10米的圆圈各一个。

【游戏玩法】

（1）准备活动：“转圈游戏”。幼儿在教师的指令下分别做顺时针或逆时针转圈。

（2）游戏导入：小朋友们知道磨盘是什么样的吗？它是怎么转动的？我们带着小足球一起来推磨吧。

（3）游戏过程：幼儿分成两组，每组一球。幼儿分别在两个圆圈上运球，分别采用脚内侧、脚背外侧运球。听教师口令开始运球绕着圆圈转动，顺时针或逆时针。如果幼儿在运球过程中球跑掉，则被淘汰，持球坐在圆圈上。看谁运球能坚持到最后。

（4）放松活动：“身体大小游戏”。幼儿两脚稍开立，紧闭双眼，两臂上举，教师喊“吸气”，脚跟尽量上提，使身体变大；教师喊“呼气”，慢慢做下蹲动作，使身体变小。重复几次。

【游戏规则】幼儿须在圆圈线上运球。

第八课

【游戏名称】抢球大战1

【游戏目标】①初步掌握抢球方法；②发展幼儿速度及灵敏性；③培养幼儿的保护意识。

【游戏准备】平整场地一块，足球若干。

【游戏玩法】

（1）准备活动："身体名称游戏"。教师在带领幼儿有节奏的拍手过程中，说出身体各部位的名称，幼儿立刻找到并用手指出。

（2）游戏导入：小朋友们把足球想象成你们最喜欢的食物，这时候大灰狼来寻找食物，看看你们怎么保护自己的食物吧。

（3）游戏过程：幼儿两人一组，一人运球一人抢球。被抢到后交换位置，重新游戏。

（4）放松活动："身体大小游戏"。幼儿两脚稍开立，紧闭双眼，两臂上举，教师喊"吸气"，脚跟尽量上提，使身体变大；教师喊"呼气"，慢慢做下蹲动作，使身体变小。重复几次。

【游戏规则】幼儿应将球控制在自己的有效范围内，不能只跑不运球。

第九课

【游戏名称】抢球大战2

【游戏目标】①初步掌握抢球方法；②发展幼儿灵敏性；③培养幼儿简单的规则意识。

【游戏准备】平整场地一块，足球若干。

【游戏玩法】

（1）准备活动："身体名称游戏"。教师在带领幼儿有节奏的拍手过程中，说出身体各部位的名称，幼儿立刻找到并用手指出。

（2）游戏导入：小朋友们把足球想象成你们最喜欢的食物，这时候大灰狼来寻找食物，看看你们怎么保护自己的食物吧。

（3）游戏过程：幼儿每人一球，在规定区域内同时运球。幼儿需要在保护好自己球的同时去破坏别人的球。如果幼儿足球被其他幼儿的脚碰到，则被淘汰，可以直接加入抢截足球的行列，看最后谁的足球没有被抢到。

（4）放松活动："身体大小游戏"。幼儿两脚稍开立，紧闭双眼，两臂上举，教师喊"吸气"，脚跟尽量上提，使身体变大；教师喊"呼气"，慢慢做下蹲动作，使身体变小。重复几次。

【游戏规则】幼儿应在规定区域内运球，不能越出边界。

第十课

【游戏名称】抢球大战3

【游戏目标】①初步掌握抢截球方法；②发展幼儿一般耐力；③培养幼儿团队合作能力。

【游戏准备】平整场地一块，足球若干，直径10米的圆圈两个。

【游戏玩法】

（1）准备活动："躲闪游戏"。教师假装手持激光武器，向前或向下射击，幼儿采用蹲下或跳起躲避，防止被击中。

（2）游戏导入：小朋友们知道其他人过来抢球，你会怎么办呢？

（3）游戏过程：幼儿分成两组，每组石头剪刀布选出2名幼儿。圈外幼儿站在圆圈上相互传球，圈内2名幼儿开始抢球。被抢到球的幼儿进入圈内替换圈内一名幼儿，继续游戏。两组幼儿同时进行游戏。

（4）放松活动："身体大小游戏"。幼儿两脚稍开立，紧闭双眼，两臂上举，教师喊"吸气"，脚跟尽量上提，使身体变大；教师喊"呼气"，慢慢做下蹲动作，使身体变小。重复几次。

【游戏规则】圆圈外的幼儿不能进入圈内踢球。

第十一课

【游戏名称】踢球得分

【游戏目标】①初步掌握踢球技术；②发展幼儿平衡能力；③培养幼儿简单的规则意识。

【游戏准备】平整场地一块，足球若干。

【游戏玩法】

（1）准备活动：“身体名称游戏”。教师在带领幼儿有节奏的拍手过程中，说出身体各部位的名称，幼儿立刻找到并用手指出。

（2）游戏导入：现在中国队和美国队踢成了1∶1，两队开始点球大战，看看最后谁会获胜吧。

（3）游戏过程：幼儿分成人数相同的两组，每人一球。幼儿踢中墙壁上的数字即为获得分数，每队最后相加看哪队得分高，高的即为获胜队。两队同时进行，由各队幼儿自己核算分数。

（4）放松活动：“身体大小游戏”。幼儿两脚稍开立，紧闭双眼，两臂上举，教师喊“吸气”，脚跟尽量上提，使身体变大；教师喊“呼气”，慢慢做下蹲动作，使身体变小。重复几次。

【游戏规则】每次比赛，每人只能踢球一次。

第十二课

【游戏名称】切西瓜

【游戏目标】①初步掌握接球技术；②发展幼儿眼、脚协调能力；③体验足球游戏的快乐，获得成就感。

【游戏准备】平整场地一块，足球若干。

【游戏玩法】

（1）准备活动：“身体名称游戏”。教师在带领幼儿有节奏的拍手过程中，说出身体各部位的名称，幼儿立刻找到并用手指出。

（2）游戏导入：大西瓜滚过来了，你怎么将它用脚接住呢？

（3）游戏过程：幼儿两人一组，一人踢球，一人用脚将球接住。然后将球踢出，另一人接球。看谁接得稳。

（4）放松活动："身体大小游戏"。幼儿两脚稍开立，紧闭双眼，两臂上举，教师喊"吸气"，脚跟尽量上提，使身体变大；教师喊"呼气"，慢慢做下蹲动作，使身体变小。重复几次。

【游戏规则】幼儿需用脚内侧或脚外侧接球。

第十三课

【游戏名称】老鹰抓小鸡

【游戏目标】①知道用脚部接球；②发展幼儿动作灵敏性；③培养幼儿创造力、合作能力。

【游戏准备】平整场地一块，足球若干。

【游戏玩法】

（1）准备活动：身体游戏。教师喊出脚部某一名称，幼儿用手指出。

（2）游戏导入：小朋友们，你们知道"老鹰"是如何抓"小鸡"的吗？现在请开动你们聪明的小脑瓜，思考一下。

（3）游戏过程：幼儿分成若干组。每组幼儿站成两排，前排幼儿持球，后排幼儿是前排的2倍，前排幼儿将球抛出，后排幼儿追赶足球并在球的前面停住，想办法用脚接住球，然后运球回到原位。没有接到球的幼儿变成抛球者与原先抛球者互换位置，重新游戏。

（4）放松活动："雪人融化"。双手上举站立，然后慢慢下蹲，躺下。重复2–3次。

【游戏规则】要求幼儿向前将球抛出，有较快的速度。

第十四课

【游戏名称】看谁掷得准

【游戏目标】①初步掌握掷球的方法；②发展幼儿上肢力量；③培养幼儿团队及竞争精神。

【游戏准备】平整场地一块，足球若干，纸箱若干。

【游戏玩法】

（1）准备活动："身体大小游戏"。教师带领幼儿身体拉伸变大、蜷缩变小游戏。

（2）游戏导入：敌人的碉堡很坚固，需要手榴弹才能炸坏它，但是它又远又小，你能炸坏它吗?

（3）游戏过程：幼儿分成人数相同的两组，每人一球，距离纸箱5米站好。两组同时进行掷球，在规定时间内看哪队投中的足球最多。

（4）放松活动："身体大小游戏"。幼儿两脚稍开立，紧闭双眼，两臂上举，教师喊"吸气"，脚跟尽量上提，使身体变大；教师喊"呼气"，慢慢做下蹲动作，使身体变小。重复几次。

【游戏规则】幼儿须采用双手掷球。

第十五课

【游戏名称】看谁掷得远

【游戏目标】①初步掌握掷球的方法；②发展幼儿上肢力量；③培养幼儿团队及竞争精神。

【游戏准备】平整场地一块，足球若干，排球网一副。

【游戏玩法】

（1）准备活动："身体大小游戏"。教师带领幼儿身体拉伸变大、蜷缩变小游戏。

（2）游戏导入：敌我双方开始掷手榴弹攻击，看看哪方掷的多吧。

（3）游戏过程：幼儿分成人数相同的两组，每人一球，相距10米站立，中间网高2米。两组同时进行掷球，在规定时间内看哪组足球少。

（4）放松活动："身体大小游戏"。幼儿两脚稍开立，紧闭双眼，两臂上举，教师喊"吸气"，脚跟尽量上提，使身体变大；教师喊"呼气"，慢慢做下蹲动作，使身体变小。重复几次。

【游戏规则】幼儿须采用双手掷球。

第十六课

【游戏名称】机器人舞蹈

【游戏目标】①体验足球游戏的快乐，获得成就感；②发展幼儿灵敏性；③培养幼儿规则意识。

【游戏准备】平整场地一块，足球若干。

【游戏玩法】

（1）准备活动："躲闪游戏"。教师假装手持激光武器，向前或向下射击，幼儿采用蹲下或跳起躲避，防止被击中。

（2）游戏导入：小朋友们知道章鱼遇到大鲨鱼来吃它，它会怎么办呢？那我们遇到大鲨鱼来抓你，你会怎么办呢？

（3）游戏过程：幼儿分成两组，一组幼儿分散站立在场地，一组幼儿运球。运球幼儿遇到站立的幼儿须做假动作虚晃然后带球快跑。幼儿失误两次须和最近的幼儿交换位置。看谁的动作逼真，又能控制好球。

（4）放松活动："身体大小游戏"。幼儿两脚稍开立，紧闭双眼，两臂上举，教师喊"吸气"，脚跟尽量上提，使身体变大；教师喊"呼气"，慢慢做下蹲动作，使身体变小。重复几次。

【游戏规则】幼儿做完假动作后运球，球碰到其他幼儿则视为失误。

第十七课

【游戏名称】翻山越岭1

【游戏目标】①体验足球游戏的快乐，获得成就感；②发展幼儿动作的灵敏性和下肢肌肉力量；③培养幼儿克服困难，坚忍不拔的意志品质。

【游戏准备】平整场地一块，足球若干，球门四个。

【游戏玩法】

（1）准备活动：跳圈圈游戏。两人一组，双膝夹着报纸围着人跳圈，跳一圈后互换位置。

（2）游戏导入："瓜哥"带领咕噜家族寻找有太阳的地方，但是他们必须翻山越岭，克服重重困难，我们看看咕噜家族能不能成功吧。

（3）游戏过程：幼儿分成人数相同的四组，每人一球。起点距离球门10米，摆放5个标志桶，间隔1米。听到哨音后开始带球绕过障碍，完成射门后下面的幼儿重复上述动作。看哪组时间快而且进球多。

（4）放松活动："身体抖动操"。四肢、屁股抖动放松。

【游戏规则】足球须绕过标志桶，违规者从起点重新开始。

第十八课

【游戏名称】翻山越岭2

【游戏目标】①体验足球游戏的快乐，获得成就感；②发展幼儿动作的协调性和下肢肌肉力量；③培养幼儿克服困难，坚忍不拔的意志品质。

【游戏准备】平整场地一块，足球若干，球门四个，呼啦圈、小篮架（高30厘米）若干。

【游戏玩法】

（1）准备活动：跳圈圈游戏。两人一组，双膝夹着报纸围着人跳圈，跳一圈后互换位置。

（2）游戏导入："瓜哥"带领咕噜家族寻找有太阳的地方，但是他们必须翻山越岭，克服重重困难，我们看看咕噜家族能不能成功吧。

（3）游戏过程：幼儿分成人数相同的四组。起点距离球门 15 米，摆放四行呼啦圈，遇到一个呼啦圈单脚跳，两个分腿跳，四个小篮架。听到哨音后跳过障碍，完成距离球门5米远的射门。看哪组时间快而且进球多。

（4）放松活动："身体抖动操"。四肢、屁股抖动放松。

【游戏规则】幼儿须跳过所有障碍才可以射门，违规者从起点重新开始。

第十九课

【游戏名称】学做守门员

【游戏目标】①了解守门员的职责；②发展幼儿上肢力量及动作灵敏性；③培养幼儿规则意识。

【游戏准备】平整场地一块，足球若干，球门两个。

【游戏玩法】

（1）准备活动："推手游戏"。幼儿两人一组，手掌对手掌，看谁的力气大。

（2）游戏导入：小朋友们知道守门员掷球要准确找到自己的队员吗？我们今天就比一比谁掷得准吧。

（3）游戏过程：幼儿分成两组，同时进行游戏。距离5–10米处放置若干纸筒，幼儿拍球1–2次后单手将球掷出，想办法击中对面的纸筒。看看谁击中的纸筒多及哪组用时短。

（4）放松活动："身体大小游戏"。幼儿两脚稍开立，紧闭双眼，两臂上举，教师喊"吸气"，脚跟尽量上提，使身体变大；教师喊"呼气"，慢慢做下蹲动作，使身体变小。重复几次。

【游戏规则】幼儿须采用单手掷球。

第二十课

【游戏名称】小小守门员

【游戏目标】①了解守门员的职责；②增强幼儿耐力；③培养幼儿基本的规则意识。

【游戏准备】平整场地一块，足球若干，球门两个。

【游戏玩法】

（1）准备活动：姿势变换游戏。幼儿在教师的指令下，完成站立、下蹲、俯卧、侧卧、跳起中姿势变换，看谁做得对。

（2）游戏导入：小朋友们想一想足球比赛中守门员的职责是什么呢？

（3）游戏过程：幼儿分成两组，一组射门，另一组守门。射门一组幼儿距离球门5米，看看谁能把球踢进球门；守门一组幼儿将来球用手接住后抛出或用脚踢出。互换位置，看哪组进球多。

（4）放松活动："身体大小游戏"。幼儿两脚稍开立，紧闭双眼，两臂上举，教师喊"吸气"，脚跟尽量上提，使身体变大；教师喊"呼气"，慢慢做下蹲动作，使身体变小。重复几次。

【游戏规则】踢进球门的球在比赛结束前不能触碰。

第二十一课

【游戏名称】小组循环赛1

【游戏目标】①培养幼儿足球比赛规则意识；②发展幼儿综合身体素质；③培养幼儿团结、协作能力。

【游戏准备】平整场地两块，足球若干，球门四个。

【游戏玩法】

（1）准备活动："身体名称游戏"。教师在带领幼儿有节奏的拍手过程中，说出身体各部位的名称，幼儿立刻找到并用手指出。

（2）游戏导入：世界杯小组比赛开始了，你们做好比赛的准备了吗？

（3）游戏过程：幼儿5人一组，分队开始比赛。上下半场各10分钟，看哪队获胜。两个场地同时进行比赛。

（4）放松活动："身体大小游戏"。幼儿两脚稍开立，紧闭双眼，两臂上举，教师喊"吸气"，脚跟尽量上提，使身体变大；教师喊"呼气"，慢慢做下蹲动作，使身体变小。重复几次。

【游戏规则】遵守五人制足球比赛的规则。

第二十二课

【游戏名称】小组循环赛2

【游戏目标】①培养幼儿足球比赛规则意识；②发展幼儿综合身体素质；③培养幼儿团结、协作能力。

【游戏准备】平整场地两块，足球若干，球门四个。

【游戏玩法】

（1）准备活动："身体名称游戏"。教师在带领幼儿有节奏的拍手过程中，说出身体各部位的名称，幼儿立刻找到并用手指出。

（2）游戏导入：今天是小组赛第二场比赛，你们做好比赛的准备了吗？

（3）游戏过程：幼儿5人一组，分队开始比赛。上下半场各10分钟，看哪队获胜。两个场地同时进行比赛。

（4）放松活动："身体大小游戏"。幼儿两脚稍开立，紧闭双眼，两臂上举，教师喊"吸气"，脚跟尽量上提，使身体变大；教师喊"呼气"，慢慢做下蹲动作，使身体变小。重复几次。

【游戏规则】遵守五人制足球比赛的规则。

第二十三课

【游戏名称】小组循环赛3

【游戏目标】①培养幼儿足球比赛规则意识；②发展幼儿综合身体素质；③培养幼儿团结、协作能力。

【游戏准备】平整场地两块，足球若干，球门四个。

【游戏玩法】

（1）准备活动："身体名称游戏"。教师在带领幼儿有节奏的拍手过程中，说出身体各部位的名称，幼儿立刻找到并用手指出。

（2）游戏导入：今天是小组赛第三场比赛，你们做好比赛的准备了吗？

（3）游戏过程：幼儿5人一组，分队开始比赛。上下半场各10分钟，看哪队获胜。两个场地同时进行比赛。

（4）放松活动："身体大小游戏"。幼儿两脚稍开立，紧闭双眼，两臂上举，教师喊"吸气"，脚跟尽量上提，使身体变大；教师喊"呼气"，慢慢做下蹲动作，使身体变小。重复几次。

【游戏规则】遵守五人制足球比赛的规则。

第二十四课

【游戏名称】世界杯决赛

【游戏目标】①培养幼儿足球比赛规则意识；②发展幼儿综合身体素质；③培养幼儿团结、协作能力。

【游戏准备】平整场地两块，足球若干，球门四个。

【游戏玩法】

（1）准备活动："身体名称游戏"。教师在带领幼儿有节奏地拍手过程中，说出身体各部位的名称，幼儿立刻找到并用手指出。

（2）游戏导入：今天是世界杯冠亚军及三四名争夺展，你们准备好了吗？

（3）游戏过程：幼儿5人一组，分队开始比赛。上下半场各10分钟，看哪队获胜。两个场地同时进行比赛。

（4）放松活动："身体大小游戏"。幼儿两脚稍开立，紧闭双眼，两臂上

举，教师喊“吸气”，脚跟尽量上提，使身体变大；教师喊“呼气”，慢慢做下蹲动作，使身体变小。重复几次。

【**游戏规则**】遵守五人制足球比赛的规则。